歴史を変えた外交交渉

Great Negotiations
Agreements that Changed the Modern World

Fredrik Stanton
フレドリック・スタントン
佐藤友紀 訳
日本語版序文 村田晃嗣

原書房

歴史を変えた外交交渉

目次

日本語版序文

村田晃嗣（同志社大学学長・国際政治学）

尖閣諸島をめぐる日中の緊張が高まり、北朝鮮が核実験を断行する中で、われわれは東アジアでの不測の武力紛争の可能性を否定できない状況になりつつある。いつの時代も戦争は大きな災禍だが、いったん勃発すれば、それはいつか終わらせなければならない。そして、戦争は始めるよりも終わらせるほうが、はるかに難しい。このテーマに果敢に挑んだのが、ギデオン・ローズ『終戦論――なぜアメリカは戦後処理に失敗し続けるのか』（原書房）であった。

武力紛争に限らず、国際的な懸案を解決するには、外交交渉が不可欠である。その外交交渉を正面から取り上げたのが、本書である。本書は、アメリカ独立戦争時のフランスでのベンジャミン・フランクリンらの活躍に始まり、一九八六年のレイキャビクでのロナルド・レーガンとミハエル・ゴルバチョフによる米ソ首脳会談に至るまでの、八つの事例研究を扱っている。いずれも広範な史料を渉猟し緻密な分析が加えられており、歴史研究としても政治学の分析としても良質の作品である。しかも、巧みな叙述により、歴史上の登場人物が紙面で躍動している。

さらに、事例研究の選択が絶妙である。欧米中心であることは否定しないが、それでも、われわれにもなじみ深い日露戦争後のポーツマス講和会議も取り上げられている。何よりも、一八世紀末から二〇世紀末までの二世紀にわたる国際政治の壮大な絵巻物を、八つの名場面で再現する試みなのである。そしてそれは、アメリカが独立を果たし超大国として冷戦を勝ち抜くまでの、アメリカの成長物語に重なる。その圧倒的な軍事力と経済力のみならず、周到な外交交渉能力が、国際政治でのアメリカの興隆を支えてきた。

著者のフレドリック・スタントンは外交政策協会の研究員で、メディアでも活躍する新進気鋭の外交専門家である。グルジアやボスニア、コソボ、アゼルバイジャンの選挙監視活動にも積極的に関与してきたという。そうした幅広い実務経験が、本書の分析をより透徹したものにしているのであろう。本書が多くの賞を受賞していることも、容易に頷ける。

先に触れたローズの『終戦論』と本書を読み合わせれば、二〇世紀アメリカの成功と失敗が立体的に浮かび上がってこよう。

また、本書を読みながら常に意識されるのは、日本外交である。近代日本は多くの戦争を戦ってきたが、その歴史を外交交渉の観点から分析すれば、どのような特徴や弱点が見出せるのか。また、それはアメリカの特徴や弱点とどう異なるのか。さらに、いわゆる歴史認識や領土をめぐる近隣諸国との今日の軋轢を、われわれは外交交渉によって解決できるのか。普天間基地移設問題や環太平洋経済連携協定（ＴＰＰ）をめぐっても、日本外交は交渉の妙を示すことができようか。実に興味尽きない。

レーガンといえば「反共の闘士」として知られ、「強いアメリカ」を標榜してきた大統領である。しかし、彼は忍耐とウィットと巧みな交渉によって、冷戦の終焉に道を開いた。当時のアメリカとは逆に、今日の日本は国力の相対的な後退期に直面している。日本にとって、忍耐強く周到な外交交渉の術と覚悟が、今ほど必要な時期はない。本書はそのための格好の手引きとなろう。

両親に

はじめに

言葉は、武器と同じように歴史を決定づける力をもっている。紛争を回避することになるのか、紛争を助長することになるのか、あるいは、紛争の解決を確実なものにすることになるのか。現今の時代においては、外交的手腕がこれを決定づけている。人類を核戦争による世界の終末からからくも救ったキューバ・ミサイル危機はその偉大なる勝利の例であり、第一次世界大戦後のヴェルサイユ条約は苦い失敗例である。後者がつくりだした諸問題は今もなお、われわれの前に立ちはだかっている。

国家間交渉《ネゴシエイション》においては、大いなる成功に隣り合わせて完全なる失敗が潜在している。交渉のルールは、その進展に合わせて書き替えられることも珍しくないのである。成功した交渉はいずれも力に対する理性の勝利であり、利害が衝突した場合でも紛争は避けられることを裏づけている。このような交渉に携わる人たちは、自国の運命に対して直接的かつ永続的に己の足跡をとどめる機会をもつのであるが、それができるのは狡猾な賢明さと決断力と固有のカリスマ性を兼ね備えた人たちだけである。プロイセンの軍事理論家カール・フォン・クラウゼヴィッツは、戦争とは「他の手段をもってする政治の延長に他ならない」と述べた。これに倣《なら》えば、国家間交渉とは武力以外の手段をもってする戦争に他ならないと理解できる。歴史の流れのなかで、重大な国家間交渉が果たした強力な役割、およびそれらが今なおわれわれの生活にどのように影響を及ぼしているかを見れば、現時点での政策としてとり得る他の選択肢を考えるうえでの助けとなり、また、将来どのような選択をすればよいかを教えてくれるだろう。

交渉が順調に進展すれば、それは、対立する当事国双方を和解させたり交渉開始前よりも望ましい状況をつくりだす。そのような交渉は、魔法のように見えるものである。ウィンストン・チャーチルが「絹と鋼の会話」と呼んでいたような特に重大な交渉《メジャー・ネゴシエイション》は、矛盾――対立と協調、衝突と誘惑――に満ちたものである。その交渉に賭けられているのは高価なものであり間違いが許される余地はほとんどない。そして刻限は差し迫ってくる。多くの人の生命や国家の運命がきわどい瀬戸際にある状態のなかで、交渉者たちは、粘り強く立ち回り、創造力を発揮し、はったりをかけ、想定外のことがらを巧みに利用する能力を駆使して、合意形成を阻んでいる障害を克服しなければならない。そういった障害のなかには、交渉相手、戦略的観点からの周囲の状況、さらには自国からの要求さえもが含まれるだろう。

驚くにはあたらないが、高潔な精神や犠牲的行為を示す感動的な逸話の他に、衆目を集める華やかな人物や背信行為、脅迫、裏切り、暗殺がらみのエピソードも数多くある。交渉の舞台に登場する人たちがもっていた強味と同じように弱点を知れば、個々の交渉を通して、歴史上非常に重要な節目に対する大変面白い洞察が得られるのだ。

さまざまな難しい問題はあったものの、本書で取り上げている交渉における登場者たちはいずれも見事に自分たちの目標を達成している。ルイジアナ買収は、武力に訴えることなしに広大な領土を獲得したわけで、その広大さは歴史的に見ても屈指のものであった。ポーツマス条約を保証することによってセオドア・ローズヴェルトは、二五万人の命を救い、世界大戦を防止した。ケネディとフルシチョフは危機をうまく切り抜けた。当時、関係者たちは核戦争による破局に至る確率を五〇パーセントと見積もっていたのだ。

ヨーロッパ、アジア、中東は、交渉の席でくだされたさまざまな決定により根本的に変えられてきている。アメリカもそうである。その誕生、発展、世界の大国としての浮上は、交渉の成功によるところが大きい。強大な軍事力を有しているにもかかわらず、アメリカは戦争よりも交渉でより多くのものを獲得してきている。

アメリカ独立革命における植民地側の成功にとって本質的であったものは、フランスから受けた支援であった。これはベンジャミン・フランクリンがパリに出向いてフランス政府と交渉した直接の結果である。フランスがアメリカ支持に回ったことで形勢はイギリスに不利になり、当時世界一の大帝国だったイギリスに対する植民地側の勝利に向けて道が開かれた。

それから二五年後、誕生して間もないアメリカ共和国は、歴史上非常に価値のある土地取引とされているものをやってのけた。アメリカの外交使節として派遣されたジェームズ・モンローとロバート・リヴィングストンは、フランス、イギリス両国間の戦略的緊張を巧みに利用し、約二〇八万平方キロメートルの広大なフランス領ルイジアナをアメリカに一五〇〇万ドルで売却することをナポレオンに納得させた。ルイジアナ買収により、アメリカは予想だにしていなかった道を歩むようになり、かつて植民地の寄せ集めにすぎなかった国は北米大陸に冠たる国家となった。この取引によりアメリカの領土はほぼ二倍にふくらみ、世界有数の広い領土をもつ国家となったのだ。

一八一四年、それまで各地で戦いを繰り広げていたフランス（戦費にはフランス領ルイジアナをアメリカに売却して得た利益もあてられていた）が大連合軍に敗れ、ナポレオンはエルバ島に流された。その後開催されたウィーン会議はナポレオン戦争後の諸問題を処理する場となるはずだったが、フランスの外相タレーランは戦勝国間の仲を割き、各国の利害の衝突を利用して同会議に席を確保し、敗戦国であるにもかかわらず、ヨーロッパの地図が塗り替えられてもフランスの権益が守られるよう図った。その結果、締結された議定書に基づいてヨーロッパ各地で国境線が引き直され、君主政体の力は回復し、それからほぼ一世紀にわたりヨーロッパに持続的な平和をもたらす体制が確立されたのである。

一九〇五年夏、セオドア・ローズヴェルトは日本とロシアの代表団をニューハンプシャー州ポーツマスに招いて和平を仲介し、日露戦争を終結させた。ロシア側はそれまでに深刻な打撃をこうむっており、また両国とも莫大な犠牲を払っていたが、双方とも消耗しきるまでには至っておらず、どちらの国内でも有力者たちが戦争継続を声高に叫んでいた。交渉は難航し、ロシア側代表が本国の対話打ち切り命令に背き、権限を与えられていない条件を提示してようやく合意に至った。講和成立によって和平がもたらされ、その結果、極東における勢力均衡が大きく崩れ、また世界の外交舞台で新興大国としてのアメリカの地位が高まった。

一九一九年一月、各国の代表者が第一次世界大戦の終結について協議するべくヴェルサイユに集まった。ヨーロッパはこの大戦で四〇〇〇万人以上の死傷者を出していた。人命・財貨を多大に失っていたため、戦勝国側は過酷な要求を敗戦国側に押しつけ、講和条件は広範囲に及びかつ悲劇的なまでに欠陥があった。締結された講和条約に基づいてヨーロッパと中東が再編されたが、ドイツ帝国、オーストリア＝ハンガリー帝国、オスマン帝国は抹消され、ヨーロッパと中東に紛争の種がまかれた。

和平に向けた試験的な第一歩がそれ自体で永続的なすばらしい成果になる場合もある。エジプト・イスラエル休戦協定がそれだ。一九四八年末、ラルフ・バンチは国連パレスティナ調停官となった。同僚であり友人であった前調停官が暗殺された直後のことだ。第一次中東戦争は継続中で、参戦国の代表はお互い目も合わせなければ言葉も交わさない、握手もしない状態だった。数カ月にわたって周到に外交努力を続けた末に両陣営の合意を取りつけ、このパレスティナ危機を終わらせる休戦を確実なものにした。のちに、この功績によりアフリカ系アメリカ人として初めてノーベル平和賞を受賞した。同賞受賞者としてはそれまでで最年少であった。

時には交渉で大惨事を防ぐことも可能だ。キューバ・ミサイル危機に際してケネディとフルシチョフは危機的状況をうまく切り抜け、人類を破滅させかねない核戦争を回避した。二つの超大国のあいだで勢力均衡が保たれていた冷戦のさなか、アメリカの情報機関はソ連がひそかに核ミサイルをキューバに配備しようとしていることに気づいた。配備計画が成功すれば、即、危機にさらされる。アメリカはそうした事態を阻止するためには軍事行動もやむなしと考えた。だが、それから一三日間の交渉でケネディ大統領および顧問たちはフルシチョフ首相との妥協点を見出し、ミサイルは撤去され、全面核戦争は回避された。

冷戦絶頂期の一九八六年、レーガン大統領はソ連の指導者ゴルバチョフとアイスランドで首脳会談を行った。二日間にわたるこの会談で、核兵器を削減する初の軍縮協定が結ばれ、超大国間の対立の転換点となった。

戦争を回避したり世界の勢力図を塗り替えることで、これらの交渉はいずれも歴史に大きく永続的な影響を与えてきている。取り組むべき状況や問題は交渉ごとに異なっているが、共通した課題が存在している。すなわち、交渉者たちは、相手よりも有利な条件で取引をまとめて本国に持ち帰らなければならないという至上命題と向き合っているのである。その結果として、頻繁に要求される粘り強さや想定していなかった事態を巧みに利用する能力を含めて、交渉を成功させるための戦略様式が存在しているということに人々は気づくのである。こうした国家間交渉の事例は、人々が理性を働かせ、相手を説得して武力衝突を避け、困難を克服したこと、またこれからもそうできるという証になるものであり、今の時代にふさわしいものである。話し合うということはいつの時代にも外交の要であり、国家を運営していくうえで必要不可欠な手段なのである。これまでにうまくいった事例や避けるべき失敗例に対する理解を深めていけば、見解の相違を武力で解消しようとする国は少なくなるだろう。

ヴェルサイユ宮殿に参内するベンジャミン・フランクリン。1778年３月20日。1784年制作のドイツ版画より（アメリカ議会図書館）

第1章 アメリカ独立の舞台裏 1778年

アメリカ合衆国は一七七六年七月に独立を宣言したものの、大陸軍《たいりくぐん》（独立植民地軍のこと）は武器、弾薬不足に悩まされていた（北米大陸東部沿岸のイギリス領植民地一三州は、この独立宣言によって合衆国という国家形態をとった）。また、イギリスの通商禁止や海軍による海上封鎖措置に直面して、大陸会議（一三州の代表者たちの会議）は何千という軍隊に糧食、衣類、軍需品を補給するのに苦労していた。ジョージ・ワシントン将軍を司令官とする大陸軍が所有している弾薬は兵士一人当たりに換算すれば五発に満たなかった。「これは同胞にも内緒だが」とベンジャミン・フランクリンは友人に宛てた手紙のなかで打ち明けている。「われわれが大砲を滅多に撃たないことを世間は訝《いぶか》しく思っている。こちらにはそんな余裕はなかったのだ[1]」。

大陸会議はもちろんフランスに目を向けた。何百年にもわたりイギリスの競争相手であるフランスは、イギリスに対抗する側の潜在的な同盟者であり、以前から資金や軍事物資をひそかに大陸会議に提供していた。イギリスからの独立を求めるアメリカ革命を支援することによって、フランスは積年の恨みを晴らし、仇敵を弱体化させる機会を得たのである。また、イギリスからその富と力の主要な源泉を奪うことにより、ヨーロッパにおける勢力均衡をフランスに有利な形で回復する機会を得たのだ。アメリカの豊富な木材、毛皮、原材料は、イギリス経済を活気づけており、前イギリス首相チャタム卿は、この東部海岸植民地を「わが国の富の源泉、力の根源、海軍力の基盤」と呼んでいた。(2)

一七七六年九月下旬、大陸会議は、三人の著名なアメリカ人アーサー・リー、サイラス・ディーン、フランクリンを委員とする委員会を設立し、イギリスと戦っているアメリカと手を結ぶようフランス宮廷を説得するべくパリへ赴かせた。フランクリンは大陸会議の元議員で、独立宣言の起草委員でもあった。すでに印刷業で成功を収め、文筆家、発明家、科学者としても知られていた。稲妻の本性を明らかにする実験に成功し、国際的にも有名だった。フランスの哲学者ヴォルテールは、フランクリンを「天才、科学の第一人者、ニュートンおよびガリレオの後継者」と評していた。(3)コネティカットの商人でやはり大陸会議の議員を務めたことのあるディーンと、ヴァージニアの名家出身で博士号をもつ弁護士リーの二人は、すでにヨーロッパに滞在していた。

フランクリンは一七七六年一〇月二七日、二人の孫とともにフィラデルフィアを出発した。六歳のベンジャミン・フランクリン・ベーチと、このあと個人秘書となる一七歳のテンプル・フランクリンである。一行は、インディゴ藍染料三五樽を積み一六インチ砲を搭載したスループ型帆船〈リプライザル〉に乗り込んだ。航海中、何度かイギリスの巡洋艦が接近してきたが、〈リプライザル〉はイギリス艦隊の間隙を縫うように進み、逆にフランス沿岸沖でイギリスの商船二隻を拿《だ》捕《ほ》した。三〇日間に及ぶ極寒の北大西洋横断は質素な船旅であったため、フランクリンは「すっかり参ってしまった」と書いている。(4)〈リプライザル〉についても「北の海を航海するのには無理がある貧弱な船(5)」と評している。船の上での食事がひどかったのですっかり衰弱してしまい、フランス到着時には介添えなしでは立てなくなっていた。「今回の船旅は」と大陸会議議長であるジョン・ハンコックに書き送っている。「長いものではなかったがわたしには過酷で、すっかり体力が落ちてしまった。しかし、日一日と回復しているのでもう数日もすればパリに向けて出発できるだろう(6)」。

フランクリンは一二月二一日にパリに着いてディーンと合流した。その翌日にはリーも到着した。しばし休息したのちパリ郊外のパッシー村に移り、七万二〇〇〇平方メートルほどの地所に建つ屋敷に落ち着いた。フランクリンたちアメリカ使節団は不利な立場にあった。兵員数でくらべると、ワシントン将軍率いる五〇〇〇人の軍隊はその六倍のイギリス軍と対峙していた。また、フランクリンがパリに到着したその日に、ワシントンがニューヨークおよびニュージャージーの戦いで敗れたという報せが届いた。ヨーロッパでは、イギリスに対するこの反乱がその年をもちこたえられると考える人はほとんどいなかった。この植民地軍を支持しながらもフランスは懐疑的で、ルイ一六世および閣僚たちはイギリスとの戦争に踏み切るつもりはなかった。さらに、君主国としてフランスは、他国のこととはいえ国王に反旗を翻した植民地軍を公然と支援することを渋っていた。「反乱の精神はどこに出現しようとつねに危険である」とフランスの外相ヴェルジェンヌ伯シャルル・グラヴィエは書いている。「道徳的弊害は肉体的疾患と同じように伝染しやすい。そう考えると、独立の精神が……この半球全体（ここではアメリカ大陸とその周辺の島、海域、すなわち新世界を指す）に広がることのないようにすべきである」[7]。

フランクリンたちはパリに着いて二週間後、ヴェルジェンヌに面会を申し込んだ。ヴェルジェンヌは三人を大陸会議派遣の公使として受け入れることは拒んだがアメリカ市民として歓迎した。その一方で、イギリスの駐フランス大使ストーモン子爵に対しては「ご心配は無用です」と安心させた。「大臣の邸宅は教会のようなものです。誰でも入れますが、望みがかなえられる保証はありません」[8]。フランクリンたちは北米での特恵貿易を提示しながら通商条約を結びたいともちかけた。ヴェルジェンヌは三人を丁重に遇したが、現状ではフランスはこれまでどおり中立を保つだろうと告げた。しかしながら、アメリカ独立に賛同し物資援助をはじめとして非公式にはできるだけの支援をすることを約束した。

アメリカ側の控え目な要求の真意が見抜けず困惑したヴェルジェンヌは、使節たちが「何か隠しているのではないか」と勘繰った[9]。「フランクリン氏が

サイラス・ディーン肖像画。フィラデルフィアにてピエール・デュ・シミティエール1781年制作（アメリカ議会図書館）

すべてを話したかどうかははっきりしない」とマドリード駐在のフランス大使モンモラン伯爵に打ち明けている。「しかし、アメリカの情勢に関して耳寄りな話は出なかった。フランクリンが唯一明言したのは、今回の訪問の表向きの目的がわが国との通商条約締結であるということだけだ。彼はその締結を望んでおり、大綱まで置いていった……。先方の控え目な態度には驚かされる。われわれの側から見れば、彼らにはすぐにでも欲しいものがたくさんあるだろうに、そういったものについてはいっさい要求していないのだから。その控え目な態度が、頼りにできるだろうと思っている列強に対して重荷になりすぎてはいけないと考えてのことであれば、その心情は称賛に値する。しかし、この慎み深さは彼らのさらに深い政治的配慮の結果だということもあり得るのではないだろうか？」[10]。ヴェルジェンヌはフランクリンが、イギリスが油断なく独占を守ってきたアメリカ植民地との収益の大きい貿易をめぐってフランス・スペインとイギリスとのあいだにあからさまな不和が生じるようにたくらんでいるのではないかと思っていた。ヴェルジェンヌはフランクリンに書面でイギリスと戦争をするつもりはないと伝え、フランクリンは大陸会議に「フランスの世論はわれわれに好意的だが、宮廷は戦争に気乗り薄のようだ」と報告した[11]。

フランス外相ヴェルジェンヌ伯爵シャルル・グラヴィエ（アメリカ議会図書館）

一週間後、フランクリンたちアメリカ使節団は前回の通商条約大綱に続く第二の摘要を添えて、前回よりも直接的な働きかけを行った。すなわち、じゅうぶんに人員が配置されている戦列艦八隻、銃剣付きマスケット銃三〇〇〇丁、大量の火薬および真鍮製大砲部品とともに、正式な対イギリス同盟の締結を要求していた。その見返りとしてアメリカ側が提示したのは、西インド諸島にあるフランスおよびスペイン植民地の保護と、大規模でますます成長しつつあるアメリカの貿易相手国にならないかというものであった。フランクリンたちは、「アメリカの通商があまりにも長期にわたって妨害されれば戦争反対派の影響力が強まり、アメリカはイギリスと和解せざるを得なくなるだろう」と警告した。そして、次のように締めくくった。「北アメリカは今ここでフランスおよびスペインに友好と通商を申し出る。両国に対して、両国が西インド諸島に現在保有している領土、および両国がアメリカの要請に応じて参戦した場合にイギリスから獲得するであろう領土を保証する覚悟はできている。この三カ国の利害は一致している。この三カ国間の関係を強化し、この通商の利益――これはいずれ莫大なものになるだろう――を確保する機会がここに訪れたのである。これを逃せば、このような機会はもう二度とないだろう。逡巡していては、取り返しのつかないことになるだろう(12)」。

ヴェルジェンヌは、フランスがアメリカ側の要求に応じれば、フランスの「信用は傷つき」、「正当な戦争動機」になるだろうと答えた(13)。フランスはアメリカをひそかに支援するが、イギリスを刺激したりフランスの中立を危うくするようなことをするつもりはまったくなかった。ヴェルジエンヌはフランスとイギリスのあいだでふたたび戦争が始まる可能性については否定しなかったが、フランスとしては「事態を無理矢理推し進めるのではなく、成り行きを見守る必要がある」とあくまでも主張した。(14) ヴェルジェンヌはモンモランに宛てた手紙のなかで、アメリカと同盟を結ぶつもりはないが、万一イギリスとフランスのあいだで戦争が勃発すればアメリカ人は役に立つだろう、だから交渉の余地を残しておく、と書いた。そしてフランクリンたちの提案を断りはしたものの、二〇〇万ルーブルを援助した。しかしこれは極秘裏に行われたため、大陸会議ですらこの金の出所がフランスの国庫だと知ることもなかった。

二月、アーサー・リーはスペイン宮廷へ赴き、援助と同盟締結を要請した。スペイン側は少しばかりの援助を約束したものの、それはスペインの外相ジェロニモ・グリマルディがヴェルジェンヌに打ち明けているように「アメリカ側が希望を捨てない程度のわずかなものであった」。(15) グリマルディはパリ駐在のスペイン大使に「これは一種の反乱であり、陛下がこれを公然と支援するのは危険すぎる」と書いた。(16) 大陸会議はトスカーナ、ウィーン、ベルリンにも使節を派遣したが、いずれの地でもこのアメリカ革命は間もなく鎮圧されるという見方が支配的で、使節は追い返された。

フランス政府からの動きを待っているあいだに、大陸会議を代表してロバート・モリスから、早く助けが来ないと革命の前途は暗いと訴える手紙が届いた。アメリカではイギリスのヘンリー・クリントン将軍がロードアイランドを攻め落としていた。大陸軍はロングアイランドおよびハドソン川流域でも軍事的敗北を喫していた。ニューヨークを占領したイギリス軍は、粗末な軍服に裸足の大陸軍兵士たちをニュージャージーまで追撃し、さらにデラウェア川を越えてペンシルヴァニアまで追いやっていた。マスケット銃と弾薬の不足により、独立革命は挫折寸前だった。物価の急騰は制御不能となり、くわえて大陸通貨がほぼ無価値であることから、大陸会議では軍を戦場に留めておくための資金を調達するのがますます困難になってきていた。イギリス艦隊はアメリカ各地の港を封鎖し、イギリス軍はワシントン軍の息の根を止めるべく最後の戦闘に向けた準備を進めていた。

　アメリカ側の状況は絶望的でフランスがアメリカ側に立って参戦しなければ悲劇的な結末を迎えることになるだろう、とロバート・モリスは書いていた。「この暗い見通しにくわえてもう一つ、非常に心配なことがある。それはアメリカの大義を一瞬にしてすべて損なう恐れがあるものだ。大陸通貨の価値が低落している。兵士に払う巨額の給料、糧食や衣類その他必需品を兵士に供与するために必要な莫大な費用、さらに手短に言ってしまうと行政事務の大半の部門で日常化している大盤振る舞いは、大陸紙幣、植民地紙幣どちらも大量に発行する事態を招いている」と続き、次のように結んでいた。「自国の利益に気づいて、北アメリカとの通商が、イギリスとの戦いにかかる出費とそこから派生する弊害を相殺すると判断すれば、フランス宮廷はただちに方針を転換してわれわれに援軍を派遣してくれるかもしれない。そうすれば事態の流れも変わるだろう。だが、今すぐ動いてもらいたい。こちらの情勢は切迫しており一刻の猶予も許されない[17]」。

使節団はこれとは別にアーサー・リーの兄でヴァージニア代表の大陸会議議員リチャード・ヘンリー・リーからも手紙を受け取っていた。やはり大陸会議の懸念を伝えるもので、使節団がフランスおよびスペインとの同盟を締結し、両国から武器や補給品、船舶を購入する費用を調達できなければ、アメリカの独立は危うくなるだろうとあり、「アメリカの独立を保証するには、フランスが一刻も早く参戦することがきわめて重要だ(18)」と強調していた。

二月一日、フランクリンはフランスとの軍事同盟締結を求めて、ヴェルジェンヌに二度目の申し入れをした。フランス内閣から何の返答もないので、使節団は大陸会議の指示を超えた保証を与えることにした。アメリカと通商条約を結んだがためにフランスとイギリスとのあいだで戦争が勃発しても、フランスがイギリスと単独講和を結ばないと誓約してくれれば、アメリカもイギリスと単独講和を結ばないと約束するものであった。「わが国の自由が危険にさらされている現況においては」と使節団は強調した。「これを支え守るためには、あらゆるものを賭するのがわれわれの責務である。それゆえ、全員一致で次のように決議した——アメリカが掲げた理想を守護し支援していくための物資を入手するのに必要だというのであれば、われわれは自分たちの人格を賭け、指図から逸脱したとして大陸会議から非難を受けることも覚悟のうえ

アーサー・リー（アメリカ議会図書館）

で、このような行動に出るべきであるというのがわれわれにできる最善の判断である。すなわち、そのような目的のためには、われわれ自身の個人的な自由や生活を喜んで犠牲にする覚悟はできているのだ[19]」。

三月一四日、大陸会議からの新たな指示が届いた。現状に業を煮やした大陸会議は、使節団がそれまで大陸会議に無断で取ってきた方針を追認しながら、使節団にフランス側に提供する見返りに色をつける権限を与え、今後フランスの支援を得るのに必要と使節団が判断したものは何でも提供してよいとしてきたのだ。書面には次のように書かれていた。「あらゆる状況を熟慮したうえで、アメリカ一三州の独立を確実なものにするためには、フランスおよびヨーロッパ諸国がアメリカ側に立つとのすみやかな宣言が絶対必要であると大陸会議は考えている。すなわち、北アメリカの幸福にとって本質的であるフランスおよびスペインとの軍事同盟締結がこれ以上遅れることがないよう大陸会議は希望しているのであって、その目的のための提案を両国に対して行う権限を使節団に認める[20]」。大陸会議の指示に従い、アメリカ使節団はフランスに対して二〇〇万ルーブルの追加借款を要請した。また、ヴェルジェンヌとスペイン政府に、イギリスに対する即事交戦のためにアメリカ、フランス、スペインの三国同盟を正式に締結することを提案した。ただし、この同盟は、アメリカの独立が確立し、スペインがポルトガルを征服し、フランス・アメリカ連合軍がイギリス軍を北アメリカ、カリブ海から追い出すまで存続するというものだった。使節団はさらに要求を追加した――フランスはアメリカと同盟を結んでさまざまな支援を行うだけにとどまらず、アメリカのカナダ征服にも協力するというもので、これはフランクリンが特に狙っていたものだった。戦争に勝利した暁には、アメリカがカナダとニューファンドランドを、フランスはイギリスが領有している西インド諸島を獲得することになっていた。また、スペインの同盟参加をうながすべく、アメリカがポルトガルに対して宣戦布告をし、「ポルトガル王国を全面的に征服し、スペイン支配下に入れるまではこの戦いを継続する」[21]と申し出た。この提案は、フランスが直接介入しなければアメリカはイギリスに和を請わざるを得ないとの警告で結ばれていた。

新たな領土獲得に関心がなく、アメリカ独立革命の先行きに懸念を抱いていたフランスは、丁重にではあるがきっぱりとこの申し入れを断り、スペインもまた同様であった。フランスはアメリカの苛立ちを共有するつもりはないとヴェルジェンヌは使節団に告げた。「明日はどうなるかわからない不安定な平和でも、戦争にくらべればましだ」[22]とフランスの宰相ジャン＝フレデリク・モールパ伯爵は海軍大臣に宛てて書いている。使節団は無理押ししないことにした。「フランクリン博士は、最初から、フランス宮廷に対して性急にあれこれ要求するのはよくないと言っていた。生来の冷静な性格にくわえて年輪と経験を重ねた博士は何をするにしても根気強くやり、機が熟すのを待ち、フランス宮廷が利害関係だけで行動するのに任せた。アメリカはできたばかりの国家でヴァージンのようなものだから、こちらから誘惑するよりも他国からの申し入れを待つ方がよいのだともよく言っていた。議論の最初の段階で博士がこうした考えを強めたのは、アメリカがイギリス帝国の支配下に戻ることをフランスはいかなる状況においても容認しないとある程度確信していたからである[23]」。

実際、フランスはひそかに植民地側を援助していた。一七七七年四月末には二隻のフランス船〈アンフィトリテ〉と〈メルキュール〉がイギリスの封鎖線を回避して、マスケット銃二万丁、火薬、砲弾、鉛の積荷とともにボストンに入港したので、アメリカ側は本当にほっとした。補給品をアメリカに運ぶため、他のフランス船はフランス領西インド諸島までの偽造船荷証券を使い航行した。そこで夜間に積荷を小舟に移し、アメリカ各地の港にひそかに持ち込んだ。こうしたフランスの援助のおかげで大陸軍は一息つけたが、イギリス優位の状況を変えるほどのものではなかった。

大陸軍の敗北は続き、七月にはタイコンデロガ砦がジョン・バーゴイン将軍率いるイギリス軍の手に落ち、ハドソン川上流はイギリス軍に占領された。これにより大陸軍側ではニューイングランドとその他の植民地とのあいだの緊密な連絡が断たれる恐れが出てきたため、フランス国内ではアメリカ革命は失敗に終わるのではないかという見方がこれまで以上に強まった。ヴェルジェンヌはタイコンデロガ陥落の知らせを聞き、「アメリカ人は自由のために武器をとって立ち上がったわけだが、自由を保持できるか否かが問題だ。カナダからのイギリスの援軍がアメリカ軍の背後を突き、ハウ将軍が砦の正面を攻撃した。大陸軍にはこの嵐に耐え得るだけの兵力、団結力があるのか、そして指導者がいるのか?[24]」と書いている。彼は慎重に動いた。「人は皆やらなければならないことをする」。しかし、アメリカ人はアメリカの利益を考慮して「アメリカの目標のためになりそうなものをすべて受け入れる気になるかもしれないが、フランスの利益を考慮すれば、フランスのためにならないところまで踏み込むわけにはいかぬ」[25]。ヴェルジェンヌとしては、先行きの不確かな提案にフランスを委ねるよりも、事態の成り行きを見守りアメリカが独立を勝ち取ってから条約に調印したいと考えていた。

九月二五日、フランクリンはヴェルジェンヌに一四〇〇万ルーブルの追加援助を要請した。大陸会議は毛布八万枚、軍服四万着、長靴下一〇万足、火打石一〇〇万個、鉛二〇〇トンを必要としていた[26]。資金をほぼ使い果たしてしまった使節団は、自分たち自身が破産寸前であった。大陸会議からはいっさい報酬が支払われていないうえ、フランスからの借款もすべて使ってしまっていた。財政上の見通しが非常に厳しいため、フランクリンは武器および軍服購入契約の破棄、購入済みだがまだ船積み前の砲や補給品の売却を提案した。リーは兄リチャード・ヘンリー・リーからの手紙を一部抜粋し、フランクリンたちの前で読み上げた。それは、「フランスおよびスペインとの同盟なしには、また大陸会議の資金を支える多額の借款なしには、アメリカの独立を維持できないだろう」と警告していた[27]。アメリカ使節団にとっては、フランスがこれまでの借款の利子を払い続けてくれることを祈るしか方法はなかった――さもなければ自分たちは投獄されるだろう。

それから二週間もしない一〇月四日の正午過ぎ、ボストンから使者が到着した。使者によると、アメリカの首都フィラデルフィアがイギリス軍の手に落ち、大陸会議はボルティモアに逃れ、古い宿で会合を開いているとのことだった。しかし、これよりも他の知らせ（バーゴインの降伏は一〇月一七日であり、この知らせは一〇月四日以降に来たものである）の方がはるかに多大な戦略的重要性をもっていた。バーゴイン将軍指揮下のイギリス軍がサラトガでアメリカ軍に降伏したのである。この戦いではイギリス兵二〇〇〇名が死亡し、六〇〇〇名近くが捕虜となった。捕虜の内訳は、国会議員四名、将軍六名、将校三〇〇名、下士官兵五五〇〇名だった。砲三七門も没収された。北部からのイギリス軍が撲滅されイギリス軍の挟撃作戦が失敗したのである。大陸軍はイギリス軍のなかでも特に手強い部隊を相手に勝利を収めたのだ。サラトガの戦いでのアメリカ軍勝利はすぐさまフランス側の打算に反映され、ヴェルジェンヌはこの植民地問題について決断する必要があると悟った。「最近のアメリカ側の勝利を見ると独立戦争の行方についてこれまでとは違った見方ができるようだ」と明言した。[28] この勝利はイギリスに対するアメリカの反乱の「強固さ」に対するフランス側の疑念を払拭したのだ。このアメリカの勝利によりイギリス政府内でアメリカとの和解を叫んでいる閣僚の影響力が強まるのではないかとフランス政府は心配した。ヴェルジェンヌは、一敗地にまみれたイギリスが植民地側に魅力的な講和条件を提

ベンジャミン・フランクリン肖像彫刻。1780年ピエール・ル・ボー制作。フランス（アメリカ議会図書館）

案する前に行動を起こすべきと考え、モンモランに宛てて手紙を書いた。「フランスがアメリカと同盟を結べばイギリス帝国はその三分の一を失うことになり、イギリスの大幅な弱体化につながる」[29]。それから二日のうちにヴェルジェンヌの補佐官コンラッド・アレクサンドル・ジェラールがパッシーに滞在するアメリカ使節団を訪ねた。「独立を保持しようとする一三州の力量と不屈の意志について疑う余地はもはやないようだ」と語り、アメリカの申し入れは今後、これまでよりも真剣に検討されるようになるだろうと保証し、アメリカとフランスの同盟締結の申し入れを再提出するよううながし、「締結はすぐにでもなされる」[30]とつけくわえた。

二日後、フランクリン、ディーン、リーの三人は、ヴェルジェンヌにあらためて同盟締結の申し入れ書を手渡した。そのなかでアメリカ使節団は、援助を求めてフランス宮廷に働きかけを始めてから一年近くがたっていることを思い起こさせ、フランスに対して「これまでは、フランスのアメリカ支援を秘密にしておく必要があったため、友好的かつ重要な援助をフランスが非常に気前よく、だが内密に行ってきてくれていることをアメリカ国民に知らせていなかったから、アメリカ国民はフランスに対して悪い感情をもっている。これを訂正するべく早急に、かつ公然と行動するよう」求めていた。そうでないと、フランスのひそかな援助を知らないアメリカ国民は、イギリスの和平提案に応じるかもしれないとほのめかした[31]。

一二月一二日、ヴェルジェンヌとジェラールはヴェルサイユから一キロほどの郊外に建つ一軒家でアメリカ使節団と面会した。フランス外相は使節団に、アメリカとの同盟条約および通商条約、アメリカの独立承認についても前向きに検討するつもりであると伝えてから、次のように話した。「アメリカと同盟を結べば、われわれは貴国の独立を正当に認めることになる。必然的にイギリスと戦うことになるだろう。同盟締結についてはまずスペインの意見を聞き、同意を得なければならない」。一七六一年に結ばれたブルボン家一族間の協定――スペイン継承戦争を終結させた妥協案の一部――に則り、フランスとスペインは、開戦・講和問題に関しては行動を共にすることになっていた。このためアメリカとの同盟を締結するにはスペインの同意が必要であった。ヴェルジェンヌは警告の言葉で話を締めくくった。「アメリカの独立はまだ胎内にあると考えるべきだ。機が熟していないうちに誕生を急いではならない[32]」。ヴェルジェンヌはマドリードに急使を派遣し、アメリカ使節団には三週間後に返事をすると告げた。そしてパリ駐在のスペイン大使に、「今なすか永遠になさないか《アウト・ヌンク・アウト・ヌンクアム》を座右の銘とし、そのようにするのがよい」と助言した[33]。さもなければ「神が与えてくれたこの非常に興味ある可能性を逃すことになり、現代の人々、将来の人々はわれわれの無関心は罪に値すると非難するだろう[34]」。ヴェルジェンヌはモンモランに対して次のように書いている。「アメリカの独立を最初に承認する国がこの戦争の成果を最初に得ることになるのをよく心に留めておこう[35]」。

サラトガの戦いでの敗北に衝撃を受け、フランクリンのパリ滞在を憂慮するジョージ三世下のイギリス政府は、フランスとアメリカが同盟を結ぶ前に植民地側に和睦を申し出ることにした。そしてヨーロッパに張りめぐらせているスパイ網の責任者ポール・ウェントワースを特使として派遣した。一二月一五、一六の両日、ウェントワースはロワイヤル通りに住むディーンを訪ねた。フランクリンにウェントワースとの会見を拒否されたイギリス政府は、ディーンをアメリカ使節団のなかでもっとも御しやすい相手と考えたのだ。一緒に食事をしながらウェントワースはイギリスが考える和解案の要点を述べた。それによれば、アメリカ植民地は通商および外交を除くすべての分野で自治権をもつことになっていた。ディーンは申し入れを拒絶し、独立こそ和平に至る唯一の道だと語った。ヴェルジェンヌとアメリカ使節団がスペインの返事を待っているあいだにイギリスの宰相ノース卿は、議会が一月二〇日に再開され次第、アメリカ植民地に対する特赦と和解について提議するつもりだと明言した。イギリス側が今すぐにでも交渉を始めたいと考えているようなので、アメリカ使節団はヴェルジェンヌにフランスの支援を当てにできるのかどうか返事を迫った。ヴェルジェンヌは次のように書いている。「イギリスの目的はもはや明白で、われわれは決断しなくてはならないようだ。この問題に関してわれわれが決めなくてはならないのは、アメリカとともにイギリスを相手に戦うよりも、イギリス、アメリカ両国を相手に戦う方が適切かどうかということだ(36)」。

ヴェルジェンヌは先手を打ってイギリスの和平工作を阻止しなければならないと焦った。「もしイギリスが不幸な出来事に学んでアメリカと和平協定を結んだら、フランスは両国の和解を阻止するために何かできるだろうか？(37)」。ヴェルジェンヌは、サラトガを失い動揺しているイギリスのノース政権が、アメリカに事実上の独立を含む寛大な和平を提案しようとしているのではないか、外国からの支援の見込みもないまま孤軍奮闘し疲れ果てた一三州はフランスが公然と支援することを拒み続ければ、イギリスの提案を拒絶できなくなるのではないかと心配した。フランス政府は疑心暗鬼になり、ヴェルジェンヌは何か手を打たなければならないと考えた。「フランスの態度を決定するのにもう一刻の猶予もならない」と書いている。「今こそ決断の時だ」。「フランスが行動を起こさなければ……「イギリス政府は……われわれを出し抜いてしまうだろう。そうなればわがフランスは、神がブルボン家に与えられた絶好の機会を理由もなく逃してしまったことを虚しく後悔するだろう」。ヴェルジェンヌはいわゆる「イギリスに身の程をわきまえさせる千載一遇の機会」を逃したくなかった(38)。そこでジェラールに、「アメリカ使節団一行をフランスの管理下につなぎとめておくために必要なものは何でも……彼［ディーン］の鼻先にぶら下げるよう」命じた(39)。一二月一七日、ジェラールはフランクリンが滞在するパッシーを訪ね、時間をかけて慎重に協議したのち、国王ルイ一六世はアメリカの独立を認める意向を固めており、スペイン側の同意書が届き次第同盟条約締結の手続きに承認を与えると使節団に伝えた。

同意書は届かなかった。一二月三一日、ヴェルジェンヌの使者は、アメリカと同盟を結ぶつもりはないというスペイン側の返答をもって帰国した。スペインの利害はフランスの利害とは異なっており、アメリカの反乱が成功してもフランスにくらべて得るものが少ないという状況にあった。そして、失うものはフランスより大きかった。ポルトガルとのあいだの紛争が決着したことで、イギリスとの軋轢《あつれき》の原因もなくなっていた。また、スペイン経済はフランスやイギリスよりも工業化が遅れており、いきおい商船隊も規模が小さいためアメリカとの通商路が開かれても利益を得られるような状態にはなかった。フランスがイギリス弱体化をヨーロッパにおける大国としての自国の地位回復の鍵とみなしていたのに対して、スペインの関心は自国の海外植民地に向けられていた。スペインの植民地はイギリス海軍に攻撃されやすいし、イギリスに対するアメリカの反乱が成功すれば自国の植民地でも同様の反乱が起きる恐れが高まる。その主要な目的がフランスの宿敵の力を縮小することであるこの戦争にスペインは参入する気がなかった。「わが国が戦うのは、自国領土を守る場合、あるいは他国の領土を獲得する場合だけである(40)」とスペイン外相になったばかりのフロリダブランカ伯爵は述べた。スペイン政府にとっては、参戦するよりも紛争が長引く程度にアメリカに対して援助を行う方が都合がよかった。「アメリカ人がこのまま反乱を続ければ、われわれの利益になるのは確かだ。ここはひとつアメリカ、イギリスが互いに相手の国力を消耗させることを望む(41)」。

その冬、アメリカ革命は風前の灯であった。ヴァレー・フォージに野営していた大陸軍は、兵士およそ一万一〇〇〇人に対して二五樽分の小麦しかなく、多くの兵士が飢えていた。「われわれの前に現れた骨と皮ばかりの集団は、裸同然の格好で腹をすかせ、病気にかかり、気力を無くしていた(42)」と同地を訪れた大陸会議議員ガヴァヌーア・モリスは、軍の状況について報告した。三〇〇〇名近くが凍死、病死、餓死した。大陸軍とともに戦うべくアメリカに渡っていたラファイエット侯爵は、「不運な兵士たちはありとあらゆるものを必要としていた。外套も着ていなければ帽子もかぶっていない。シャツも靴下もなしだ。裸足で歩くため脚の上から下まで凍傷にかかってすっかり青黒くなっており、切断しなければならないことも珍しくない」と書いている[43]。ジョージ・ワシントンは次のように書いている。「兵士たちは裸で腹を空かせているが、そのずば抜けた辛抱強さ、忠誠ぶりはどんなにほめてもほめたりない。彼らはこうむっている苦難にもかかわらず反乱を起こすことも四散することもなく耐えているのだ。しかしながら、時には強い不満の兆候が姿を見せることもある。すべての部署において最善の積極的努力をする以外に、衝撃的な崩壊を長期にわたって防ぐことはできない[44]」。一七七八年二月には次のように書いている。「われわれが現在抱えている問題はこれだけではない。今後のじゅうぶんな物資や食糧を確保するための資金がない。ニュージャージー、ペンシルヴァニア、デラウェア、メリーランド各州の食糧倉庫のすべて、余裕のありそうな緊急追加補給品すべてを合わせてもせいぜい一カ月分にしかならない[45]」。

スペインの拒絶以降ヴェルジェンヌから何の連絡もないので、フランクリンはヴェルジェンヌに最終的な決断をうながそうと一計を案じ、それまで何週間も会うのを拒否していたウェントワースを食事に招いた。イギリス政府特使との会見がフランスの優秀なスパイによりヴェルジェンヌの耳に入ることは百も承知であった。いろいろあったがアメリカ人は最後はやはりイギリスの和解申し出を受け入れるかもしれないと思わせたのだ。報告を受けたヴェルジェンヌは、フランクリンがイギリス側と和解条件についてすでに交渉を始めているのではないかと思った。ノース卿がウェントワースをパリに派遣したのは、アメリカ使節団に接近してフランスとの条約締結を阻止するためだったのだが、フランクリンはこれを逆手にとってフランスにアメリカとの同盟を決断させる手段としたのだ。一月六日、フランクリンはウェントワースと会い、二人だけで二時間ほど話した。ウェントワースはフランクリンに、アメリカ使節団が個人的な怨念を捨ててイギリスと和解すれば、一つにまとまったアメリカとイギリスは「世界一の大帝国」になるだろうと述べ、アメリカはどのような条件ならば和解を受け入れるのかと尋ねた。そして独立以外の条件は認められないという返事を聞くと、アメリカの独立を阻止するためならばイギリスはもう一〇年間戦いを続けるだろうと述べた。フランクリンは「アメリカは独立を勝ち取るために五〇年間戦う覚悟がある」と切り返した。譲歩するつもりはなかった。部屋の外にいるヴェルジェンヌのスパイに聞こえるよう、思い出話をしたかと思えば植民地でのイギリスの蛮行について不平不満を訴えるという具合にとりとめのない話を続けた。しかし、秘密を漏らしたり何かに同意したりすることはなかった。会見終了間際にディーンも姿を見せ、三人は一緒に食事をした。もちろんフランクリンの狙いは、イギリス側の提案の要点についてウェントワースと意義のある話し合いをしようというのではなかった。とにかくウェントワースとの会話が途切れないようにして、アメリカ側がイギリス側の提案を歓迎しているとヴェルジェンヌおよびフランス政府に思わせるところにあった。

翌日、ウェントワースは手ぶらで虚しくロンドンに戻った。イギリス側は、これはアメリカ使節団がすでにフランスと何らかの協定を結んでいるからに違いないと考えた。フランクリンはフランス政府に対して早急に手を打たねばと確信させる決め手をようやくつかんだのだ。フランクリンはイギリス政府特使との会見についてヴェルジェンヌにわざと報告しないことによって（外国からの訪問客があった場合、いつもは几帳面に知らせていた）駄目押しをした。二人の会見を知ったヴェルジェンヌは、フランクリンの思惑どおり、早急に行動を起こさなければアメリカ使節団は思いもよらぬことをやるかもしれずイギリスと折り合いをつけてしまうかもしれないと思った。「彼らが活発に交渉しているのは間違いない」とヴェルジェンヌは書いている。「イギリス側の提案はおそらく非常に魅力的なものだろう、心配だ[46]」。「連中はわれわれを張り合わせているのですよ」とフランス駐在イギリス大使ストーモント卿はヴェルジェンヌに警告した。「フランクリン氏は生来狡猾でこのような駆け引きを大変得意としています。イギリスとブルボン家とのあいだの平和が非常に危うい状況にあることは誰にでもわかることです[47]」。

フランクリンがウェントワースと会見した次の日、ヴェルジェンヌは閣僚たちを宰相モールパの寝室に集めた。痛風のため横になっている宰相は、今ここでフランスが行動を起こさなければ千載一遇の好機を逸することになるだろうと語り、アメリカと同盟を結ぶよう求めた。閣議は、スペインの反対にもかかわらず、アメリカとの同盟締結を全員一致で決めた。

翌日、ジェラールはパリ市内ロワイヤル通りにあるディーンの部屋でアメリカ使節団に会い、二つのことを尋ねた。「どうすればあなたたちアメリカ使節団は、アメリカとの新たな関係についてのイギリス側からの提案に耳を貸さない、と約束してくれるか？」ということが一つ。もう一つは「アメリカの人々に対して同じような効果を期待するにはどうすればよいか？」だった。フランクリンたちは内輪で話し合い、一時間後にふたたびやってきたジェラールに最初の問いについてフランクリンが返答した（二番目の問いについてまで話し合う時間はなかった）。「通商条約および同盟条約をただちに締結していただければ、アメリカ使節団は基本条件に完全な自由および完全な独立が入っていないイギリス側の提案に耳を貸しません」。ジェラールはアメリカ使節団に、国王が最終的に条約を締結する決断を固められたと伝えた。ジェラールによると、「どうやらこの展開を予想していなかったようで、この決断を聞きフランクリンは態度を和らげ、これこそ自分たち使節団が一年前から辛抱強く提案し、懇願してきたものだと述べた」。ジェラールは、数日中に通商条約およびより重要な軍事同盟を含む必要文書を作成すると一同に告げた。もっとも、フランスのこの独立戦争への介入は条約締結によって自動的に始まるものではなく、ジェラールが主張するように、この戦争に参入する時期を決める権利はフランスが保持しているのであって、これを知ったフランクリン、ディーン、リーは失望した。(48)

それから三日後、アメリカ使節団はジェラールの二つ目の問いについて書面で返答し、アメリカがイギリスと折り合いをつけないようにするために必要な事項をさらに詳細に取り決めた——この戦争へのフランスの即刻の参戦か、イギリスが北アメリカから追い出されアメリカの独立が確実なものとなるまでこの革命を支えるのにじゅうぶんな財政的援助か、のいずれかであった。

使節団はフランスによる「即刻の参戦」を要求し、そうすれば「大陸会議が現在勢力下に置いている地域とこの戦争のあいだに獲得するであろう地域が確かなものになる」と述べた。そして、「イギリスが現在北アメリカ大陸に有しているものすべてが征服される」まで、「イギリスと戦うか大陸会議を財政的に援助するかのどちらか[49]」を要求した。フランスが軍艦六隻から八隻をさっさと供与していれば、確実にもっと早く勝利していただろう。ヴェルジェンヌは次のように書いている。「その旨を打診した時彼らが真っ先に言ったのは、フランスの即刻の参戦のみがアメリカをしてフランスの同意なしに母国イギリスとの協定を結ばないことを保証するのだということであったし、この主張が変わることはなかったのだ[50]」。外交上の理由からすれば、フランスとしてはイギリスと戦争を始めた連中の仲間ではないことが重要だった。しかし、本国に反乱を起こしている植民地と同盟を結び、またその反乱を公然と援助しているとなれば、それはイギリスの主権に対する重大な侵害行為となり、イギリスがフランスに対して宣戦布告してくるのは避けられないだろう。

コンラート・アレクサンドル・ジェラール。（ニューヨーク公立図書館）

一七七八年二月六日、フランクリン、ディーン、リーおよびジェラールは、パリのフランス外務省でフランス・アメリカ同盟条約に調印した。この同盟条約には、フランス、アメリカ両国は「合衆国の独立が、独立戦争を終結させる条約により、正式にあるいは暗黙のうちに保証されるまで戦う」と明記されていた。フランスとイギリスとのあいだで戦争が始まった時点で発効することになっているこの同盟は、「通商に関する事項のように合衆国政府に関わることを含めて、合衆国の完全で無制限の自由、主権、および独立を効果的に維持することになっていた[51]」。フランスは、イギリスがアメリカの独立を承認するまでイギリスと単独講和を結ばないと約束した。重要なのは、この条約は永続的なものではないということであった。すなわち、将来全欧的な戦争が勃発した場合にアメリカが巻き込まれないようにしていたのである。また、アメリカが政治的商業的に同等の特権をフランス以外の国にも自由に与えられるようにしていた。「フランスにはわが国とのいかなる独占交易権も与えていない」とフランクリンは大陸会議に宛てた手紙のなかで指摘している。「与えているのはわが国がどんな他国にも自由に与えられるものばかりである[52]」。

それから五カ月しないうちにフランス、イギリス両国は交戦状態に入った。一年後にはスペインもイギリスとの戦いに参入した。その見返りは、イギリスに占領されているジブラルタルの回復を支援するというフランスの約束だった。フランスの支援は戦いの形勢を変えるうえで欠かせないものであった。ワシントン率いる大陸軍が使用した火薬の九〇パーセントはフランス産だった。フランスは三万丁を超すマスケット銃、火薬四〇〇トン、天幕五〇〇〇張、野砲六〇門を船で運んだ。アメリカの兵士たちはフランス製の軍服を着てフランス製の武器で戦った。また彼らの給料の大半はフランスが出していた。フランス、スペイン両国の海軍は連合してイギリス海軍

デスタン伯爵指揮のもと、ニューイングランド沖にあるフランス艦隊。1778年8月17日（アメリカ議会図書館）

の大西洋における独占的制海権を打破した。また、イギリス海峡を越えて侵攻する脅威を与え（地中海、ジブラルタル、カリブ海、インドでも戦い）、この戦争は世界規模の戦争となった。いきおいイギリス軍は戦力を分散せざるを得なくなり、その戦争遂行力は致命的に弱まった。一七八一年のヨークタウンの戦いで、イギリスの敗北と植民地の独立が決定的となったが、アメリカ圧勝の要因はフランスの艦隊、フランス軍、フランス軍の重砲だった。フランソワ＝ジョゼフ・ド・グラース提督率いるフランス艦隊は、イギリスの援軍が、包囲されているチャールズ・コーンウォリス将軍指揮下のイギリス軍を解放するのを阻止し、フランスのロシャンボー伯爵に率いられた八〇〇〇を超える兵力は、ヨークタウンにおけるアメリカ独立戦争最後の決戦を戦った。フランスはアメリカ独立戦争支援に一〇億ルーブル（フランスの国家予算の三倍に相当する）以上費やし、国家財政は深刻な赤字となった。国民に重い税負担を強いることになり、これが一七八九年のフランス革命を引き起こし、ルイ一六世は一七九三年に断頭台の露と消えた。

第2章 ルイジアナ買収 1803年

アメリカ合衆国が国際的に重大な局面を初めて迎えたのは、イギリス軍がヨークタウンで降伏してから二二年後の一八〇三年のことであったが、それはまた、アメリカに大変な利益をもたらすことになるものでもあった。フランスは、一八〇〇年に、スペイン王国からスペイン領ルイジアナをトスカーナ公国と引き換えの形でひそかに購入していた。スペイン人は、ミシシッピ川からロッキー山脈まで延びるこの広大なルイジアナを不在地主として管理していた。すなわち、植民地化せず未開のままにしていた。だが、ナポレオン・ボナパルトはこのルイジアナを新世界におけるフランス帝国の中心にしようと目論んだ。新しく手に入れた領土の所有を明確にする目的で占領艦隊を編成し、要港ニューオーリンズの当局に対してアメリカの貨物がミシシッピ川を下るのを阻止するよう命じた。これはアメリカの通商の半分を突然停滞させるものであった。アレグザンダー・ハミルトンは次のように述べている。「フランスへのルイジアナ譲渡は、独立問題以降、合衆国に降りかかってきたもっとも気がかりな出来事である。これによりわが国のかなりの部分が近い将来、寸断される恐れが出てきた。さしあたっては南部諸州の安全が問題であり、将来的には合衆国連邦全体としての独立を脅かすものである[1]」。

アパラチア山脈以西の州の住民はフランスと戦うよう迫り、連邦が行動を起こさないのであれば連邦から離脱すると脅し、ペンシルヴァニア州選出の上院議員ジェームズ・ロスは上院でニューオーリンズを早急に攻撃するよう求めた。「アパラチア山脈以西の人々は自分たちの手で正義を行うのにやぶさかではない。もしフランス人が来るのを手をこまねいているのであれば、この地域のアメリカ人は自分たちを守れないような弱腰の政府に対して税金の支払いを拒絶する。ミシシッピ川の河口を併合するのにこれほど都合のよい機会はもう二度とないだろう。この入口がなければわが国の半分は存在できない[2]」と言明した。

この決議案はかろうじて否決されたものの、政治的圧力を受けてトーマス・ジェファーソン大統領は国民軍を召集し、戦時体制を敷いた。「フランスがルイジアナを領有するという今回の小さな出来事は、……大竜巻の前触れである。いずれこの大竜巻はフランス、アメリカ両国に吹き荒れ、両国の命運を決するであろう[3]」とジェファーソン大統領は予言した。

一方でヨーロッパの情勢は流動的だった。その年は例年になく寒かったため、ニューオーリンズを目指すフランス海軍の小艦隊はオランダで氷に閉じ込められてしまい、フランス軍が到着するまで短いながらも交渉の時間ができた。新世界ではサントドミンゴで起きた反乱が成功し、ナポレオンの義弟をはじめとしてフランス兵が三万人も死んだため、フランスの植民地への投機熱には陰りが生じていた。アミアンの和約——ナポレオン戦争中にイギリスとフランスのあいだで結ばれた休戦条約だが実体のないもので、平和な期間は一年程度しか続かなかった——は破綻しかかっており、フランスが遠からずイギリスとふたたび干戈《かんか》を交えるのは必至だった。イギリスは戦艦二〇隻にメキシコ湾を哨戒させ、戦いの火蓋が切られたら即刻フランス人からニューオーリンズを奪う魂胆を隠そうとしなかった。イギリスがニューオーリンズおよびミシシッピ川の支配権を握れば、アメリカが独立戦争によって苦労して勝ち取ったばかりのものはたちまち後退させられてしまうだろう。

ジェファーソンは、迫りくるヨーロッパ大戦に備えてフランスが資金を必要としていることを知っていた。長年にわたる革命、お粗末な国家運営、紛争の結果としてフランスの国庫は空になっていた。フランスの大蔵大臣ですら、「革命政府が国家財政の無秩序ぶりを広く世間に知らしめたおかげで、外国は即金での取引以外には応じなくなっていた(4)」ことを認めていた。ジェファーソン大統領とジェームズ・マディソン国務長官は、ひょっとしたらこれをうまく利用できるかもしれないと考えた。

それでも平和的な解決策はなさそうだった。「野心家で領土拡大を目論むボナパルトが領土を金に換える見込みはまずない」とハミルトンは書いている。「フランスにとって領土獲得はきわめて重要な意味をもっており、長年フランスは領土獲得を強く望んでいる。したがって、ニューオーリンズ購入の試みはまず間違いなく失敗するだろう。そして最後は結局、戦争に訴えざるを

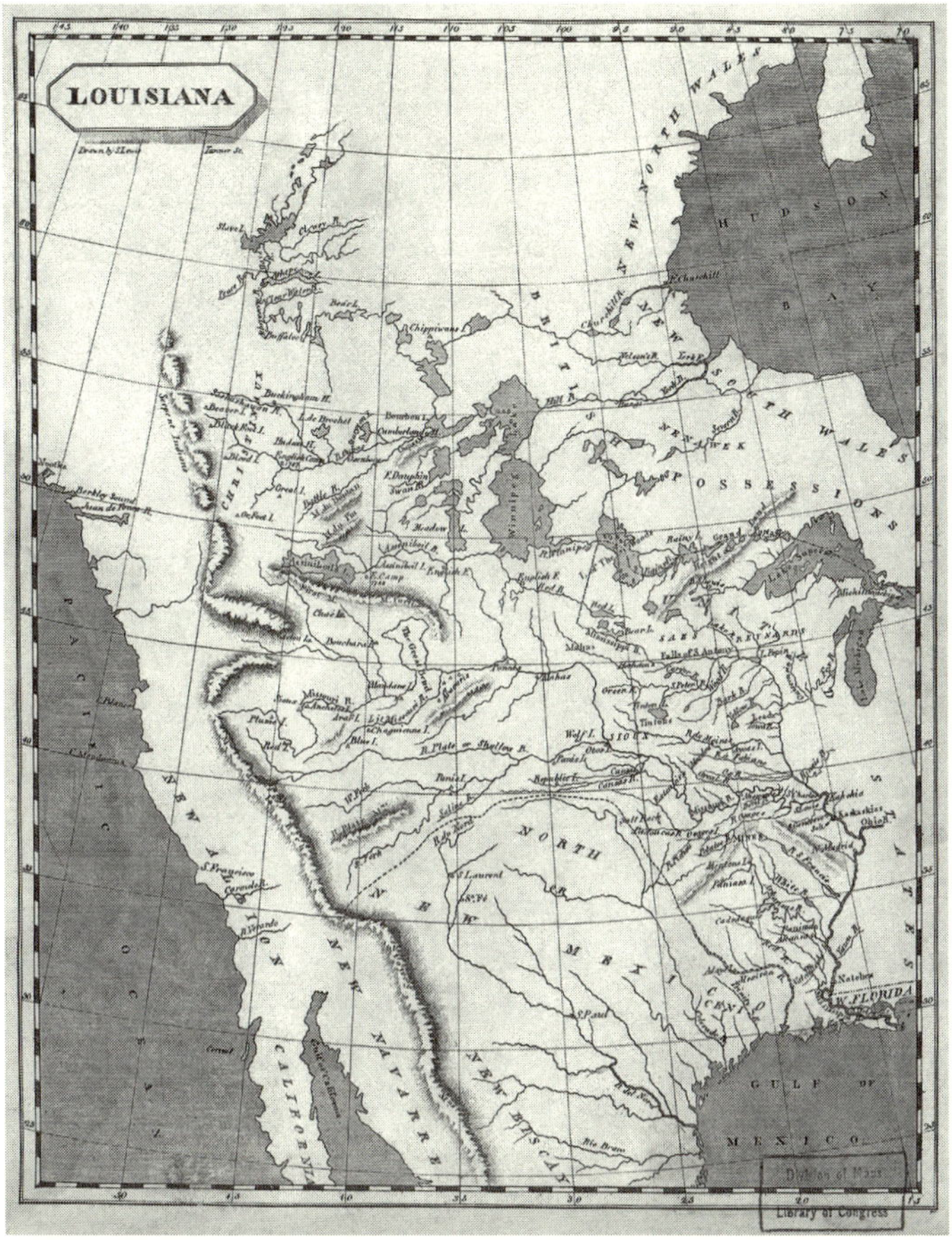

1804年当時のルイジアナの地図（アメリカ議会図書館）

トマス・ジェファーソン肖像画。1804年（アメリカ議会図書館）

得なくなるだろう。しかし、ここは以前フランスが領有していたもので、強固に要塞化されており武力で勝ち取ることは非常に困難だろう」[5]（ミシシッピ川流域はフランス人ラ・サールによる探検以降フランスが領有権を主張し入植を進めてきた領域であったが、フレンチ・インディアン戦争の結果、ミシシッピ川を境として東側はイギリスに、ニューオーリンズを含めて西側はスペインに譲渡された。イギリスの部分はアメリカ独立戦争後アメリカに割譲された）。

一八〇三年一月一〇日、ジェファーソンは前ヴァージニア州知事のジェームズ・モンローに助けを求めた。「とり急ぎお知らせします」とジェファーソンはこのヴァージニアの後輩に書いている。「西部の人々はニューオーリンズの件で……わが国の平和を脅かすものだといきり立っています。国内情勢が順調に推移している現在、このとんでもない災いを未然に防ぐべく、しばらく力を貸していただきたい。明日上院において、フランスへ派遣する特使にあなたを指名するつもりです。全国民の希望があなたにかかっているのだから、辞退が認められるような状況ではありません」[6]。

がっちりした体格のモンローは身長が一メートル八〇センチ以上あった。ジェファーソンとは親しく、以前駐フランス大使を務めていた。独立戦争を戦った愛国者であり、若手の中尉としてヴァレー・フォージの苦難を経験していた。ワシントン将軍の指揮のもとトレントの戦いに参加して肩を負傷したが、砲火を浴びながら勇敢に戦ったとして昇進した。ヨークタウンの戦いで大陸軍が勝利を収めたのち復学し、さらにジェファーソンの下で見習い弁護士として働いた。大陸会議代議員およびヴァージニア州選出の上院議員を務めて政治的信用を確立し、一七九四年には時の大統領ワシントンから駐フランス大使に指名されて三年間務め、その後はヴァージニア州知事となった。知事の任期が切れた一八〇二年一二月、弁護士に戻って金を稼ごうと考えていたところにジェファーソン大統領から手紙が届いたのだった。

一八〇三年三月九日、モンローは憂鬱な思いでパリへ向かった。大西洋を隔てての通信事情はお粗末で、急報を出しても返事を受け取るのに三カ月かかることもあり、パリに着いたら完全に孤立するかもしれなかった。また、パリまで行ったからといってナポレオンが会見に応じる保証はなかった。ナポレオンがかつて「平和はわたしの利益に反する[7]」と言ったのは有名な話だ。ルイジアナをめぐるフランス・スペイン間の協定の存在をフランスが否定しているため、これまでアメリカが外交ルートを通じて何度か行った試みはいずれも失敗に終わっており、パリ駐在のアメリカ大使は沈んだ調子で「ルイジアナをめぐる交渉についてだが、こちらでは今後も進展の見込みはいっさいないと思われる[8]」と書いてきていた。アメリカを発つ前にモンローはジェファーソン大統領から次のように告げられていた。「すべてのアメリ

ジェイムズ・モンロー（アメリカ議会図書館）

カ人があなたに注目し、希望を託している……この共和国の運命はこの任務の結果如何にかかっているのだ[9]」。

モンローはパリに着いたらロバート・リヴィングストン駐フランス大使と合流することになっていた。一四歳年長のリヴィングストンは、ある点において外交官らしくない外交官だった。フランス語をほとんど話さず、聞き取りもほとんどできなかった。しかし頭の回転がはやく何があっても動じない粘り強さを備えていた。ジェファーソンとともに五人委員会委員として独立宣言を起草し、またニューヨーク邦アメリカ合衆国憲法制定会議の議長を務め、一七八九年にはニューヨーク衡平法裁判所判事として、初代大統領に就任したジョージ・ワシントンの就任宣誓の儀式を執行した。フランスの外相シャルル・モーリス・ド・タレーラン＝ペリゴールはその能力に対して率直な敬意を払うようになり、リヴィングストンを「わたしの知るもっとも粘り強い交渉者」と評していた。長身で自負心の強いリヴィングストンの貴族的ないかめしい風貌の下には、気さくな人柄と鋭い知性が隠されていた。一族は政界で重きをなしており（弟は地区検事、ニューヨーク市長を歴任した）、リヴィングストン自身についても一八〇四年の大統領選挙で副大統領候補に名乗りをあげたがっているという噂が流れていた。モンローの名前が対抗馬候補リストの上位にあったため、リヴィングストンはモンローの今回の着任に心中穏やかではなかった[10]。

四月八日、モンローはルアーヴルに着いた。荒れ模様の大西洋を横断した疲れから体調を崩していた。パリへは馬車で向かったが、ちょうどその頃ナポレオンはサンクルーに建つ豪華な邸宅に閣僚たちを集めていた。新世界にフランス帝国を建設するという長年の夢がしぼんでくるにつれ、ヨーロッパでの戦争が避けがたい状況になるのと相俟《あいま》って、ナポレオンはルイジアナがイギリスの手に落ちることを心配するようになった。ジェファーソンやマディソンが期待したとおり、アメリカに売却すればイギリスの力は永久にルイジアナには及ばないし、来たるべき戦争を戦うための資金を調達できるとナポレオンは考えた。ぐずぐずしている時間はない。ナポレオンは閣僚たちにアメリカ側と早急に交渉を開始するよう命じた。売却の対象はアメリカから求められているニューオーリンズだけでなくルイジアナ全域だった。とはいえ安値では売るなと一言注意を与えた。安値で売るくらいなら「必死になって、このすばらしい地域を維持する[11]」方がよいと考えていた。「ミシシッピ川流域を握った国がゆくゆくは世界一の強国になる[12]」と的確に見通していたのだ。

ナポレオンはイギリスの妨害を警戒し、この件は慎重に扱うよう指示した。「イギリス政府はアメリカ政府の動きについては情報を得ているが、わたしがアメリカに売却する気になっていることにはまったく気づいていない。この件は極秘だ。アメリカの大使たちにもそう言え。それから進捗状況をこまめに報告せよ[13]」。ナポレオンは、自分が売ろうとしているものが非常に価値のあること、また、自分が金を必要としていることをよくわかっていると強調し、言葉を続けた。「あの広大な土地がもつアメリカにとっての価値を考慮してわたしが値段をつけるとしたら、要求額は天井知らずになるだろう。だが、こちらも売却代金を必要としているわけだし無理な額は要求

フランス大蔵大臣フランソワ・ド・バルベ＝マルボワ（ヴェルサイユ宮殿美術館）

しない。しかしこれだけは言っておく。五〇〇〇万フランは必要だ。それ以下ならば取引はしない[14]」。

ナポレオンの主要閣僚はタレーランとフランソワ・ド・バルベ＝マルボワだった。ずんぐりとした体形で内反足のタレーランもナポレオン同様、人あたりはよいが油断のならない有能な男だった。「あの男は世の中の何たるかをわかっている。ヨーロッパ各国の宮廷を知りぬいている。ごく控え目に言っても策士だし、心の内を絶対人に見せない[15]」とナポレオンは評していた。交渉の達人タレーランがよく用いたのは引き延ばし作戦だった。「本国からの指示がないとか本国政府と相談しなければならないというのが、政治的なことがらについて猶予を得るためにいつも使う、相手から文句をつけられない言い訳だった[16]」と書いている。また、良心の呵責《かしゃく》には無縁の男で見事なまでの悪徳漢だった。当時の人々はタレーランを卑劣な人間とみなし、恐れと畏れの入り混じった気持で遇していたが大体は恐れていた。人々はタレーランを評して、「下着でも代えるように考え方や意見をころころ変える[17]」と言っていたが、前フランス駐在アメリカ大使のガヴァヌーア・モリスはタレーランを「教養があり非情で狡猾で、功名心に燃え、品性下劣[18]」とみなしていた。

パリの下級貴族の家に長男として生まれ、聖職者の道に進んだタレーランは、融通性のある道徳感をもち無神論を好んだにもかかわらず三四歳で司教に任ぜられた。その後間もなく還俗《げんぞく》し、自分の能力を十二分に生かせる外交官になった。フランス革命を当初は支持したが、恐怖政治が吹き荒れるとイギリスに移った。その後革命政府の要請を受けたイギリス政府からイギリスを追放され、アメリカで二年間亡命生活を送った。タレーランはアメリカをひどく嫌い、アメリカには「優雅さが欠けている」と不満を述べている。[19] フランス国内の政治情勢が落ち着いたのをみて帰国し、一七九七年に外務大臣に就任した。

バルベ＝マルボワは大蔵大臣だった。アメリカを高く評価して自在に英語を操る彼は、アメリカを広く旅行した経験があり、モンローやリヴィングストンをよく知っていた。妻が元ペンシルヴァニア州知事の娘だった縁で、アメリカ独立革命中はフィラデルフィア駐在フランス総領事としてアメリカが独立を勝ち取るために必要な援助を提供した。フランス革命政府では元老院議員にまでなったが資金の不正流用に反対したため退けられ、罪状をでっち上げられてフランス領ギアナの政治犯収容所に送られた。この収容所がある島はのちに悪魔島として悪名が高くなった。ナポレオンは権力を掌握すると（一七九九年一一月（霜月、ブリュメール）一八日のナポレオンのクーデター）、それまでなおざりにされていた国家財政の立て直しを図るべく高潔で経験豊かな人物を求め、バルベ＝マルボワを釈放して大蔵大臣に任命した。ルイジアナに関する交渉はこのバルベ＝マルボワがタレーランの指導を受けながら遂行するよう、ナポレオンは指示した。

フランスの交渉担当者たちには最初からいくつか不利な要素があった。フランス側の何カ月にもわたる逃げ口上や引き延ばし戦術のせいで、さすがのリヴィングストン大使も苛立ちを募らせ不信感の塊になっていた。「アメリカがニューオーリンズを交渉によって領有することはけっしてないだろう。あそこは武力でもって奪うべきだというのがリヴィングストンの信念であり、フランス政府と交渉して彼はますますその感を強めた[20]」とバルベ＝マルボワは書いている。フランス側はアメリカ側の購入しようとしているものが自分たちの売却しようとしているものよりもずっと限られたものであることをわかっていた。モンローとリヴィングストンが狙っているのはニューオーリンズとミシシッピ川航行権だけだった。ナポレオンはフランス側の交渉担当者たちに、「モンローもリヴィングストンも、われわれに要求するつもりでいるものをはるかに越えるような決断を迫られることになるとは夢にも思っていないはずだ[21]」と注意を与えた。

サンクルーでナポレオンたちが会合した翌朝、リヴィングストンはタレーランからパリ市内バック通りの自邸に来ていただきたいと突然招待され、午後早い時間に出向いた。ひとしきり世間話をしてからタレーランはふと思いついたように、アメリカとしては「ルイジアナ全体を手に入れたいと思わないのだろうか？」と尋ねた。リヴィングストンはノーと答えた。サンクルーでのいきさつを知らないリヴィングストンは、「バルベ＝マルボワがタレーランには何度もかつがれたことがあると言っていたが、これもその類のものだろう[22]」と思った。「しかし、ニューオーリンズを手放してしまうと残りの土地はほとんど価値がなくなってしまう」とタレーランは言葉を続けた。「そこで、ルイジアナ全体を購入するとした場合、アメリカはいくら払ってくれるか教えてもらえないだろうか[23]」。胡散臭く思いながらも少しばかり興味をそそられたリヴィングストンは、二〇〇〇万フラン、ドルに換算して四〇〇万ドルに少し足りないささやかな金額を申し出た。あまりの安値に苛立ったタレーランはよく考えるようにうながしながらも、政府内でそのような話が出ているわけではないとばつの悪そうな顔をして言い添えた。「なに、ちょっと思いついただけだ[24]」。

翌日の午前中、二人はふたたび話し合った。前日の探りを入れるような話に頭を悩ませていたリヴィングストンはこのフランス外相の不可解な提案を強引に話題にしたが、リヴィングストンが関心を見せれば見せるほどタレーランはその話題を避けるような、リヴィングストンの疑問をはぐらかすような態度をとった。あれは自分のくだらない思いつきにすぎないとしつこく繰り返し、そのくせもう一度値段をつけてみろとけしかけてきた。リヴィングストンは丁重に断り、話には興味をそそられるがまずモンローと相談しなければならない、もう間もなくパリに着く頃だと答えた。この言葉にタレーランは肩をすくめ、話題を変えた。

その日の午後一時過ぎにモンローはパリに着き、アメリカ大使館でリヴィングストンとともに午後いっぱいかけてジェファーソンとマディソンからの指示をじ

ロバート・リヴィングストン（戦史センター）

っくり検討した。ロス上院議員が提出した決議案が否決されたとの知らせは、リヴィングストンを落胆させた。交渉は無意味だ、タレーランの思わせぶりな態度はこちらの気持ちを弄《もてあそ》んでいるだけとリヴィングストンは考えていた。「あの決議が……採択されればよかったのだが」とモンローにこぼした。「ニューオーリンズをアメリカのものにできるのは武力だけだ。武力を用いなければ駄目だ。あの地域をまず支配し、交渉はそれからだ[25]」。

　夕食後、モンローとリヴィングストンが客と一緒にコーヒーを飲んでいるところへバルベ＝マルボワが顔を出し、コニャックのグラスを傾けながら、内々で重大な話があるのだがと告げた。モンローはまだ外交官信任状を授与されていなかったのでリヴィングストンだけが中座し、フランス大蔵省内のバルベ＝マルボワの執務室へ急いだ。

　こちらの反応を探るようなタレーランの非公式の提案にリヴィングストンは混乱し苛々《いらいら》していたが、バルベ＝マルボワとは仕事上緊密な関係にあった。ろうそくの明かりの下でリヴィングストンは事態の重大さを訴えた。いつアメリカがしびれを切らすかもしれないし、いつイギリスがフランスに宣戦布告してルイジアナを占領してしまうかもしれないと指摘した。タレーランとのやり取りを打ち明け、「自分が言い出したくせにその話題をはぐらかしてしまい真意がわからない[26]」とこぼした。

　バルベ＝マルボワはまず相手の話にじっと耳を傾け、それから本題に入った。「フランスはニューオーリンズと一緒にルイジアナ全体を一億フランでアメリカに売却したいと考えている」と告げたのだ。リヴィングストンはこの申し出をきっぱりと退けた。バルベ＝マルボワの要求額はアメリカ政府の実行予算の五倍に相当し、それほどの大金はアメリカにはなかった。リヴィングストンの返事に驚きもせず、バルベ＝マルボワは確かにこの金額は高いと認め、ではアメリカはいくらぐらいなら払う気になるだろうかと尋ねた。リヴィングストンはその問いには答えなかった。ナポレオンが示したような金額の領域に踏み込む権限は自分にはないし、この件についてはよく考えモンローとも話し合わなければならないと言葉を濁した。

リヴィングストンはいくらまで価格を下げるつもりがあるのかを聞き出そうとした。バルベ＝マルボワ自身が最初に提示した金額を高いと認めたのであるから、いくらを適正価格と考えているのか問いただしたのだ。バルベ＝マルボワはあらかじめ考えていたとおり、この地域には八〇〇〇万フランの価値があると思うと述べた。六〇〇〇万フランは現金で、残りの二〇〇〇万フランはフランス政府がアメリカの商人に対して抱えている債務を肩代わりするということであった。ここまで価格が下がっても、リヴィングストンはアメリカ政府の支払い能力を大幅に超える金額を承認することはできないと反論した。「アメリカ国民は、公債というものにひどく嫌悪感を抱いている。そんな巨額の負担を負わせれば、国民の怒りを買ってしまう[27]」と説明した。さらに、現政権はフランスに友好的だが、野党はイギリス寄りだと指摘した。ナポレオンがあまりにも高い金額を要求すればジェファーソンは今度の選挙で敗れ、ホワイトハウスの主はフランス政府に対して公然と敵対的な態度をとる連中になるかもしれないと述べたうえで、「こうした損失を考えれば数百万ドル値段を下げても安売りしたことにならないのではないか?」と尋ねた。また、この地域がイギリスの手に落ちる危険について注意をうながした。そして「ニューオーリンズを武力で獲得すべきだというアメリカ人の強い思い」と「大統領の思慮深さが彼らを抑えている」ことを強調した[28]。

バルベ=マルボワはリヴィングストンの主張を認めたが、フランス側の要求金額については交渉の余地がないのだと告げた。そして、ナポレオンのことだからあっという間に気が変わり売却はしないと言い出すかもしれないとやんわり警告した。「あの意気軒昂な征服者の気性はよくご存じのはずだ。何をするにしてもとにかく早い[29]」。そして、この取引からアメリカが得る利益を繰り返し語った。「あの土地の広さ、ミシシッピ川航行権をアメリカが独占すること、争う隣国がいないことの重要性、武力衝突の心配がないことの重要性をよく考えてもらいたい」。こうしたことがらを念頭に置いてバルベ=マルボワはリヴィングストンに尋ねた。「それでもこちらの要求額に見合う価値はないだろうか?[30]」。リヴィングストンは自分の立場を堅く守った。「われわれが踏み込める金額には限界があり、それはナポレオンが提示した額よりはるかに下のところにある[31]」。リヴィングストンは午前零時過ぎに大蔵大臣執務室を出てアメリカ大使館に戻り、急いでマディソンに手紙を書いた。「交渉が実際に始まりました。提示された領域は、われわれの受けている指示や考慮しているものよりはるかに広大です[32]」と報告した。

モンローが外交官信任状をタレーランに提出した翌日、モンローとリヴィングストンは一日かけて戦略を練った。彼らが受けている指示は、フランス側から彼らに提示されているような広大な領域をまったく想定していないものだったからである。二人はこの好機の価値をはっきり認識していたが、このような前例のない領土獲得を行えば、大きな、もしかすると予測さえつかない結果を招くだろうこともわかっていた。間もなく行われる選挙の行方を左右することは間違いなが、合衆国憲法には領土拡大に関する規定がなかった。領土が倍増すれば、アメリカ国内の微妙な政治状況、とりわけ奴隷制度のように取り扱いが難しい問題にどのような影響が出るのか誰にもわからなかった。連邦政府は独立戦争で生じた多額の債務を抱えており、あまりにも高額な買い物は国を破産させるだろう。モンローは本国政府の指示を仰いでから交渉を進めるべきだと主張したものの、リヴィングストンともども、指示を待っていたらこのチャンスがふいになることもわかっていた。慎重に検討した末二人は、ルイジアナ全体で五〇〇〇万フランまでは出すことにしたが、余裕をもたせて「最初は四〇〇〇万フランを提示するだけ[33]」と決めた。

翌四月一五日、二人が四〇〇〇万フランという金額を提示したところ、バルベ＝マルボワはいくらなんでもそれは低すぎるので「この件はすべてお流れとなるかもしれない[34]」と答えたが、いちおうナポレオンには伝えておくと約束した。翌日の午後、バルベ＝マルボワはナポレオンがアメリカ側の提示額を「非常に冷ややか[35]」に受け止めたと二人に報告し、ナポレオンの関心が薄れた以上、この交渉自体打ち切りになるかもしれないと警告した。

アメリカ側は五〇〇〇万フランまで譲歩し、「これが出せる上限だ[36]」と伝えた。五〇〇〇万フランはナポレオンが最初に示した要求を満たしていたが、バルベ＝マルボワはあの土地にはもっと価値があると信じており、八〇〇〇万フラン以下では折り合うまいと決心した。四月一八日、バルベ＝マルボワは食事をしながら二人に、ナポレオンは一億二〇〇〇万フラン（ルイジアナと交換したトスカーナ公国の評価額をわずかに上回る）欲しいと言っており、八〇〇〇万フラン以下では検討しないだろうと告げた。二人は五〇〇〇万フラン以上は出せないとこれまでどおりの主張を繰り返した。が、翌日にも二人と会合したバルベ＝マルボワは、アメリカ側の態度は彼らが装っている以上に柔軟性があるという印象をもった(37)。彼はタレーランに次のように報告している。「交渉は順調に進んでいます。かなり時間をかけて話し合ううちに……この分だと双方ともに満足のいく結果が得られるのではないかと思えてきました。はっきりと聞いたわけではありませんが、（リヴィングストンが）何気なく漏らす言葉の端々からそう思われます(38)」。

バルベ＝マルボワの希望的観測にもかかわらず、価格の開きは縮まらないままだった。双方ともこれ以上譲歩する気配はなく、時間だけが過ぎていた。どちらも自分たちが優位に立っていると信じており、交渉が長引けばさらに優位になると思っていた。事態は自分たちに望ましい方向へ向かっていると確信したアメリカ側は、ゆっくりすることにした。「二、三日休養しようと思う(39)」とリヴィングストンはバルベ＝マルボワに告げたが、これはとんでもない誤算だった。リヴィングストンたちは知らなかったが、フランス政府内で強い影響力をもつ勢力が売却反対に動き出していた。タレーランは、イギリスとの戦争のための資金調達として必要なルイジアナ売却を挫折させ戦争を防ごうとするイギリスから、多額の賄賂をちょうど受け取ったところであり、ナポレオンの兄ジョゼフや弟リュシアンも同様だった。彼らはアメリカとの取引を断り、交渉を打ち切るようナポレオンに強く働きかけ始めていた。

価格に関して行き詰まった交渉担当者たちは、この取引の別の側面に目を向け、双方の意見があまり対立しない問題から始めることにした。ルイジアナ全体について交渉することで意見は一致していたのだが、その領域が現実にどこからどこまでのものであるのかを双方とも知らないという奇妙な問題が浮上してきた。ニューオーリンズより上流の方は開拓地がミシシッピ川流域に点在しているだけでルイジアナ領域の大部分は未踏の荒野だった。地図もなく境界もあいまいなまま、交渉担当者たちは自分たちが交渉している対象物件を正確に定義づけるべく奮闘した。四月中旬から下旬にかけてバルベ＝マルボワとリヴィングストンは、モンローが滞在するホテルに出向き、その客間で話し合った。背中の怪我の痛みがひどくて起きあがれないモンローは長椅子に横になったまましゃべった。三人は奥地を旅行した一握りの商人たちや探検家たちが仕訳帳や日記に書き込んだ地図や説明にじっくり目を通した。しかし、自分たちが結ぼうとしている協定にとっては役に立たぬあいまいで矛盾するものばかりであった(40)。

フランス側はこの領域を所有しているのにその境界線がどこにあるのか把握していなかったのだ。スペイン当局にどこからどこまでをフランスに交換物件として渡したと考えているのか尋ねている時間はなかった。過去の条約をひも解いても何の役にも立たず、これから厳密に調査するというのは問題外だった。四月中旬、アメリカの交渉担当者たちと一緒に古い地図を見て頭を抱えながらバルベ＝マルボワは、「この大陸の広大な領域の多くが、コロンブスがバハマに上陸した頃と同じ程度にしかわかっていない事実」に驚いていた。「この地域にくわしい人間は誰もいない」[41]。イギリスが支配しているカナダはルイジアナの北側にあった。だが、四〇年前にカナダをイギリスに譲渡したフランスも、スペインもどこまでがカナダでどこからがルイジアナなのか明確に決めていなかった。バルベ＝マルボワは、北部は大変な僻地であるためイギリス人も踏査したことがないのだと認めた。ルイジアナの西側についてはロッキー山脈が侵入者を寄せつけない天然の境界線になっていた。ミシシッピ川は東の境界線となっており、南に位置するスペイン領フロリダまで達していた。この辺りでルイジアナの境界線は不明瞭になり、これはある意味で重要な問題であった。というのも、アメリカはフロリダの港や河川を戦略的に重要と考えていたからである。

時間が空しく過ぎていき、双方ともに焦りが大きくなってきたところで、アメリカ側はバルベ＝マルボワの提案に従い、フランスがスペインから受け取った時点でのルイジアナ領域――つまり境界線がはっきりしない広大な土地――として買い取ることにした。これは将来紛争の種になるものであったが、リヴィングストンとモンローはその程度の代償は容認することにしたのだ。このあいまいさから派生するさまざまな問題を気にするバルベ＝マルボワは二人に、「境界線があいまいなためいずれ面倒が持ち上がるかもしれない、……しかし、それでもあなた方がこの取引を進めるというのであれば、あなた方がそのことについて忠告を受けたことを貴国の政府に伝えておいてほしい[42]」と告げている。バルベ＝マルボワから報告を受けたナポレオンは、それ以上の困難が生じる場合があることに気づいたのか、「あいまいさが一つもなければ一つ付けておくのが深慮というものだろう[43]」と答えている。

この地域の居住者たちもこれとは別の意味で問題であった。長年にわたってこの地域に住んできた人たちの運命が、彼らに無断で、すなわちはるか彼方で開かれている秘密の協議の場で、決定されようとしているのはこれで二度目ということになる。バルベ＝マルボワ、モンロー、リヴィングストンは三人ともアメリカ独立革命において重要な役割を演じており、アメリカの建国精神に真っ向から反する自分たちの行為がもたらす結果を思うと釈然としなかった。だが、どうすることもできず、バルベ＝マルボワは、「この問題は解決できないからひとまず脇に置いておく[44]」と書いている。しかし、彼はルイジアナに住むフランス人入植者が公正な扱いを受けられるよう最善を尽くした。モンロー、リヴィングストンの同意を得て、フランス人入植者に「あらゆる権利の享有、さまざまな便宜、アメリカの特権・権利」を保証する文言を条約に書きくわえ、また、彼らがいずれアメリカ合衆国の新しい州の市民として「すみやかに[45]」合衆国に編入されることを明記した。

交渉担当者たちは次にフランスの債務という厄介な問題を取り上げた。数年前フランスとアメリカは、海上権およびサントドミンゴにおける反フランス反逆者たちへのアメリカの密輸疑惑をめぐって準戦争とも呼ぶべき短期間の衝突に巻き込まれていた。この時期フランスがアメリカの商船を多数拿捕したため両国の関係はぎくしゃくしていた。結局、この紛争は終結しフランスがアメリカの船主の損害をすべて賠償すると約束したが、その約束は果たされぬままになっていた。一八〇四年の選挙で副大統領に指名されることを望んでいるリヴィングストンにとって、ニューヨークの貿易商人や船主たちの支持は欠かせぬものであった。そのこともあって、彼はこれまで長いあいだフランスがこの約束を果たすよう奮闘してきたのだが失敗に終わっていた。バルベ＝マルボワはうまくいくといいのだがという顔つきで次のように発言した。「パリ駐在アメリカ公使は、かつて、この不満をはっきりナポレオンに知らしめるよう本国からの命令を受けた。その結果提出された彼の覚書は、ナポレオンがこれまでに見たことがないような断固とした調子で書かれていた。ヨーロッパ大陸の列強がそのような言葉づかいをしようものなら、その国はナポレオンの侵略を呼ぶことになるほどのものだった」[46]。ルイジアナに関する交渉のおかげでリヴィングストンはこの問題を蒸し返すチャンスを得たのだ。リヴィングストンはルイジアナに関する交渉の結果如何にかかわらずこの賠償を支払うようバルベ＝マルボワに強く求めた。この賠償問題がリヴィングストンにとって重要であることを知っているバルベ＝マルボワは、二つの問題はつながっていると主張した。モンローは「あの男ときたらアメリカ大使に反対ばかりしているし、大使は『賠償請求の件』にしょっちゅう話を戻す」[47]とこぼし、バルベ＝マルボワはこの問題が原因で交渉が決裂するのではないかと不安を覚えた。結局はリヴィングストンが態度を軟化させた。

彼は次のように報告している。「重大な局面だった。ニューオーリンズを平和裏に獲得できるか、それともフランスと戦うことになるのか、というきわどい瀬戸際にあった。ルイジアナに関する交渉と先の賠償協定とのどちらが大事かということよりもルイジアナに関する結論を出すことが重要だった。わたしは、賠償協定はルイジアナという大きな対象にくらべれば些細なことだと思った。この協定の施行はすでに長いあいだなされずにきているのであるから、どんな形であれ施行されればよいのだと考えるようになっていた(48)」。

四月二七日の午後早く、バルベ＝マルボワはモンローとリヴィングストンのもとに二つの提案を持ってきた。第一案はナポレオンが起草したものということだったが、厳しい条件がいくつか含まれていた——現金で一億フランを支払うこと、二〇〇〇万フランの債務をアメリカが肩代わりすること、さらにミシシッピ川のフランスの航行権および交易所を恒久化すること。第二案はバルベ＝マルボワが考えたもので条件は第一案にくらべてはるかに寛大だった。六〇〇〇万フランの支払いと二〇〇〇万フランの債務の肩代わり、そして第一案にくらべるとずっと限定的なミシシッピ川航行権や通商上のさまざまな特権の要点が述べてあった。バルベ＝マルボワは第一案が「厳しく不当(49)」であると認めており、ナポレオンはまだ第二案を見ていないがこれを受け入れるよう説得できると考えていた。

モンローとリヴィングストンは両案を受け取り——いずれも表紙には秘密協定素案と記されていた——、翌二八日（この日はモンローの誕生日だった）にじっくり読んだ。相変わらず価格が障害だったが、条件を読み進むにつれてこの協定の構造が明確になった。バルベ＝マルボワの試案をたたき台にして二人も草案をつくった。フランス案との重要な違いは、フロリダについて今後スペインと交渉する際にフランスがアメリカ側に立つと確約すること、およびミシシッピ川に関連するフランスの排他的な商権を向こう一二年間で縮小することだった。二人はこれを四月二九日にバルベ＝マルボワに渡した。その場で読み始めたバルベ＝マルボワだったが価格に関する条件までくると、八〇〇〇万フラン以下では交渉を進められないと断言した。これがはったりでないことを二人は実感した。このままではすべてがご破算になりそうだと思った二人は妥協した。「この……フランス側が明確に表現している点については」とモンローは書いている。「先方の見解に従い八〇〇〇万フラン払うことで合意した[50]」。

ナポレオン・ボナパルト。1804年
（アメリカ議会図書館）

あとはすんなり収まるところに収まった。協定の体裁を考えると、合意事項を三つの協定文書に分割するのが最善であると三人は思った。バルベ＝マルボワの説明では次のような構成になっている。「第一の文書はこの譲渡の価格に関するものであった。この部分を他の二つの部分と切り離しておくのは、……このフランス領植民地を金のために売却して、このすばらしい地域の統治権を放棄するという文言を記すことにいささかのきまり悪さを感じていたからでもあった」[51]。第二の文書は、この地域、そこにある政府庁舎、記録、公文書の譲渡に関するものであり、ミシシッピ川に関連するフランスの通商権と航行権についてその範囲と継続期間を明確に示した。バルベ＝マルボワはモンローとリヴィングストンを説得し、フロリダについてフランスがスペインに影響力を行使することに関する条項を断念させた。彼は次のように書いている。「条約にこのような斡旋《あっせん》の規定を含めることは珍しくはないのだが、実行にはたいてい面倒なことがつきまとう。そこでわたしは、そのような場合が生じたら（ナポレオンが）彼の力の及ぶかぎりの助力をするだろうと彼らに確信をもたせ、彼らがそれで満足するように仕向けた」[52]。最後の文書は、フランスの債務の返済に備えたものであり、投機家や便乗主義者たちに対する防衛手段として請求の是非を判定する特別委員会の設置を規定したものであった。アメリカ政府はこの購入代金を現金で支払うことができないので、交渉担当者たちは、この金を前払いしてくれる二つの投資銀行に、償還期限一五年の公債債権引受を依頼した。オランダのホープ・アンド・カンパニー銀行とイギリスのベアリング・ブラザーズ銀行だった。イギリスの金融機関を利用することはとりわけナポレオンを喜ばせたに違いない。ナポレオンはルイジアナ売却代金をイギリス侵攻に使うつもりでいると思われていた。したがって、イギリス侵攻のための資金をイギリスから調達するという取り決めは快挙とみなされた。

　四月三〇日午後、バルベ＝マルボワはサンクルーでナポレオンに書類を提出した。そしてその晩のうちにパリに戻って大蔵省内の執務室にモンローとリヴィングストンを招き、ナポレオンが取り決めを受け入れたと告げた。翌日、リヴィングストンはタレーランに、モンローの体調が回復し、ナポレオンの月例の外交使節接見の場に出席できると知らせた。モンローとリヴィングストンはナポレオンとの会食後夜八時半過ぎにバルベ＝マルボワ邸を訪ね、文書を見直し手をくわえ最終草案をつくった。三人とも一日たりとも無駄にしてなるものかという思いでいた。バルベ＝マルボワは二人に、「明日の午前中［ナポレオンに］会って問題点を調整し、明日中に条約を締結・調印する段取りで準備する」(53)と約束した。

五月二日、バルベ＝マルボワ、モンロー、リヴィングストンは、フランスがルイジアナをアメリカに売却するという条約に調印した。調印後、三人は立ち上がり握手を交わした。「長生きはするものだ。今日の条約締結はわれわれの全人生のなかでも特に崇高な仕事だ。この条約は策略を用いて結んだものでもなければ力ずくで押しつけたものでもない。フランス、アメリカ双方に等しく都合がよいものである。この譲渡によって広大な荒野は繁栄する国土に変わるだろう。今日アメリカは一等国の仲間入りを果たした」(54)とリヴィングストンは明言した。

ワシントンのアメリカ政府はこの協定が締結されるまでの紆余曲折《うよきょくせつ》については何も知らなかった。パリで代表者が条約に調印した日、ジェファーソン大統領は友人に宛てて率直な手紙を書いていた。「ニューオーリンズを金で譲渡してもらえると思うほどわたしは楽天家ではない」(55)。

条約に調印したとの報告を受けたナポレオンは、「これ以上望むところのない見事な交渉だ。フランスが占有したとしても戦争となれば一日ももちこたえられないだろう領域を六〇〇〇万フ

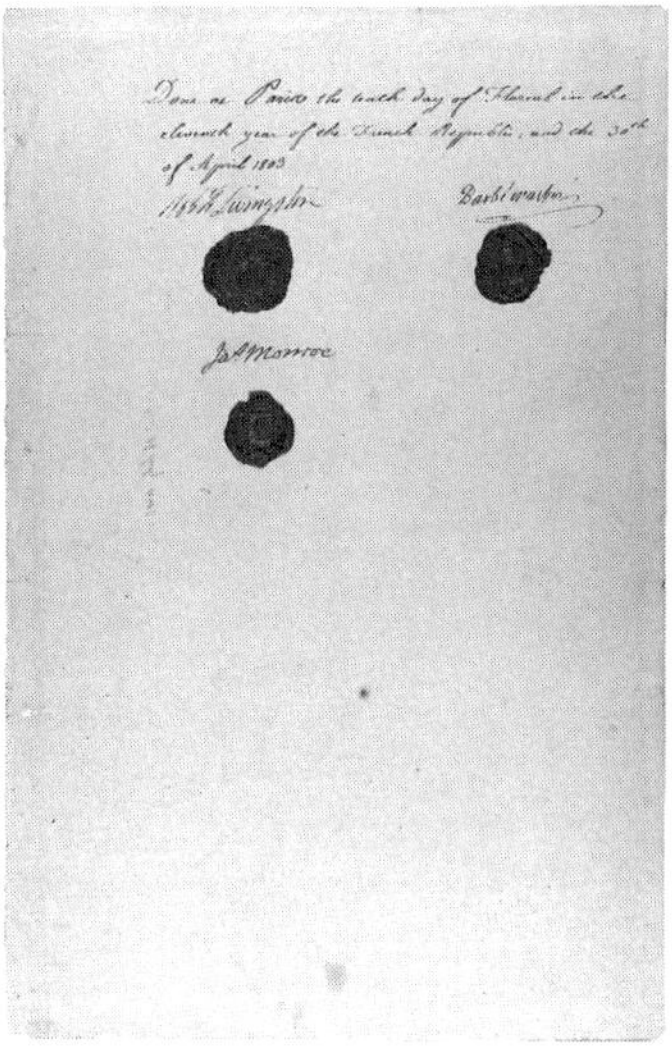

ルイジアナ買収最終合意書にあるフランソワ・ド・バルベ＝マルボワ、ジェームズ・モンロー、ロバート・リヴィングストンの署名および印章（国立文書館）

ランで売却するとは！[56]」と言った。ルイジアナの見返りとしてスペインに約束したトスカーナ公国の支配をけっして手放そうとしないナポレオンとしては、この売却交渉成立は喜ぶべきことだったのだ。「この領土増加によりアメリカの国力はとこしえに強固なものとなっていくだろう[57]」とナポレオンは言及している。この条約調印から二週間後、ヨーロッパで戦争が勃発し（一八〇三年五月一六日、イギリスはアミアンの和約を破棄しフランスに宣戦した）、フランスはルイジアナ売却で得た金をすべてイギリス侵攻の準備に注ぎ込んだが、侵攻作戦が実施されることはなかった。

数週間後、リヴィングストン大使からルイジアナの境界についてさらなる助言を求められたタレーランは、「あなたたちは人の助けを借りずに見事な取引をした。あなたたちのことだからこの協定のあいまいさを最大限に活用するでしょう[58]」と謎めかして言った。ジェファーソン大統領はニューオーリンズを獲得するにはフランスとの戦争が必要だと考え、七年の歳月と一〇万人以上の戦死者を見積もっていた。アメリカ合衆国はその戦争を回避し、ニューオーリンズを含めた広大な領土を獲得したのだ。その面積はフランス、スペイン、ポルトガル、イタリア、ドイツ、オランダ、スイス、イギリスを合わせたよりも広い、約二〇八万平方キロメートルであった。このルイジアナ買収で獲得した領土は、現在のアーカンソー、コロラド、カンザス、ルイジアナ、ミネソタ、ミズーリ、モンタナ、ネブラスカ、ノースダコタ、オクラホマ、サウスダコタ、ワイオミングといった州の全部あるいは一部を含んでいる。

地域によってはこの購入に抵抗する人々もいた。デラウェア州選出のサミュエル・ホワイト上院議員は、「ルイジアナはわれわれに降りかかる最大の災いの種となるだろう、とわたしは考えている。合衆国市民は誰もこの領域内には定住してはいけないという条件だけをつけて、……この地をフランスなりスペインなりどこかよその国へ渡すのがよいと思う(59)」と言明した。

一八〇三年一〇月二〇日、上院は二四対七でこの条約を批准した。下院もその五日後に批准し、予算の支出を決めた。翌年五月にジェファーソン大統領は、この新しい領土を調査するべくルイス＝クラーク探検隊を派遣した。この探検はその後の一世紀にわたる探検と西部への大移動時代の先駆けとなったのである。

合衆国はフロリダをめぐってスペインと何度か国境紛争を戦ったのち、一八一九年にフロリダを併合した。ジェームズ・モンローは、この交渉に着手するために背負い込んだ個人的な借金に死ぬまで苦しめられた。国務長官を務め、その後二期大統領職にあったが、大統領を辞したのちの一八三一年七月四日、ニューヨーク市内の娘宅で貧窮のうちに亡くなった。アメリカの船主に対してフランスが負っていた債務の肩代わりは、予想していたよりもはるかに厄介な問題だった。ルイジアナ買収の一環としてアメリカ政府に委譲されたフランスの債務の完全な弁済は一九二五年までかかった。

第3章 ウィーン会議

1814-1815年

二〇年あまりにわたってヨーロッパ各地を混乱に陥れたナポレオン戦争は、一八一四年、フランスが列強諸国に敗れて終わった。ナポレオン・ボナパルトがモスクワから惨めに退却したのに続いて、パリがイギリス、ロシア、プロイセン、オーストリアの四国同盟の手に落ちると、戦勝国はナポレオンを地中海のエルバ島に流刑し、それまで亡命生活を送っていたルイ一八世をフランス国王の座につけた。その年の五月には対フランス平和条約が締結された。敗戦国フランスに寛大な内容で、フランス国境線をナポレオン時代以前の一七九二年のものに戻し、ナポレオン戦争中イギリスが占領したフランスの領地もフランスに返還された。この講和条約は、この戦争の「双方の交戦国すべて」――事実上、ヨーロッパ中のすべての国――に対して、ウィーンで開催される会議に代表を派遣することを求めていた。その会議は、未解決の領土問題のすべてに決着をつけることと、将来の対立を阻止するために勢力均衡を確立することを目的としたものであった。(1) ナポレオンが残した破壊と混乱のまっただなかでヨーロッパの国境線を引き直し、秩序回復

ナポレオンのエルバ島流刑を祝う風刺漫画（アメリカ議会図書館）

に向けた体制をつくるべくヨーロッパ各国の元首や要人がウィーンに集まった。

主要四大国とフランスの外相たちは会議開催予定日の数週間前にウィーン入りしていた。イギリスのカスルリー子爵、プロイセンのカール・アウグスト・フォン・ハルデンベルク公爵、ロシアのカール・ネッセリローデ伯爵、フランスのシャルル・モーリス・ド・タレーラン＝ペリゴール、そしてオーストリアのクレメンス・フォン・メッテルニヒ公爵である。ロシア皇帝アレクサンドルとプロイセン王フリードリヒ・ヴィルヘルムはそれから一週間後の九月二五日、一〇〇〇発の礼砲が一時間以上轟《とどろ》くなか、午後の陽光を浴びながらウィーンに入った。その後ヨーロッパ各国の首脳たちが続々と到着した。オーストリア帝国の首都であり中央ヨーロッパの文化・学術の中心地であるウィーンに、公国・大公国を含めて二一五もの国の国家元首が集まった。彼らが連れてきた扈従《こしょう》や使用人、取り巻き連は一〇万人を超えていた。

開会予定日二日前の九月二九日、主要四大国は、すべての重要な問題について決定権をもつ先導的委員会を自分たち四カ国で構成することとした。四カ国で決論を出した後に、儀礼的にフランス、スペインに知らせ、そののちこの決定事項を承認する全体会議を招集する、という筋書きであった。「連中はすべてに采配をふるい、自らヨーロッパ最高の調停者になろうと同盟を結んだのだ[2]」とタレーランはぼやいた。敗戦国の代表としてタレーランは難しい立場にあった。重要な決定からフランスを排除しようとする戦勝四カ国の態度には当然抗議したが、そのようなやり方では永続性のある確実なものは生まれないだろうとも思っていた。「ヨーロッパにおいては今後、軍事力が法に取って代わることがないように、そして便宜主義ではなく公正さを基にした統治が行われるようになってほしいものだ[3]」と戦勝四カ国の代表たちに語っている。

オーストリア宰相クレメンス・フォン・メッテルニヒ公爵（美術史美術館）

タレーランの主張はフランスの国益と一致しており、勢力均衡だけでは不十分というものだった。ヨーロッパが求めているものは恒久平和であり、そのためにはヨーロッパにおける対立の嵐に耐える正当性という付加的要素が必要であった。これは、最低でも、大国であると認められている国すべての意見が一致することを要求するものであり、新しい体制のなかにフランスを戦勝国と対等の仲間としてくわえることを意味していた。「わたしは何も要求しない」とタレーランは戦勝四カ国の外相たちに告げ、次のように述べた。「むしろフランスをくわえることによって、あなた方は大変重要なもの、つまり、正当性という神聖な行動規範を得ることになるのだ[4]」。

タレーランは全代表団が出席する全体会議をすぐに招集し、そこにさまざまな問題をじかにもちだした方がよいと思ったが、カスルリーとメッテルニヒはそんなことをすれば大混乱になると主張した。「タレーランが口を出してきたおかげで」とメッテルニヒの補佐官でウィーン会議の事務局長を務めるフリードリヒ・ゲンツはこぼしている。「計画がすっかり狂ってしまった[5]」。戦勝四大国の外相たちは会議の進め方や構成について何一つ合意に達することができず、会議開催は一一月一日に延期された。

最初の問題はポーランドをどうするかだった。一八世紀末、ポーランドは強大な隣国プロイセン、オーストリア、ロシアに絶え間なく国土をむしり取られており、一七九六年にはついに完全に消滅した。ロシアのアレクサンドル皇帝は、プロイセン、オーストリア、ロシアがそれまでに獲得したポーランド領土からポーランド国家を再建しようとしていた。独立国家とは名ばかりのロシアの傀儡国家である。ナポレオンによる占領中に首都炎上の被害をこうむったこと、そして、モスクワから惨めに退却するナポレオン軍にロシア軍が中心となって壊滅的な打撃を与えたことをもちだし、ロシアにはその埋め合わせを得る権利があると主張し、それが自分を国王とするポーランド王国の再建要求であった。ポーランド領地を失うオーストリア、プロイセンはどこか他のところから切り取られた領地で補償されるとしていた。ヨーロッパ最強のロシア軍六〇万がすでにポーランドを掌握していることをこの皇帝はプロイセン、オーストリア、イギリスの外相たちに明言した。

カスルリーはポーランドを復活させることについては喜んで受け入れたが、ロシア皇帝の下でロシアと一体になることには反対するというイギリスの立場をはっきりさせた。自分たちがナポレオンと戦ったのはヨーロッパのため、ヨーロッパ大陸から自由を脅かすあの暴君を追い払うためであって、自国の領土を拡大するためではないと主張した。イギリス海峡とイギリス海軍に守られているイギリスはヨーロッパ大陸に領土を求めはしなかったものの、大陸に強大な国が出現しないよう力を尽くし、また、大陸に勢力均衡をつくりだしたいと考えていた。そうすれば、イギリスは自由に制海権を行使してその海外植民地および海外貿易を拡大できる。ロシアがポーランドを領有すればロシア皇帝にあまりにも多くの権力が集中し、オーストリアの中心地域が戦略上攻撃されやすくなるのではないかとカスルリーは危ぶみ、ロシア外相にロシア皇帝の野心は次の戦争を引き起こすだろうと警告した。また、ロシア皇帝に対しても「この会議が人類への恩恵となるか、それとも、策略の応酬と無法な勢力争いをする場になるかはあなた次第です[6]」と言った。これに対してロシア皇帝は冷ややかに「ポーランドにはロシア軍が駐留しているのだから、ここはロシアが領有する以外解決策はないのだ[7]」と答え、自分の大望を達成するためには戦争も辞さないと言明した。「ワルシャワ大公国には二〇万のロシア軍がいる。彼らにわたしを追い出させればいい[8]」。皇帝は正当性や国際法についてのタレーランの話をはねつけ、「わたしが条約を何から何まで尊重するとでも思っているのか?[9]」と言い放った。

一〇月九日、カスルリーはロシアのポーランド構想に反対するオーストリア、イギリス陣営にプロイセンを引き込もうと宰相ハルデンベルクに接近した。北ドイツに台頭してきたこの大国は、北ヨーロッパにおける強国としての地位を確保するべくこの会議で領土を獲得したいと意気込んでいた。ロシア皇帝は自らのポーランド構想の一環として、プロイセンにザクセンを与えると約束していた。ロシア案を支持する見返りとして、またロシア皇帝が計画している新しいポーランド王国の一部としてプロイセン領ポーランドを手放してもらうための代償だった。ザクセンというのは歴史あるドイツの大きな王国で、ザクセン王はナポレオンと同盟を結んでいた。ハルデンベルクはロシア皇帝に対してカスルリーと連携を組むことは承認したものの、引き換えにプロイセンのザクセン併合を支持するよう要求した。カスルリーは有力なプロイセンをオーストリアともども中央ヨーロッパにおいてフランス、ロシア両国を牽制する勢力として利用したいと考え、そのためには喜んでザクセンを犠牲にするつもりでいた。ハルデンベルクとカスルリーはメッテルニヒにもプロイセンのザクセン併合を承認するよう求めた。ところがこのオーストリア外相は首を縦に振らなかった。オーストリアはその南側においてはプロイセンやロシアと争うことなく国土を拡大することができたが、両国と接する国境が許容範囲を越えて増えるのは阻止する必要があった。オーストリアはドイツ諸公国に対する支配的立場をめぐってプロイセンと張り合っており、プロイセンのザクセン併合を認めれば、プロイセンは中央ヨーロッパにおけるオーストリアの強敵となりかねなかった。

プロイセンとオーストリア両国の支持を取りつけて、ポーランドに対するアレクサンドルの野望に反対できるとカスルリーは考えていた。そしてロシア皇帝に最終提案として三つの選択肢のなかから一つを選ぶよう告げた。第一の案は、自由独立のポーランドを元来の国境で再現するというもの。第二の案は、もっと少ない領域でもっと小さな自由独立ポーランドを再構成するというもの。第三の案は、ヴィスワ川をロシア領域の国境とするオーストリア、ロシア、プロイセンによるポーランド分割を認めるというもの。ロシア皇帝がどの案も受け入れられないというのであれば、この問題は全体会議において決着をつけることになるだろう。

メッテルニヒの私生活も絡んできていた。愛人のザーガン公爵夫人ヴィルヘルミーネが若い騎兵隊将校アルフレード・ヴィンディッシュグレーツ公爵と懇《ねんご》ろになり、メッテルニヒを絶望のどん底に突き落としたのだ。「あなたは」とメッテルニヒはヴィルヘルミーネに宛てて書いている。「全宇宙をもってしても償えないほどにわたしを傷つけた。わたしの精神的活動の根源を破壊し、生きる意欲を失わせた。よりによってわたしの運命がこれからの世代の運命を決することになるさまざまな問題と結びついているこの時期に[10]」。一方、四大国とフランス以外の国々はほぼ完全なかやの外に置かれていた。「ウィーンにいるのは非常に楽しいが、何が行われているのか、われわれに今後何が起こるのかについては何も知らされていない[11]」と困惑したバイエルン王マクシミリアンは書いている。彼らは、事態の進行状況について知らされる代わりに、贅を尽くした歓待を受けていた。毎週月曜日、メッテルニヒは私邸に二五〇人ほど客を招いて晩餐会を開いた。毎晩のように舞踏会やら演奏会が催されたが、非常に手が込み金もかかるため（一万もの人を招待した仮面舞踏会をはじめとして）、オーストリア皇帝はこうした歓迎祝賀の式典費用を賄うため税率五〇パーセントの所得税を国民に課さざるを得なくなった。一〇月初旬、オーストリア皇帝フランツは、「これからもこのような状態が続くならば退位する。こんな生活にはもう耐えられない[12]」と吐き出すように言った。

一〇月三〇日、オーストリア皇帝はロシア皇帝とプロイセン王を伴って一週間ほどハンガリー各地をめぐった。ロシア皇帝は気弱で感激しやすい気質のフリードリヒ・ヴィルヘルムを自在に操り、二人だけの夕食の席で自分がいかにプロイセン王との友情を大事に思っているか、またポーランド王国の再建が自分にとっていかに重要かを語った。「今や願望達成を目前にしているのだが、それを妨害する人たちのなかに自分の最大の親友を含める悲しみを味わうことになるのだろうか？[13]」とアレクサンドルは尋ねた。ロシア皇帝じきじきの訴えに動揺したプロイセン王は、ポーランド問題ではロシアを支持すると誓い、さっそくハルデンベルクに対してロシアに反対するカスルリーの連合から手を引くよう命じた。皇帝たちが戻ってきた時、カスルリーは自分の対ロシア連合が崩壊したことを悟った。「プロイセンの協力を当てにして彼らが抱いた希望は束の間の命であった[14]」とタレーランは報告している。

自分の足元が切り崩されたことを知ったカスルリーは、「海の上ならば追い風と潮の流れを願いさえすればいいのでしょうが、陸上ではそうはいかない[15]」とウェリントン公爵にこぼした。ロシアの野心に反対することで一つにまとまったヨーロッパとロシアとの対決という構図があればロシアの野心を抑えるのにじゅうぶんだろうとタレーランは期待していた。その一方で、「ロシアにポーランド全体の支配を許せばヨーロッパは大変な危険にさらされる。それを避けるには武力によるしかないのであれば、武器をとるのに何のためらいもあってはならない[16]」とも考えていた。外交交渉が首尾よく進む見通しが薄れたため、列強各国は戦いに備えた。タレーランの強い要請を受けてフランス政府は陸軍を召集し、五〇万近い兵を動員した。オーストリアは戦争計画を練り四〇万の兵を国境に配置した。ロシア軍はすでに戦場となるポーランドに駐留していた。カスルリーは、ロシア皇帝がその野心を放棄しないならば、「戦争によってそうさせるべきだ[17]」と主張した。オーストリアの秘密警察はメッテルニヒに「このままでは近いうちに全面戦争が勃発する模様[18]」と報告した。会議開幕に向けての唯一の進捗は、一一月一日に開幕すると公式に決まったことだけであった。それを受けて、ウィーンにすでに到着している各国の代表者たちが提出する資格証明書を確認するための委員会が設置された。重要な審議だけは四大国の代表者たちのあいだで行われる模様であった。

タレーランは、その頃になってもフランスが相変わらず無視されていることで意気消沈していた。「フランスの立場は非常に難しい」と記している。「ヨーロッパに影響を及ぼす諸問題にフランスを介入させないようにするというのは、これまで長らくフランスに敵対してきた国々の政府にとって非常に魅力的でかんたんなことだった[19]」。このフランス外相は、重要問題の大筋を決める列強代表の輪にくわわる機会を窺い、辛抱強くその輪の外で待っていた。

プロイセンの支持がなければイギリスは何もできないとロシア皇帝はわかっており、カスルリーの最終提案をはねつけた。一一月一〇日、ザクセンからロシア軍が引き揚げ、それを待っていたようにプロイセン軍が入った。「この情勢では戦争は避けられません」とオーストリア軍参謀総長シュヴァルツェンベルク元帥はメッテルニヒに告げた[20]。ウィーンに来ていた代表団や観光客の多くが、外交は失敗し交渉は決裂したと考えた。ゲンツは次のように書いている。「『社会秩序の回復』や『ヨーロッパにおける政治の復興』、『公正な力の配分に基づく恒久平和』などに関する大げさな言い回しは大衆を黙らせ、この会議が重要で価値のあるもののように見せかけるだけのためにでっち上げられていた。だが、この会議の真の意味は、勝者が敗者から強奪した獲物を配分するところにあった[21]」。ロシア代表団の一人は「四大国は泥沼にはまってしまい、抜け出す方法がまったくわからないのだ[22]」と書いている。

妥協案を模索するハルデンベルクとメッテルニヒはロシア皇帝に、当初案よりも領土を縮小してポーランド王国を再建する案を提示した。それは、オーストリアがクラクフ、ザモシチといった強力な戦略拠点に守られた国境を確保し、プロイセンがそれまで所有していたポーランド領の実質的な部分を維持するというものであった。だが、アレクサンドルには要求をゆるめる気がなく、ワルシャワ大公国全体を手放すつもりはないと答えた。とはいうものの、クラクフやトルンを自由都市とするなどほんの申し訳程度に譲歩した。これではプロイセンはそれまで所有していたポーランド領を取り戻せないので、ハルデンベルクはロシア皇帝のこの返答を一二月三日にメッテルニヒに示した際、プロイセンがザクセン全体を併合してかまわないかと尋ねた。ただし、ザクセン王にはプロイセン領の他の部分から形ばかりの国をつくって与えるとつけ加えた。メッテルニヒはこの提案を拒否した。プロイセンがロシアのポーランド進出計画を黙認している以上、もはやプロイセンのザクセン獲得を支援しなければというハルデンベルクに対する義務感に縛られなかった。

交渉は膠着状態に陥っていた。カスルリーはイギリス首相リヴァプール卿に、ロシア、プロイセン、オーストリア、フランス各国は軍を動員して

プロイセン宰相カール・アウグスト・フォン・ハルデンベルク公爵（グリーニケ宮殿）

おり、動員を維持するための費用の関係から各国政府は早いうちに武力を行使したがっていると報告した。プロイセン人の戦闘的な性格を反映してかハルデンベルクは、要求が認められないならば「プロイセンはあれだけ目覚ましい働きをして、あれだけ多大な犠牲を払ったにもかかわらず、うまく利益を得られないというのであればもう一度戦争をした方がましだ[23]」と書いている。一二月五日、カスルリーはリヴァプールに「現在、事態は紛糾しており[24]」、いつ戦争が起きてもおかしくないと報告し、イギリスが巻き込まれることを覚悟していた。

この膠着状態を打開する契機となったのは、イギリス政府がカスルリーに、これまでの方針を転換しザクセンを無傷のまま維持するよう命じたことである。議会で野党から攻撃され、またザクセン併合を狙うプロイセンの動向に対する世論の反発の高まりを受けてのことだった。この一八〇度方針転換はザクセンを交渉の最前線に押し上げ、交渉のテーブルを囲む四大国間の連携模様を変化させることになった。

一二月一〇日、メッテルニヒはハルデンベルクとアレクサンドルの提案を受けて、新しい申し出を行った。オーストリアは、ポーランドに関しては、小さな修正を要求したうえでロシアに協力するとしたが、プロイセンのザクセン併合については反対するというものであった。その代わりとして、プロイセンはザクセン王国の一部だけを住民四三万二〇〇〇人とともに併合することを提案した。プロイセンはこの他にライン川流域のヴェストファーレン地方を獲得し、ロシアからポーランド内の一部も受け取ることになっていた。こうすれば、プロイセンはナポレオン戦争前の広さを回復することになる。メッテルニヒは、クラクフはプロイセンに、トルンはオーストリアに与えられるべきと主張した。また、プロイセンがザクセンを併合すればヨーロッパの勢力均衡が崩れ平和が永続的に脅かされると語った。「この会議はヨーロッパに平和を打ち立てることにもっとも関心を払っているオーストリアとプロイセン間の喧嘩という悲惨な見世物に堕すべきではない。ドイツは政治的統一体になるべきである。オーストリア、プロイセン以外の諸公国間の国境線をあいまいなままにしてはいけない。この大業を完成させるためには、オーストリアとプロイセン間の調和は、要するに、完全なものでなければならない。その調和を妨害するものであり、連邦協定を結ぶうえでの克服しがたい障害になるものであるから、われわれはプロイセンのザクセン全面併合には反対する」[25]と主張した。全面併合がなされれば、かつて神聖ローマ帝国を構成していたドイツ語圏諸国をまとめていたこの中央ヨーロッパの二大強国は、互いに公然と対抗せざるを得なくなるだろう。これは、両国間の安定した関係をよりどころとするドイツ連邦という壮大な構想を破壊するものであり、貪欲なロシアに備えて安定した緩衝地帯をつくるためにヨーロッパ中心部をまとめなければならない両国のあいだに敵意のある溝をつくることになるだろう。「プロイセン代表団の全員とそれに与する人たちは騒ぎ立てた」[26]とメッテルニヒは記録している。

それから三日後、アレクサンドルとメッテルニヒとのあいだの口論は個人攻撃となり、アレクサンドルはメッテルニヒに侮辱されたので決闘を申し込むと脅しをかけた。衝撃を受けたメッテルニヒはフランツ皇帝に辞任を申し出たが、フランツは賢明にも認めなかった。このニュースはウィーンに滞在していた各国使節や政治家の注目を集めることとなった。しかし、この感情的爆発は一種の浄化作用をもっていたようだった。「ご推察どおり、この件は二日ほど騒がれた」とカスルリーは一二月一七日に書いている。「しかし、その結末は、以前、わたしがあえて主張していたことを立証するようなものであった。つまり、ロシア人の気性はしばしば雷雨を伴う突風のように吹き荒れるが、終わってしまうと雲一つない空が広がる」[27]。翌日、アレクサンドルは和解を求めるような様子でフランツのもとに行き、そこでロシアは本当の意味で初めて譲歩した。クラクフに関してはこれまでの主張を放棄しようとしなかったものの、ポーランドのタルノポリ地方についてはその住民四〇万とともにオーストリアに返還すると申し出た。この地方は一八〇九年にオーストリアが失ったものであった。これを受けてオーストリアはポーランドに関する要求を引っ込めた。「ザクセンとポーランドの両方を救出するのは難しいとの結論に達していたオーストリアは、ポーランドを見捨てることにした」[28]とメッテルニヒは書いている。これでいちおう決着がついた形のポーランド問題からザクセン問題に焦点が移った。

ロシア皇帝アレクサンドル一世（ロイヤル・コレクション）

　一二月一四日、タレーランはメッテルニヒと会談した。

戦勝四大国の分裂のおかげで、フランスは第三者としてどちらの陣営にも肩入れできるようになり、突如として驚くほど強力なプレーヤーとなった。タレーランは、先の対フランス同盟の結束の名残りを打ち砕き、フランスが審議の中心近くに位置するよう策略をめぐらせた。それは次のようなものだった。メッテルニヒはポーランドに関するオーストリアの新しい立場をタレーランに対してすでに知らせていた。タレーランはこのオーストリアの新しい立場を文書として自分に正式に伝達してくれるよう頼んだ。これは、外交的には、メッテルニヒが自分の信頼している国々のなかにフランスを含めるに等しかった。「打ち明け話を正式なものにするよう強く要求したのは、対フランス同盟が現実に崩壊した日を記念するためだった[29]」とタレーランは書いている。潜在的な将来の同盟国としてのフランスの価値を認めていたメッテルニヒは、一瞬ためらったものの、個人的なメッセージを添えてこの文書をタレーランに手渡した。そのメッセージは次のような文言で結ばれていた、「明確に正当と認められる重要なことがらについてフランス政府と考えが一致しているとわかり喜ばしい[30]」。「M・ド・タレーランは鋭利な刃物のようなもので」とメッテルニヒは述べている。「もて遊ぶのは危険だ。しかし、巨悪に対しては荒療治が必要で、巨悪を処理しなければならないのであれば最高の切れ味の刃物を使うことを恐れてはならない[31]」。

タレーランは時をおかずこの対フランス同盟崩壊を利用した。一二月一九日、メッテルニヒに対して率直な返事を書いた。その内容は現状に対する自分の哲学的見解の要点を述べたものであり、ポーランド・ザクセン問題を今後のヨーロッパの進路の本質に関わる問題として組み立て直していた。プロイセンのザクセン奪取を正当と認めることは、以下のようなことを容認せよと要求しているようなものだ、と彼は論じている。「啓《ひら》かれた国々が自分たちの習慣のなかから追放してきた没収という悪習が、一九世紀になってヨーロッパの公法によって正当化されようとしていること。人民は何の権利ももたず牧場の家畜のように扱われてもよいということ。統治権は征服というたった一つの事実だけで失われたり獲得されたりしてよいのだということ。ヨーロッパの国々は自然法にのみ従えばよいのだということ、そしてヨーロッパの公法と呼ばれるものは存在していないということ。要するに、最強の者は何をやってもよいということ」。プロイセンにザクセンを与えることは、プロイセンとオーストリアのあいだの均衡やヨーロッパの全般的な安定を狂わせることになるだろうと強調しただけでなく、新しいヨーロッパの秩序を支える構造は倫理的正当性という岩盤に基礎を置く必要があり、弱小のザクセンがプロイセンに飲み込まれるのを許すのであれば、この倫理的正当性はまったく失われると主張した。「正当性と均衡という二つの原則が同時に、かつまた大いに絡んだ問題がこのザクセン問題である[32]」とタレーランは書いている。

一二月二〇日、タレーランは主君ルイ一八世に次のように報告している。「ザクセンを犠牲にすれば、ドイツの均衡は崩れるでしょう……。そうなればヨーロッパ全体の勢力均衡にドイツが寄与できなくなることは明白です……。カスルリー卿は道に迷い、正しい道に出られない旅行者のようです。ポーランド問題を軽く考えていたことを恥じており、この問題解決に全力を尽くしたものの失敗に終わってからは、あれほど警告しておいたのにプロイセンに騙され、ザクセンをプロイセンに引き渡す破目になりました。彼はどうしていいかわからないのです(33)」。ハルデンベルクの補佐官ヴィルヘルム・フォン・フンボルトは一二月二〇日、「もう一度戦うことになるだろう。早晩かならず戦争が起きるだろう(34)」と妻に打ち明けている。

四大国の協調が崩壊すると、フランスはイギリスから唯一信頼されるパートナーになった。カスルリーはウェリントンに宛てた一二月二三日付の手紙のなかで状況を次のように描写している。「ヨーロッパ各国の王侯を見聞きすればするほど、(大国のなかでは)フランス王こそ真に信頼できる唯一人の君主であるとの感が強まりました。ロシア皇帝は本性ではないかもしれないが自惚《うぬぼ》れと虚栄心から身持ちが悪い。プロイセン王は善人かもしれないがロシア皇帝にべったりだ。オーストリア皇帝は誠実な人物だと思うが、その外相は信頼できない。あらゆる政策は策略とごまかしにあると考え、自分の策略のせいでごく平易に交渉するよりもずっと多くの面倒に自国政府と自分を巻き込んできている(35)」。クリスマスには、カスルリーはリヴァプールに「今やこの問題で主導権を握っているのはフランスです(36)」と報告している。

一二月二三日、カスルリーとタレーランは協定を結んだ。ロシア皇帝の支持を取りつけているハルデンベルクが、ザクセン全土というプロイセンの要求を何度も繰り返すと、タレーランはカスルリーに対して、メッテルニヒとともにイギリス、オーストリア、フランス三国はザクセン王の権利を支持し、それを守る約束をしたと公表してはどうかと呼びかけた。カスルリーがそれは協定を結ぶ提案なのかと尋ねると、タレーランは「わたしの考えはあなたと同じです。（平和を維持するためには）名誉と正義、そしてヨーロッパの未来を犠牲にする以外のことは何でもやらなくてはならない」と答えた。タレーランはフランス王に次のように報告している。「わたしはカスルリーに以下のことを伝えました。三国間の協定を結ぶことについて異存はない。しかし、これまで多くの問題を扱ってきたのと同じやり方でこのザクセン問題を扱えば、つまり運を当てにして原則やルールを守らずに対処するならば、何の結論にも達しないでしょう。それゆえ、まず原則を立てるところから始めるべきです[37]」。彼らはザクセン王を支持すること、そして、以前ナポレオンに占領された国々の国境を住民数に応じて算定・調整するべく統計委員会を設けることを申し合わせた。

統計委員会には争議をさばく権限が与えられた。ナポレオン戦争中に大規模な徴兵制度と国家総動員が導入されて以降、国力は地理的規模や富ではなく住民数で測られるようになっていた。タレーランは統計委員会結成にプロイセンの同意が得られた事実を、ザクセン問題がうまく解決する兆候とみなした。一二月二八日には次のように記している。「プロイセン代表団は、見たところ、ザクセンに対する自分たちの要求と自分たちの期待については、この統計委員会が出す結論に従うとしているようだ。そして、その統計委員会が出す結論はザクセンにとって好ましいものになる公算が非常に大きい。したがって、ザクセン問題はこれまでよりも好ましい状況にある。ポーランド問題はまだ最終決着がついていないが、落とし所は噂になっている。統計委員会におけるこうした協議には完全に公的な性格が与えられることが決議されている。交渉の対象となるのは国境線だけなので、この問題は数日中に解決するはずである[38]」。

一二月二九日、ハルデンベルクはザクセン全面併合というこれまでの主張を繰り返し、引き渡しが遅れればプロイセンに対する宣戦布告と見なすと明言した。カスルリーはこの発言は「非常に憂慮すべき前代未聞の脅迫」であると非難した。戦争を恐れてイギリスがザクセン問題についての立場を変えるだろうとのプロイセンの思惑をはねつけ、「そのような遠回しな言い方は存亡の危機にある国に対しては効果があるかもしれないが、自国の尊厳に敏感な国にはまったくの逆効果だ」と言明し、次のように続けた。「そのような風潮が幅を利かせるならば、独立不羈《ふき》の状態で慎重に協議することはできない。それならばこの会議を打ち切ってしまう方がよい[39]」。ハルデンベルクは極度の緊張のため体を壊しかけていた。夜になっても目が冴えて眠れず、部屋の中を行ったり来たりしていた。「公爵は進行中のあらゆることに大変狼狽しており、望みはすべて打ち砕かれたと気落ちしている。このため精神的にも肉体的にも参ってしまっている[40]」と補佐官のフンボルトは書いている。

ハルデンベルクの立場は弱かった。その強硬な姿勢にもかかわらず、プロイセン軍はロシアとロシア皇帝の支持に頼り切っているし、戦争が今にも起こりそうな気配に直面したロシア皇帝は考えを変えたようだった。プロイセン王フリードリヒ・ヴィルヘルムと一緒に出席していた前日の会議で、プロイセンのザクセンに対する要求をめぐり戦争が勃発したらどうするのかと迫られると、この皇帝は「あいまいな」[41]返事をしていたのだ。アレクサンドルは、カスルリー、メッテルニヒ、タレーランが同盟締結に向けて動き出していることに気づいているようだった。ロシア皇帝はイギリス、フランス、オーストリア三国の結束に直面して迷い出していた。対ナポレオン戦争費用の大半を負担していたイギリスはロシア軍の駐留費を今もなお融通してくれていた。したがって、ロシア皇帝は軍事上の危機のみならず財政上の危機にも直面する破目になったのだ。喧嘩腰の態度を強めるハルデンベルクを尻目に、ロシア皇帝は平和的な打開策を模索し始めた。

ハルデンベルクは自分の主張を放棄した。しかし、その間の応酬は事態がいかに深刻になっていたかを示しているし、カスルリーはタレーランに助けを求めていた。「このような状況下では、フランス、オーストリア両国の全権使節と防衛同盟を協定することは絶対必要だろう」[42]とカスルリーは報告している。

一二月三〇日、ロシアは以前の対フランス同盟諸国に呼びかけまとめるべく最後の努力をするという反撃に出た。行き詰まりを打開し、ザクセン、ポーランド問題の解決にこぎつけたいアレクサンドルは、これまでよりも小さなポーランド王国を提案した。この案でいけばプロイセンはグニエズノ、ポズナニ両公国とプロイセン西部の一部を住民八五万人ともども手放さなくてすみ、また、オーストリアもヴィスワ川の右岸一帯と四〇万の住民を抱えるタルノポリをこれまでどおり領有できる。クラクフとトルンは自由都市となる。プロイセンはザクセン全土を獲得するが、ザクセン王はライン川右岸の領域を住民七〇万の新しい国家として獲得する。この提案にプロイセン側は感激し、またロシアがプロイセンのザクセン全土に対する願望への支持をあらためて明白に表したことに安堵した。だが、プロイセンとロシアの立場は弱くなるばかりだった。オーストリアはロシア案のポーランドの部分については同意したが、ザクセンに関する取り決めについては賛成するつもりはなかった。

年が明けて一月一日、クリスマス・イヴにガン条約が締結され、一八一二年に始まったイギリスとアメリカのあいだの戦争が終結したとの報が届いた。「アメリカと講和条約を結んだとの知らせは当地では晴天の霹靂だった」とイギリス使節団の一人は書いている。「誰も予想していなかった」。これでイギリス軍は自由に動けるようになり、またアメリカがロシア、プロイセンの重要な同盟国になる可能性がなくなったため、イギリスの立場はこれまで以上に強くなった。「われわれはこれまでよりもヨーロッパに専念できるようになった。春には強力な軍を大陸に駐留させられるだろう」(43)とカスルリーは述べている。

タレーランはフランスをヨーロッパにおける大国政治の中心に復帰させるという目標を達成するべく画策した。ロシア・プロイセン陣営に対抗できる揺るぎない共同戦線を張り、ヨーロッパを正当性に基づく勢力均衡体制に戻し、さらにザクセンを救出するというものであった。一月三日、タレーランの呼びかけでカスルリー、メッテルニヒは秘密文書に署名し、イギリス、フランス、オーストリアが攻撃された場合お互いに助け合い、それぞれ一五万の兵を出すと誓い合った。「フランスはもはやヨーロッパで孤立していません」と協定締結の翌日、タレーランはルイ一八

ウィーン会議後のヨーロッパ

世に宛てた手紙のなかで言明した。ヨーロッパは「五〇年かけた交渉によっても築けないような連合体制[44]」を今や手にしているのです、と報告している。

一月、カスルリーの提案で列強諸国は奴隷貿易廃止問題を論じる委員会を設置した。この問題はイギリス世論が重要視し、カスルリーが重点をおいている議題だった。イギリスはフランスに対して、イギリスの立場支持と引き換えにカリブ海のトリニダード島割譲を提案したが、タレーランは現在のナポリ王を王座から追放して別の人物を据えたいとしてその支援を要求した。これはフランスが最優先に考えている問題だった。時のナポリ王はナポレオン軍の元帥だった人物であるため、ブルボン王家にとっての脅威とみなされていた。カスルリーはタレーランの要求を受け入れ、ポルトガルに対しては英貨で三〇万ポンド、スペインに対してはさらに四〇万ポンドを上積みした額を渡し、両国の黙認を取りつけた。二月八日、列強諸国は国際奴隷貿易を「人道ならびに普遍的道徳に外れている[45]」とする共同宣言をつくり、「アフリカ大陸から住民を奪い、ヨーロッパの品位を落とし、人道を卑しめてきた[46]」この風習を廃止することを申し合わせた。奴隷貿易廃止をヨーロッパ全体の合意事項とすることも決定し、完全廃止までフランスは五年、スペインとポルトガルは八年の猶予期間がそれぞれ認められた。

三月七日午前六時過ぎ、イタリアはジェノヴァのオーストリア領事から、ナポレオンがエルバ島から姿を消したとの急報がメッテルニヒのもとに届いた。カスルリーからイギリス使節団主席の職務を引き継いだばかりのウェリントンは、この報を耳にして「ボニー（ナポレオンのイギリスでのあだ名）は途方もないことをやるものだ」と本国に書き送り、彼の行動は「精神病院行きにふさわしい[47]」とつけくわえている。一〇〇〇名近い兵士を従えたナポレオンはフランス南部の海岸に上陸し、「ウィーン会議は解散だ」と宣言した[48]。ウェリントンはベルギーに駐留するイギリス軍の指揮をとるべくただちに出発した。それから六日後、ウィーン会議はボナパルトを無法者と規定し、「法の保護の埒外《らちがい》に置き、捕まえたら公開処刑にすること[49]」を決めた。パリに堂々と凱旋したナポレオンは復位を要求し、全ヨーロッパを相手として最後の一戦を挑んだ。この事態を受けて三月二五日、イギリス、オーストリア、プロイセン、ロシアはナポレオン打倒に向けてそれぞれ一五万ずつ兵を出すことで合意した。ほどなくして一〇〇万の兵が進軍を開始した。だが、ナポレオンの帰還もウィーン会議にはほとんど影響を与えなかった。厄介な問題はすでに解決しており、交渉は戦闘中もそれまでと変わりなく行われ、列強諸国の代表団は包括的な協定の細目を詰めるのに余念がなかった。

ウィーン最終議定書は一八一五年六月九日に調印され、その九日後にナポレオンはワーテルローで敗北した。この協定はヨーロッパの国境線を引き直し、ヨーロッパに永続性のある平和をもたらす体制を確立した。主要戦勝国のあいだを裂き、利害の対立を巧みに利用することによって、フランスの軍事的敗北にもかかわらず、タレーランは会議の席を確保し、ヨーロッパの国境線が引き直された際にはフランスの国益を守り抜いた。ウィーン会議の結果、オーストリアは領土を倍に増やし、アドリア海沿岸のダルマティア地方を取り戻し、パルマ、モデナ、トスカーナをはじめとするイタリア北部の大部分も統治することとなった。当てが外れたものの、プロイセンは北ヨーロッパの強国となった。その一方で、フランスは占領地を放棄して国境はナポレオンが出現する前の「古い国境」にまで戻った。

ウィーン会議はナポレオン以前に三〇〇あまりあったドイツの王国や公国を三九の国家に統合し、結びつきの緩やかなドイツ連邦をつくった。それは現在の中央ヨーロッパの大部分に相当し、バルト海からアドリア海まで広がっていた。また、ウィーン会議の結果、スイスは中立の独立国として承認され、名ばかりのポーランド王国が再建されロシアがこれを支配することとした（ロシアは間もなくポーランドを全面併合した（一八三二年にロシアの直轄地となった））。ノルウェーはスウェーデンに与えられ、国際奴隷貿易は廃止された。ザクセンは領土の五分の二と住民の三分の二を維持し、独立国として生き残った。オランダ王国は、これを沿岸の緩衝地帯としてその国力を強化し領土を広げておきたいとするイギリスの思惑から、ベルギーとルクセンブルクおよびその近隣地方を与えられた。おおむね勢力均衡が維持され、ヨーロッパでは第一次世界大戦が勃発するまでのおよそ一〇〇年間、大陸全土を巻き込むような大規模な戦争を見ることはなかった。

第4章 ポーツマス条約
1905年

一九世紀末、勢力均衡策のためにヨーロッパで野望を実現できずにいたロシアは、東方へ目を向けた。有力な中央政府がない清、朝鮮、満州に力の空白が生じると、ロシアは極東深くまで勢力を伸ばして独占的貿易圏を開拓し、広く帯状に中国北部と満州を占領した。二〇〇年あまり続いた鎖国から先頃目覚めた新興の工業国日本は、清、満州およびそこで産出する原料について独自の構想を練っており、ロシアの膨張を自国勢力圏への侵入行為、戦略的脅威とみなした。

一九〇四年二月、日本は満州でロシア軍に奇襲をかけ、兵員数こそ上回るものの統制のとれない相手に屈辱的な損害を与えた。ロシア軍は防御態勢を強化し、シベリア横断鉄道で補充兵士を運び増強した。一九〇五年初頭には、先が見えないまま一五万を超える人命が失われていた。しかし、戦闘を継続すれば自国に有利になると考えていたロシア、日本双方とも、居中《きょちゅう》調停を拒否していた。日本の大衆は相次ぐ勝利に酔って要求を拡大し、ロシア皇帝ニコライ二世は予備役兵、軍需物資はいくらでも注ぎ込めると自信をもっていた。それにもかかわらずアメリカ大統領セオドア・ローズヴェルトは和平を仲介する好機と見た。

世界における地位が高まりつつあったアメリカも転換期にあった。南北戦争（一八六一〜六五年）を経験し西部開拓を完了したアメリカは、北米大陸にまたがる国家としての地位を揺るがぬものにしていた。南北戦争が終結してから一九世紀末までのあいだにアメリカの人口は二倍に増え、二〇世紀に入る頃には世界の綿、トウモロコシ、石油生産量の三分の一、工業製品生産量では世界の二分の一を占めるまでになっていた。一八九八年における米西戦争での勝利とハワイ併合はアメリカ人の視野を広げ、アメリカ国民は合衆国が世界の舞台でこれまでよりも積極的な役割を果たすことを期待するようになった。ローズヴェルト大統領は国際外交の経験こそ乏しかったが、自分の能力に対する絶大な自信と政治家としての鋭い勘から、ロシアと日本を和解させ平和を確立できると考えるようになっていた。極東の将来がかかわる問題であり、また戦いが続けば日本もロシアもそれぞれヨーロッパの国々と結びつきがあることから、ヨーロッパを巻き込んだ地球規模の戦争になるかもしれないと心配していた。

ローズヴェルトは、両国の実情について、双方が認めている以上に悪化しているのではないかと考えていた。ロシアはこれまでにひどい損害をこうむっていたし、日本は連戦連勝しているにもかかわらず自分たちの三倍もの規模の敵と戦うことに疲れていた。流血の規模に愕然とした世界各国の世論はこの戦争に反対の立場に転じており、これが原因で交戦国双方は補給品や弾薬を購入する資金の調達に苦労し始めていた。

ポーツマス会議の記念ポストカード（アメリカ議会図書館）

ローズヴェルトは二つの重大な障害に直面した。まず第一に、ロシアの諜報機関がアメリカの外交暗号を解読しており、自分と海外とのやり取りの内容がロシア側に漏れていると考えていたが、その疑いは当たっていた。第二は、政権の国務長官で若い頃にエイブラハム・リンカーン大統領の個人秘書を務めたこともあるジョン・ヘイが病に倒れたことだ。彼は「年をとること、上院、二、三の慢性的成人病の他に怖いものはない」[1]と言っていた。そのヘイは間もなく（一九〇五年七月一日）死去するのだが、ローズヴェルトは一人でやることになりそうだった。

当初ロシアと日本は、大統領の講和仲介の申し出に冷ややかな態度をとっていた。ワシントン駐在のロシア大使は講和という話が出るたびに「激しく怒り出す」、とヘイ国務長官は日記に書いている。[2]日本も言葉こそ丁重だが講和については頑として拒否していた。それでもローズヴェルトは戦争を継続するのは愚行であるとの考えを変えなかった。戦闘の長期化は「日本にとって非常に好ましくないことだし、ロシアにとってはもっと好ましくないことに違いない」(3)と思っていた。彼は次のように書いている。日本は「戦争を継続してもこれ以上得るものはないだろう。継続すれば、たとえロシアに勝っても、得るものよりも失うものが大きく」(4)、ロシアは「そのとてつもない国力にもかかわらず……すでに失った以上のものを失うだろう」(5)。

開戦(一九〇四年二月八日)から約一年が経過した一九〇五年五月二七日、対馬海峡におけるロシア艦隊と日本艦隊との海戦は、ローズヴェルトが望んでいた機会をもたらした。日本艦隊は一分間に二〇〇〇発もの砲弾を撃ち込み、ロシア艦隊を壊滅させた。ロシア艦船二二隻が撃沈され、それとともに早急な勝利をというロシア皇帝の望みも日本海の藻屑と消えた。元海軍次官のローズヴェルトは「トラファルガーの海戦やアマルダの海戦におけるイギリス海軍の勝利も、これほど完璧ではなかった」(6)と述べている。ローズヴェルトは日本政府に「敗れた敵に対して逃げ道を与えてやるのであれば今だ」(7)と語り、「アメリカ大統領であるわたしは、全人類のため、現在行われているこの恐ろしく悲しむべき戦いを終結させることが可能かどうかを確かめる努力をせねばならぬ時がきたと考えている」(8)との電報を両国政府に打った。両国政府に「両国のためだけではなく文明世界全体のために和平のための率直な交渉を始めるよう」(9)求め、自分が仲介の労をとってもよいと申し出た。この提案に対して日本側からためらいがちながらも関心が示されると、本格的に仲介の労をとるべく五週間の予定だったコロラドでのクマ狩りを早めに切り上げワシントンに戻った。日本側が講和勧告を受諾したので、ローズヴェルトはロシアを交渉のテーブルに着かせる方法を探すことに専念した。彼はその方策を慎重に練った。ワシントン駐在のロシア大使アルトゥーロ伯爵カッシーニに対してローズヴェルトは次のような懸念を抱いていた。第一は、彼がローズヴェルトの言葉をロシア政府に確実に伝えるかどうか信用できないことであり、第二は、彼には「自分が嘘をついていることを相手が知っているとはっきりわかっている時には嘘をつく[10]」傾向があること、であった。そこで、サンクトペテルブルク駐在の信頼するアメリカ大使ジョージ・フォン・レンガーク・マイヤーに対して、皇帝に直接働きかけるよう指示した。

　ハーヴァード大学でローズヴェルトの先輩に当たるマイヤーは、駐ロシア大使に着任する以前、駐イタリア大使を務めていた。皇帝と会見する手筈をととのえるようにとの電報がローズヴェルトから届いたのは、着任してわずか七週間過ぎのことだった。「わが国の大使たちには、華やかで気取ったお茶会に出席することが大使の仕事だと考えている節が見受けられるが、とんでもない間違いだ。サンクトペテルブルクでやってもらいたい仕事がある。やるのは他でもないあなただ[11]」とローズヴェルトは指示のなかで書いている。ツァールスコエ・セロの夏宮で皇帝に謁見《えっけん》したマイヤーは、大統領からの率直な内容の手紙を読み上げた。「ロシアを強力に支持している国々も含めて、世界各国の見るところ、この戦争はまったく無益であり、戦いを継続すればロシアはアジアにおける領土をすべて失うだけでしょう。アメリカ大統領であるわたしが深く憂慮しているのは、この戦争の惨禍が大規模なものになることであります……。これを防ぎ、この戦争を終結させるために、両国の代表団が力を尽くすことを真剣にお勧めます[12]」。手紙は次のような文言

旅順港口の黄金山前で大破着底したロシアの巡洋艦〈パラーダ〉（左）と戦艦〈ポビエダ〉（右）（アメリカ議会図書館）

で結ばれていた。「わたしとしてはさらなる流血の惨事を避けるべく、この提案を早急に承諾していただけるよう願っております[13]」。マイヤーは皇帝に、この提案が承認されれば「何十万という人命が救われ、皇帝の御名は世界中の人々に称えられるでしょう[14]」と訴えた。謁見が終わる間際、皇帝はロシア代表団の派遣を承諾した。

ロシア、日本双方とも交渉で獲得するもの、失うものがたくさんあった。日本は各地で勝利を収めロシアを守勢に立たせていたが、長期戦に耐える力はなかった。外交的解決策によってすでに手に入れた利益を確実なものとし、また、和平の代償としてさらなる譲歩を獲得できるかもしれない。しかし、日本の交渉団が図に乗りすぎて交渉が決裂すれば、日本は物資不足・モノ不足に陥り経済が破綻をきたす恐れがあった。ロシアは日本にくらべて国力、兵力、経済力で優っていながら連敗を喫し、大国としての面目が丸つぶれであった。長期戦に持ち込むと言って日本を脅すこともできるだろうが、それはかえってロシアの傷を深くするだけだろう。交渉はロシア軍が戦場で果たせなかったこと――日本軍の進出をくい止め、失った領土を取り戻す――を達成するまたとない機会だった。交渉の失敗は許されない。ロシアは国内が混乱し、革命の前兆となる暴動が今にも勃発しそうな状態であり、屈辱的な講和を結んでもこのままずるずる手ひどい敗北を重ねても、国家として存続し得ないだろう。

交渉の厳しさを暗示するかのように、会議の開催地について両国が合意するのに二カ月以上かかった。地の利を狙うロシアは緊密な同盟を結ぶフランスの首都パリを希望したが、日本も同じような理由から清の芝罘《チーフー》を主張した。ローズヴェルトはオランダのハーグを提案したが、両国は即座に拒絶した。ヨーロッパ諸国がこれまで極東地域に日和見的に干渉してきたという歴史的経緯から、その公平さに疑念を抱いたのは当然である。両国が信頼できると考えた唯一の関係国はアメリカだったため、ワシントンDC開催案も浮上した。しかし、ローズヴェルトは講和会議を自国首都で開くことに不安を抱いた。イギリス政府の調査報告書は、ワシントンを「慎重な話し合いを要する交渉を進めるには世界でもっとも不適切な場所だろう」(15)としていた。内陸のワシントンは蒸し暑く、また噂好きな土地柄から会議を開催するのは無理と考え、ローズヴェルトは気を散らされずに冷静な判断をくだせるような場所をワシントンの近くに探した。「涼しく快適かつ静かでできるだけ邪魔が入らない辺鄙《へんぴ》な土地が望ましかった」(16)。

希望を満たす場所は、ニューハンプシャー州の海辺の町ポーツマスにあった。ボストンから八八キロほど北上したメイン州とニューハンプシャー州の境にあるポーツマスは、閑静な土地である一方、ピスカタクォー川を渡ったところには巨大な海軍基地を抱えていた。基地ならば会談する両国代表団の警護もしやすく、最新の通信機器もそろっている。ポーツマスの人々は開催地に選ばれたことを喜び、大々的な準備をした。ウエスタン・ユニオン社は代表団が宿泊するホテルと会議が行われる海軍工廠とのあいだに臨時の電信線を引いた。この海軍工廠に近接するライビーチには大西洋を横断する幹線ケーブルが敷設されていた。アメリカ政府は警備のためシークレット・サービス一二名を派遣し、ニューヨークのウォルドーフ・アストリア・ホテルからはロシア代表団が英語で食事等を注文できない場合に備えてフランス人給仕一〇人がやってきた。海軍基地内にはレンガ造りの海軍倉庫があった。この簡素な二階建ての建物が会議場に選ばれ、二〇〇人あまりの労働者が昼夜兼行で会場の設営にあたった。二週間で広い本会議場とその両側にそれぞれロシアと日本の代表団用に三間続きの部屋、会議のあいまに昼食をとる食堂、視察に訪れるアメリカ政府高官たちのための応接室ができた。

ロシア、日本両国は特命全権大使の選定に手間取った。というのも、どちらの国においても自国の実情に通じている人たちは、この委員を引き受けることは政治的自殺行為と考えていたからだ。特命全権大使として白羽の矢を立てた人間に次々と三人にまで辞退されたのち、ロシア皇帝ははなはだ不本意ながらセルゲイ・ウィッテに目を向けた。以前、特命全権大使の有力候補としてウィッテの名が取り沙汰されていた頃、皇帝は「誰でもいいがウィッテだけは駄目だ[17]」とはっきり言っていた。前大蔵大臣のウィッテはニコライ二世の父アレクサンドル三世に長年仕えてきた人物だが、ニコライ二世とはしょっちゅう対立していた。ウィッテはニコライ二世について次のように述べている。「善意の子供であり、その行動は顧問官らに全面的に依存しているが、顧問官の多くはろくでもない連中だ[18]」。ウィッテは開戦前から戦争に反対していたが、講和会議特命全権大使への任命は政治的な意味での死刑宣告と受け止めた。七月一三日に任命されると親しい友人に次のように語っている。

わたしの考えはこうだ――祖国に貢献するために選ばれたのではなく、たとえて言うと、つまずいて首の骨を折るようにということで選ばれたのだ。本当のところ、連中は戦いを継続したいと考えている。真に容認できる条件でわたしが講和を結べる可能性はごくわずかで、まずは失敗するだろう。そしてわたしは葬られるだろう。しかし、わたしに「好意を寄せている人たち」はもっと深く読んでいる。すなわち、不幸にして現在の軍事状況にふさわしい条件でこの戦争を終結させることに成功したら、わたしの名はすべての誇り高いロシア人にとって唾棄《だき》すべきものになるだろうと言っているのだ[19]。

セルゲイ・ユリウィチ・ウィッテは一八四九年にロシア南部の町トビリシ――現在のグルジア

共和国の首都――でオランダ系下級貴族の家に生まれた。トルコとの国境沿いにそびえるカフカス山脈に抱かれたこの町で、家族はそこそこ裕福に暮らしていた。父親は小売商人を振り出しに金融業で成功し、地方総督の顧問官になった人物だった。ウィッテはオデッサ鉄道の給仕、改札係として働き始めると、上司に生来の頭のよさと兵站の才を認められ、またたく間に出世した。一八七七年のロシア・トルコ戦争（ロシアとオスマン帝国間の一連の戦争）では戦時下の補給物資輸送と規律順守の要請に応えて真価を発揮した。堕落して役に立たない同僚を圧倒してたちまち事業部長に昇格し、一八八九年には鉄道事業局長に就任した。

組織をまとめる手腕、専制君主顔負けの実行力、能率向上へのあくなき執念でウィッテは鉄道運賃規則を制定した。この実績が認められて運輸大臣に任ぜられ、そのわずか一年後には大蔵大臣に就任した。短期間で出世階段を駆け上がりエリートの心臓部に入り込んだウィッテは、上流貴族に不信感を抱いた。また、ラスプーチンの身辺調査を命じたことが原因で皇后から後々まで憎まれる破目になった。だが、勤勉なウィッテはロシアに必要欠くべからざる人物となり、全精力を傾けて大蔵大臣の職を務めた。ウォッカの製造と販売を政府の独占事業とし、産業基盤を立て直し、国家歳入を倍増し、金本位制を確立し、国庫に莫大な収入をもたらし、通貨が平価で正貨と引き換えられるようにした。彼の最高の業績は、シベリア横断鉄道の建設である。ほとんど独力で建設計画をまとめ、指揮した。だが、さまざまな実績をあげていても、威圧的な激しい気性や貴族社会に対する傲慢な応対が結局はねかえってきた。大蔵大臣に就任して一一年が経過し、ロシアでは皇帝に次ぐ実力者になっていたにもかかわらず、日露戦争開戦に反対していたため大蔵大臣の地位を追われ、閑職の閣僚会議議長に祭り上げられていた。このように政治的に追放されていた状態からウィッテはロシア交渉団を率いるべく呼び戻されたのだ。

身長が二メートル近いウィッテは押し出しが堂々としていた。口髭と白くなりかけた顎鬚《あごひげ》のむっつりとした不機嫌そうな顔つきからは、粗野で緊迫した雰囲気が伝わってくる。彼には人の注意を捉えて離さないところがあり、ある新聞記者は「ウィッテの大きく真剣で表情豊かなまなざしは、相手を惹きつける」[20]と書いている。その性格は複雑だった。誠実な人柄とその力量ゆえに尊敬されていた――当時、ロシアではこの二つの資質を備えている人は稀だった――しかし、気分屋であり、傲慢で人を不快にさせることがあった。サンクトペテルブルク駐在のイギリス大使はウィッテの「ぞんざいな態度、ぶっきらぼうな話し方、周囲を圧倒する存在感」[21]に驚いている。ウィッテは自分以外の誰かにすぐに感銘を受けることはなく、自負心の強い人間にはよくあることだが他人の過失はけっして容赦しなかった。

交渉でウィッテの補佐役を務めるローマン・ロマノヴィチ・フォン・ローゼン男爵は先頃カッシーニ伯爵の後任としてワシントン駐在ロシア大使に就任した人物であった。物腰の柔らかなローゼンは音楽の才に優れ、日本語をはじめとして数カ国語を自在に操った。前駐日大使でもある彼は日本人から高く評価されており、その魅力的な人柄と洗練された作法はウィッテの無愛想なスタイルとうまく好対照を形成すると期待されていた。めかしこみ、日焼けして温かみのある風貌のローゼン男爵は、外交上の礼節が服を着たような人物だった。几帳面で信頼できることが彼の強味だった。会議に立ち会った一人は次のように書いている。「そつなく相手を言いくるめるような真似はできないが、かといって外交上の大失敗をすることもない(22)」。

日本側も特命全権大使の選定に手間取った。この任務は非常に危険で成功する見込みはないと考えられていたので、日本の政治家たちは互いに自分たちの政敵にこの任務を押しつけようとしていた。非常に有望とみられていた候補者は、「日本の全権大使の立場は、非常に怪しげな手札を持つポーカープレーヤーの立場に似ている(23)」と述べて固辞した。快諾してくれそうな候補者が見当たらないため桂太郎《かつらたろう》首相は外務大臣の小村寿太郎《こむらじゅたろう》男爵を特命全権大使として派遣することにした。四八歳になる小村は老練な外交官で、朝鮮、清、ロシア、アメリカ各国の日本大使を歴任し、当初この戦争を支持していた。若い頃留学生としてアメリカに派遣され、ハーヴァード大学で法律を修め、セオドア・ローズヴェルト大統領とは年が近かった。一八七七年の大学卒業後は司法省に入って頭角をあらわし、二九歳の若さで外務省の書記官になった。野心的で我の強い小村は論理的思考力と粘り強い根性の持ち主だったが、優しいところもあった。ごく自然に外交手腕を身につけ、要求される判断の度合いが次第に難しくなる職務で真価を発揮した。しばらく翻訳局次長を務めたのち外務省から大使館付き書記官として清に派遣された。代理大使として北京に駐在中に日清戦争が勃発し、日本軍の占領地域の一つを管理し、その後駐朝鮮大使として京城《けいじょう》に駐在した。次いで駐米大使としてアメリカに赴任した。ワシントンから帰国後は卓抜な手腕を要する駐ロシア大使、続いて駐清大使に任命され、その後一九〇一年に外相に就任した。

　交渉における小村の首席補佐官には駐米大使高平小五郎《たかひらこごろう》が選ばれた。日本の最古参外交官の一人である高平は、イタリアおよびオーストリア＝ハンガリー帝国の日本大使を経て外務次官を経験していた。ワシントンにおいては、実直で信頼できる人物という好印象をローズヴェルトに与えていた。小村と高平を補佐する随員には外務省政務局長、外務大臣秘書官の他に書記官数名、政治顧問、軍事顧問——アメリカ大使館付き海軍武官を含む——が選ばれた。この海軍武官はローズヴェルト大統領に個人的に柔道を教えてもいた。

　日本にはもう一人すばらしい人材がいた。交渉にあたって日本側が精力的に活用したこの人物は、代表団の正式なメンバーではない。しかし、日本の卓越した貴族金子堅太郎《かねこけんたろう》男爵は、日本側がローズヴェルト大統領に直接会って秘密事項を話し合う機会を必要とした時に、その役目を果たした。元閣僚の金子は天皇から高く評価されており、日本の支配階級の中枢にいる人物だった。ハーヴァード大学におけるローズヴェルトの同級生で、大統領とは多年にわたり親しい友人関係にあった。交渉期間中、金子は小村とローズヴェルトのあいだに立ってひそかに連絡をとり、講和成立に大いに貢献することになった。

　ローズヴェルトは交渉期間中の休戦を確保しようと尽力した。ロシア側は休戦を熱望していたが、日本側にしてみれば戦場での有利な立場を放棄する理由はなかった。「休戦について日本の同意を取りつけようと力を尽くしたが、果たして彼らはきっぱり拒絶した……。日本側は自分たちが望むものは何であれ武力で獲得できると確信しているが、その一方で、この和平交渉におけるロシア側の真の狙いについては深い不信の念を抱いている(24)」とローズヴェルトは書いている。休戦を宣言することには気乗り薄だったものの、日本軍は主要な前線で前進を停止したため、交渉は一息つけた。

日本の代表団は参内《さんだい》して天皇から勅語を賜《たまわ》ったのち、一九〇五年七月八日午後、アメリカ行きの〈ミネソタ〉に乗り込んだ。五〇〇〇人を超える人が沿道に出て一行を見送った。歓声をあげる人波は「万歳」の声に合わせて揺れた。東京の〈朝日新聞〉は「人々の興奮たるや……筆舌に尽くしがたいものだった(25)」と報じている。しかし、代表団一行は冷静だった。歓声が高まるなか小村は見送りに来た桂太郎首相を振り返り、「帰国する時には人々の反応はまったく逆でしょうね(26)」と予言するように言った。

それから二週間後、ロシア側代表団一行はニューヨーク行きのドイツ船〈カイゼル・ウィルヘルム・デル・グロッセ〉に乗り込んだ。ウィッテはこの航海を利用して随員たちと交流を深め、作戦を立てた。というのも、突然特命全権大使に任命されてからまだ二週間しかたっていなかったからだ。「この二週間はひどく興奮していたため、考えをうまくまとめられず間もなく直面する外交戦に対して準備ができなかった(27)」とウィッテは書いている。ロシア側交渉団は不安定な立場にあった。日本軍はロシア国内の重要な地域を攻撃できる距離のところにいた。ロシアを破局から救いたいのであればロシア側交渉団は、ロシア皇帝やサンクトペテルブルクの主戦派が受け入れることができる条件で日本側に合意させる方法を見つけねばならなかった。提案する価値のあるようなものはほとんどもっていなかったので、交渉担当者たちはこの航海中に急いで間に合わせねばならなかったのだ。

ウィッテに対する指示のなかでロシア皇帝は、ロシアが講和しなければならないような状況にあるとは思っていないと述べ、日本が過重な条件を要求するようであればいつでも戦争を再開すると明言していた。「ロシアの尊厳にふさわしい条件が提示されれば、わたしが始めたわけではない戦争を講和を結んで終結させる用意はある。ロシアが負けたとは考えていない。わが軍は健在であり、わたしはロシア軍を信じている(28)」。

八月八日、両国代表団はポーツマスに到着した。大統領は「彼らを冷たい水が湧く泉にまでは連れていった。彼らがその水を飲むかどうかはまだわからない(29)」と友人に語っている。また、「世界中の注目を浴びていること、この話し合いが不調に終われば世界中から非難されることもよく知っている。それでかまわない(30)」とも述べている。ポーツマスの町には歓迎の旗がひるがえり、両国代表団の馬車の周りには人垣ができた。世界中から一二〇を超える新聞社が特派員をポーツマスに派遣していた。ある随員は記者たちについて「連中は蚊のようだ。どうやっても逃れられない(31)」とこぼしている。両代表団一行はウェントワース・ホテルを宿舎とした。港を見下ろす丘の頂に立つ壮麗なヴィクトリア朝様式のリゾートホテルで、最近改修してゴルフコース、テニスコート、プールが併設されたところだった。五〇〇人を超す客で超満員だったため、ロシアの代

ニューハンプシャー州ニューキャッスル市のウェントワース・ホテル。ロシア、日本の全権団は条約交渉中ここを宿舎としていた（アメリカ議会図書館）

表団も日本の代表団も、旅行者・新聞記者・避暑客たちと入り混じる形でいくつもの階に分散していた。ウィッテは到着した晩の気持を次のように語っている。「苦しい憂鬱な時間だった。オリーブの枝を持たずに帰国すれば戦いが再開されるとよくわかっており、非常に重い責任を感じていた。関係当局からの情報によれば、もし戦いが再開すれば新たな悲劇が起こるだろうということだ。講和を結ばなければ、ロシア中から非難されるだろう(32)」。

両代表団がポーツマスに到着してから二日後の八月一〇日木曜日、ウィッテと小村は一回目の会談を開いた。関係者たちは早朝に起き、集まった新聞記者や会談の成功を願う人たちに見送られてウェントワースから海軍工廠へ向かった。形式的な手続きがすむと、部屋には「不気味な沈黙(33)」がただよった。謎めいた表情の小村が日本側の講和条件を記した書類を取り出し、「自分たちは世界平和と人類のため、日ロ両国のあいだに平和を取り戻したいと願ってここに来ている[34]」と宣言し、さらに「将来の対立を防止する」恒久平和を願っていると述べた[35]。それは講和条件次第である、とウィッテは答えた。彼は条件が穏当なものならば「両国間に揺るぎない友好関係が結ばれるよう」願っていたが、日本の条件が「暫定的な解決を図ろうという気持のみに基づいているのであれば、合意に達しない方がむしろ望ましい。戦争を継続すればまず間違いなく両国間によりよい関係を樹立する状況がもたらされるだろうから[36]」と考えていた。

日本の対ロシア講和条件は一二カ条からなっていた。その内容は以下のとおりである。日本の朝鮮に対する支配権の承認／鉄道、戦略都市旅順《りょじゅん》にくわえて満州の租借権《そしゃくけん》を放棄すること／ロシア沿岸の漁業権を日本に与えること／中立港に抑留中のロシア軍艦の引き渡し／太平洋におけるロシアの海軍力の恒久的制限／サハリン（樺太《からふと》）の割譲／戦費の賠償。東京を発つ前に小村は、日本側がはじめに提示する条件を三種類に等級づけした指示を受けていた。すなわち、絶対譲れないもの、ロシア側に受け入れさせることが望ましいもの、取引材料として提出するが断念してもかまわないもの、であった。第一のグループには、日本の朝鮮に対する支配権の承認、ロシア軍の満州からの撤退が含まれていた。これらは日本がそもそも開戦に踏み切った理由だった。第二のグループには、ロシア沿岸における漁業権を日本に認めること、中立港に逃げ込んだロシア軍艦の引き渡し、巨額の戦争賠償金支払い、サハリンの日本への割譲が入っていた。最後のグループは、他の条件をロシアにのませるために譲歩、断念してもかまわない名目だけのもので、太平洋におけるロシアの海軍力の制限、ウラジオストクの武装解除が含まれていた。政府が指示した講和条件等級づけは日本がこれまでに払った犠牲に見合わないと思った小村と高平は独断で重要な変更をいくつかくわえ、サハリンの割譲と賠償金の支払いを絶対に譲れないもののなかに入れた。ロシアが拒否すれば戦争再開もやむなしと考えた。日本側が提示した条件の厳しさはロシア側に衝撃を与えた。「日本側の講和条件は想像以上に厳しいものだった」[37]とロシア側の随員アントン・プランソンは嘆いている。

ウィッテは小村と高平がはったりをかけていると思っていた。日本には戦争を継続するだけの余力はなく、みかけよりもはるかに不利な立場にあるはずと確信していた。しかし、ウィッテ以外誰もそうは考えていなかった。ローズヴェルト大統領のように利害関係のない人たちや新聞の総体的見解は、戦場での日本側の優位をロシアは認めるべきというものだった。日本軍の勝利や世間一般の見解にもかかわらず、ウィッテは談判決裂もやむなしという瀬戸際的挑戦的な姿勢をとった。

日本側はしびれを切らし始めていた。八月一二日付の〈ニューヨーク・タイムズ〉は「攻撃命令を待つ大山」との見出しで、日本軍最高指揮官大山巌《おおやまいわお》元帥率いる日本軍がロシア軍の主要戦線に対して攻撃をかける準備をしているという記事を掲載した。六〇万の日本軍は、それをやや上回るロシア軍と場所によってはほんの九〇〇メートルの距離で対峙し、朝鮮から満州を経てウラジオストクまで一六〇〇キロ近く延びる前線上に展開していた。〈タイムズ〉は「今度の戦いは世界史上最大規模のものになりそうだ」と報じた。この記事によれば、戦闘が始まるかどうかは交渉如何にかかっていた。「日本軍最高指揮官の計画は完成しており、日本軍は態勢がととのっている。ポーツマスで会談が決裂したとの報せが入れば、即、攻撃を開始するつもりでいる」(38)。

当初、ウィッテと小村の話し合いは順調に進んだ。タバコの煙がただよう会議室で隅に置かれた扇風機が単調な音を響かせるなか、日本側の要求条件を順序だてて一条ずつ検討して第四条までは合意に達し、交渉に弾みをつけた。開かれた通商の原則を尊重することを約束し、朝鮮国内でのロシアの権益を守ることを保証したうえですでに日本が占領している朝鮮に対する日本の支配権について合意した。朝鮮の支配権は日本の安全にとってきわめて重要で、日本が開戦に踏み切った大きな要因の一つであった。満州から日本軍、ロシア軍が撤退し（満州は戦闘の中心地だった）、満州を清国政府へ返還することについても合意した。

彼らが最初に直面した障害は、天然資源に富む不毛で山の多い島サハリンの帰属に関することであった。面積が七万八〇〇〇平方キロでアイルランドとほぼ等しい大きさのこの島は、アムール川の河口に位置し、ロシア沿岸から八キロの距離にあり、日本最北端の島からは四八キロの海峡によって隔てられていた。地の利を得た戦略的要地であることにくわえ、広大な漁場、石炭や鉄のかなり大きな鉱床、地球上でも最大級の未開発埋蔵原油・天然ガスがあった。ロシアと日本両国は久しくこの島の領有権をめぐり争っており、この講和会議が始まって間もなく日本軍が占領した。ウィッテはサハリンに対する日本の所有権承認を拒み、国際法のもとでは占領している

ポーツマス会議で交渉の席に着いたロシアと日本の全権団。左手中央がウィッテ、小村は右手中央（アメリカ議会図書館）

ことは正当な所有権を与えるものではないと強く主張し、三〇年前に日本は日本沿岸沖にある島群クリル（千島）列島をすべて日本領とする代わりにサハリンをロシアに譲ったことを指摘した。「正当な条約上の権利に基づいてロシアが昔から所有してきたサハリンを武力で奪われることには断じて同意できない[39]」と主張した。

小村は、サハリンは日本にとってきわめて重要な地であると応じた。「サハリンは日本の安全のために日本にとって非常に重要だが、ロシアにとっては植民地的、経済的に重要だというにすぎない……日本にとっては国家の安全に絶対必要なものである[40]」。小村がロシアは既成事実を認めさえすればよいのだと述べると、ウィッテは日本のサハリン占領は事実だが正当なものではない状況と自分は見ていると応じた。どちらも譲らず、数日後、両者は両国の主張の隔たりは埋めがたいようだということで意見が一致し、他の条件の討議に移った。

そうこうするうちにサンクトペテルブルクの状況が変わり始めた。ウィッテの不在中に主戦派が勢力を強め、その強固な姿勢は皇帝にも影響を及ぼしていた。ロシアの民衆が新聞記事から日本の出した講和条件の内容を知るにつれ、ロシア全土で暴動が広がった。ウィッテは日本側の要求条件がどれほど不当なものかを示すことによってアメリカの世論を動かそうと考え新聞記者にこれを漏らしたのだが、ロシアの新聞が掲載し、条件の過酷さに憤慨したロシア国民がたちまち不信感を募らせたのは皮肉な話だった。サンクトペテルブルク駐在のイギリス大使は、「日本側の要求が新聞に載ったことで激しい反対運動が起きた。また、世論はそのような屈辱的な要求をのむくらいなら戦争を継続する方がましであるということで一致しているようだ[41]」と報告している。

サハリンに関する討議が行き詰まったので両国交渉団は他の条件について討議を進め、ロシアは満州にある鉄道のすでに日本が支配している部分を日本に譲渡すること、清国内で両国が支配している鉄道を軍事目的に使用しないこと、戦略都市旅順の日本占領を承認することで合意した。しかし、所詮《しょせん》これらは重要なことがらではなかった。

小村がどうしても譲れないと考えていた要求の一つは莫大な戦争賠償金支払いだったが、ロシアは頭から拒絶した。二つの要因がこの論争を動かしており、一つは財政上のもの、もう一つは文化的なものであった。日本は戦費を支払うために財源を使い果たしてしまい、莫大な負債を抱えていた。日本社会のあらゆる分野に増税と物価暴騰の悪影響が出ていた。戦費のすべてではないにせよその大部分は講和条件としてロシアが支払うだろうとの考えが国民のあいだに広まっており、政治家たちはこれを煽っていた。もちろんロシアは賠償金を支払う気などなかったし、日本政府はこの戦争でロシアの国庫も日本と同様に空になっているとは思い及ばなかった。

より深い観点から見れば、この問題は文化の相違に由来するものであった。アジアの外交交渉では賠償金の支払いは広く行われており、前世紀に東アジアで行われた大規模な戦争では例外なく敗戦国が戦勝国に賠償金を支払っていることを日本側はよく知っていた。これまでの戦いの経過と既成事実から、賠償要求は戦争の慣例に従った権利と日本側は考えていた。日本の立場で考えれば、日本が勝利を収めているにもかかわらず賠償金の支払いを拒むロシアの姿勢はひどい侮辱だった。ロシアは異なる見方をしていた。近年のシベリア横断鉄道建設までロシアは西側志向できており、ヨーロッパから知識を得ていた。ヨーロッパでは賠償金の支払いは滅多になく、国土を蹂躙《じゅうりん》され首都を占領された場合にのみ発生した。ロシア側は、本国から遠く離れた僻地の戦場で何度か敗北しただけで、戦争に敗れたとは考えていなかった。ロシアは日本以上に莫大な金をこの戦争に注ぎ込んでおり、ここでなぜ日本の戦費まで払わねばならないのか理由がわからなかった。

一週間以上会談を重ねても進展はなかった。ウィッテと小村は繰り返しサハリン割譲問題、賠償金支払い問題に立ち返ったが、どちらも譲歩しなかった。次第に焦ってきたローズヴェルト大統領は、「講和に関するこれらの協議をわたしの直接の監督下で行わせることができるといいのだが、さもなければこの問題をわたしに一任してもらえるといいのだが(42)」と妹に書き送っている。大統領は譲歩しようとしないウィッテを非難し、イギリスの友人に宛てた手紙のなかで手厳しく言及している。「戦争を継続できなかったロシアは、今度は講和を結ぶこともまったくできないようだ(43)」。

交渉が行き詰まったため小村は桂首相にわずかな譲歩をするつもりだと打電し、金子男爵には今一度ローズヴェルト大統領に会うよう依頼した。電報を受け取った金子は夜明けを待ってロングアイランド州オイスターベイへ急いだ。大統領の別荘サガモアヒルに着くと状況を説明して小村からの電文を見せ、意見を求めた。「この最新の情報からすると状況はきわめて厳しいようだ」とローズヴェルトは語った。「講和会議が決裂するかどうかは何とも言えない。この苦境をどう乗り切るか、考えがあればぜひ聞かせてもらいたい」。金子は「小村は領土の割譲および戦費賠償に関する要求を取り下げないでしょうし、ロシアの全権大使ウィッテもこれまでの立場を主張し、譲歩しないでしょう。目下の情勢では、閣下に最後の手段に訴えていただく以外打開する方法はないように思われます」と言った。ローズヴェルトは大きくうなずき、「わたしもそう思う」と答えた。「最後の手段をとろう。わたしからロシア皇帝に親電を送る。だが、そこまでする前に日本に譲歩するようウィッテに勧告しなければならない。ウィッテはロシア皇帝の全権大使だ。彼に何の働きかけもせずただちにロシア皇帝へ電報を送れば、感情を害するだろう。だから彼に勧告するため、ローゼンか誰かウィッテに信頼されている人間にここへ来るようまず電報を打ちたい(44)」。

電報を受け取ったローゼン男爵は、八月一九日土曜日の朝ボストン行きの列車に乗り、その日の午後早くオイスターベイに着いた。別荘を訪ねると、大統領は白いフランネルのズボンをはいてテニスの最中であった。白球を追いかけながらローズヴェルトは、妥協案の概略をつくりあげていた。ロシアはサハリンに対する領有権を放棄しないとしても、日本が占領しているサハリン全島の北半分を返還してもらう代償としてそれなりの金額を支払うことを検討してもよいのではないか。賠償金の問題はあとで国際調停に持ち込むことも可能だ。この案ならばロシアのプライドもそれほど傷つかず、日本は経済的な停滞を解消するために必要な金銭を獲得できるだろう。ウィッテは、そのような案は皇帝が絶対に受け入れないだろうと言い張りローズヴェルトの妥協案を即座に拒絶した。

ウェントワースに滞在するウィッテのもとに悪い知らせが届いた。ロシア外相ウラジミール・ラムスドルフからの電報には、サンクトペテルブルクにおいて皇帝が議長を務める国務院が日本の要求条件を拒絶することを満場一致で決めたとあった。その翌日には交渉打ち切り命令が打電されてきた。愕然としたウィッテはラムスドルフに時間の猶予を申し入れた。

ローズヴェルトは日本に賠償金要求を放棄するよう働きかけ、金子に「日本の賠償要求は適切でないと思う。日本はサハリン以外のロシア領土を占領しておらず、日本は今後ともサハリンを保有したいと考えている。ロシアは金銭の支払いには絶対に応じないだろうし、文明世界の感情としては、……支払いを拒むロシアの立場に共感するだろう(45)」と告げた。戦争が再開されれば日本はさらに数百万ドルの戦費を費やし、大量の血が流れ、欲しいとも思っていないシベリアを占領し、それでもロシアからは一銭の金ももらえないことになるだろう。「文明および人道のあらゆる観点から見て、たんに巨額の賠償金のためにこの戦争を継続することは許されない(46)」とも書いている。大統領はまたサンクトペテルブルク駐在アメリカ大使のマイヤーにロシア皇帝を訪ねるよう指示したが、会見できるのはどんなに早くても八月二三日だった。「上院議員たちに対処するのは時に癇癪《かんしゃく》を抑えるいい訓練になるが、今回の講和交渉者たちをさばくのはもっと大変だ。本当なら怒りをぶちまけ飛びかかり力ずくで道理をわからせたいのに、言わずとも明らかなことを懇切丁寧に思いやりをもって何度も説明しなければならない。この自己抑制が結局はわたしの人格形成の役に立つのだと自分を慰めているところだ(47)」。

ウィッテのもとにラムスドルフから、日本の立場に実質的な変化がなければ談判を打ち切るようにとの最後の指示が入った。ウィッテは、ローズヴェルトからの提案を皇帝が受け取るまで待ってもらいたいと訴えた。

八月二三日水曜日、行き詰まりの状態にある両国交渉団は、三日間休会してそれぞれ本国政府と協議し、また、マイヤーとロシア皇帝の会談の結果を待つことにした。ローズヴェルトはふたたび金子に対して日本側の要求を穏当にするよう求めた。「もう一年戦争が続けば、ロシアから受け取ることができるかもしれない額以上の金がかかるだろう」[48]と強調し、言葉を続けた。「道義的な見地から言えば、日本はこの交渉決裂の危機において、世界の人々に対して果たすべき義務を負っていると思う。文明世界は日本が講和することを期待している。世界各国は日本を信頼している。日本は軍事的な問題同様、倫理的な問題についても指導力を発揮してもらいたい。この訴えはすべての高潔な人々に代わってなされており、日本がこの訴えに耳を貸すよう希望する」[49]。

八月二三日午後四時過ぎ、マイヤーはローズヴェルトが考えた妥協案を提示するべくサンクトペテルブルクの宮殿で皇帝に謁し、今度も大統領親書を読み上げることから始めた。親書には「日本がサハリン北部をロシアに返還するつもりであると聞き、驚くと同時に喜んでおります。このような場合、日本側が占領している地域を放棄し、ロシア兵捕虜を返還することに対して、ロシアは相当の金額を支払うのが当然でしょう」とあり、次のように警告していた。「今回、講和条約が成立せず戦争が継続されれば、日本には財政上の負担がかかるでしょう。しかし最後には、過去三世紀にわたって勇敢なロシアの愛国者たちが勝ち取ってきたシベリア東部をロシアは奪われるでしょう」。大統領は事情が事情だけに日本側の提案がいかに寛大かを強調した。「サハリンは島ですから、正直なところ、ロシア海軍の惨状を考えればロシアがサハリンを奪回するのはまず無理でしょう。サハリン北部を確保できれば、ロシアにとって、ウラジオストクやシベリア東部の安全が保障されます。国家的な利益、軍事的な利益、広く人道的な観点を考慮すれば、今申し上げた線に沿って講和条約を締結することがロシアにとって賢明かつ妥当と思われます。陛下がこの見解を受け入れられることを祈念しております[50]」。

謁見は三時間近くに及んだ。話を聞き終えたロシア皇帝は、妥協案に賛成するよりはむしろロシア国民全体に訴え、自ら陣頭に立って満州に出陣するとマイヤーに告げたものの、捕虜となっているロシア兵の管理費用を弁償するべく「じゅうぶんな額[51]」を払うことを申し出、「サハリンについては、日本がかつて明確に所有権をもっていた部分[52]」を日本側が保有することを受け入れた。

ローズヴェルトの妥協案は実らなかったが、ロシアの立場にひびが入っていることはわかった。八月二四日、ロシア外相ラムスドルフはウィッテに、サハリン北半分の返還にあたってロシアが代償を払う必要がなければ、サハリン二分案を受け入れる用意があると打電した。これがロシアの最終提案だともあった。ローズヴェルトは金子男爵を通じて小村に対しても、サハリン北部返還に伴う代償金として要求している金額を半分に減らすよう圧力をかけた。

こうした圧力のために交渉団は悲鳴を上げ始めた。「緊張のしっぱなしで、誰もが外交的格闘の結末を待ち受け、相手側を注視している」とロシア側の随員は書いている。「大体において、皆ポーツマスにというよりむしろウェントワース・ホテルにうんざりしているのだ。ここは単調で外界から孤立している[53]」。ある新聞記者は「講和会議を顔にたとえれば、どうしてよいかわかならず憔悴《しょうすい》してやつれた表情を浮かべた顔だ」[54]と書いた。小村は彼独自の圧力に直面していた。ポーツマスを訪れていた日本の国会議員の一人が新聞記者たちに、「日本の国民感情は、……譲歩すれば小村は帰国してすぐにでも殺されるだろうというような状況だ」[55]と語った。

会議が決裂寸前となり、講和を成立させるのか戦争を継続するのか行方が定まらないなか、午後の会議に臨んだウィッテと小村は冷ややかに黙り込んだまま八分ほど相手の顔を凝視し、ひっきりなしにタバコを吸っていた。さらにまずいことには、ロシア皇帝はいったんマイヤーに語った譲歩案を撤回したようだった。ロシア外相がAP通信に、ロシアは当初の立場に立ち返り、賠償金の支払いもサハリン二分案もすべて拒否すると語ったのである。ローズヴェルトは交渉決裂を避けようと懸命であった。「皇帝陛下にはもう少し勧告させていただきたいのですが、ラムスドルフ伯爵はロシアは賠償金の支払いにも領土の割譲にも応じられないと語ったそうです。わたしとしては、戦争を継続するという明確な通知とみなさざるを得ません。戦争継続となれば日本が難儀するのは間違いのないところですが、ロシアも未曽有の打撃を受けるでしょう。皇帝陛下にはサハリンがすでに日本に占領されている以上、そのような声明は無意味であることをよくお考えいただきたいのです」[56]。この親書は何の効果ももたらさないだろうとローズヴェルトは思っていた。

だが、水面下で動きがあった。その日、小村のもとには本国の桂首相から、ローズヴェルトが提案する妥協案を支持するようにとの訓電が入っていたし、ロシア側の随員は日記に「われわれは非妥協的なこれまでの立場をきっぱりと捨て、サハリンの南半分を日本領とする案に応じるつもりでいる[57]」と記している。日本の戦争公債の重要な出資者であるジェイコブ・シフは、戦争継続に対する世論の反発の強さを重く考えて高平を訪ね、アメリカ、イギリス、ドイツの金融市場では戦争が終結しないかぎりこれ以上日本の公債は引き受けられないと伝えた。

八月二六日土曜日、ローズヴェルトが前日打電した電報を渡されたロシア皇帝は一言、「方針の変更はない[58]」と答えた。小村は東京に、次の会議で交渉を打ち切る決意を固めたと打電した。

ロシアは戦争再開の意をいよいよ強くしているように思われる。……本日の秘密会議でのウィッテの言葉から、ロシア皇帝が考えを変える見込みはいっさいないとの結論をくださざるを得ない。ロシア皇帝は……満州のロシア軍が現在では日本軍よりも優勢であり、満州での軍事情勢を大きく変える可能性はじゅうぶんにあるとみているようだ。したがって、現時点でロシア皇帝には講和条約を締結する意思がないものと断定せざるを得ない。したがって、……この交渉を打ち切る以外もはや他に取るべき道はないと思う[59]。

この電文は東京時間で八月二七日日曜日の午後九時頃東京に届いた。驚き慌てた日本政府は、次の会議を一日延期するよう小村に指示したのち閣議を開いた。会議は深夜まで続き、翌朝真っ先にふたたび招集された。

八月二八日月曜日、ウィッテのもとに皇帝から「何があっても明日で交渉を打ち切るように。日本側の寛大な譲歩を待つよりも戦争を継続する方がよい[60]」との最後の訓令が入った。

東京では閣僚たちが集まり協議していたが、この閣議は講和会議が決裂して戦争が再開されるから開かれているのだろうと考える人々が街頭で祝賀を催していた。閣議が終了し、天皇から決議に裁可を得たのち、日本政府は東京時間で午後八時三五分、小村に訓電を送った。そこには、「貴殿の交渉によって開戦の目的であった満州、朝鮮に関するより重要な問題が解決したので、樺太割譲、賠償金問題の二条件を放棄してでもこの際講和を成立させることと議決した[61]」とあった。小村は最終的な譲歩として、「ロシアが日本のサハリン占領を既成事実として承認することを条件に戦争賠償金の要求を完全に撤回してもよい」ことになった。さらに、「ロシア側の態度がそれでも変わらない場合には、ただちに談判を打ち切ってはいけない。その場合には、大統領に連絡をとり、最後の和平工作として樺太割譲条件を撤回するよう勧告してもらい、人道と平和のためにその勧告を受け入れる形にせよ。大統領が調停者として動かない場合は、大日本帝国政府最後の譲歩として樺太割譲条件を撤回せよ。つまるところ、大日本帝国政府は本交渉中に講和条約を締結させることが何としても必要であると決定した[62]」。

この最終訓令がポーツマスの小村に向けて発信されてから、局面を一変させる情報が東京に入った。イギリスはロシア外務省内に信頼できる諜報員をおいていた。偶然東京駐在のイギリス大使館職員と顔を合わせた日本外務省の通信局長石井菊次郎《いしいきくじろう》子爵は、八月二三日に行われたマイヤ

ポーツマス条約によりサハリン（樺太）島はロシアと日本が分有することとなった。また、日本は朝鮮に対する支配権、ロシア北東部沿岸の漁業権、その他の利権を獲得した。（ニューハンプシャー日米協会および Map Works の許可を得て転載。詳細については www.portsmouthpeacetreaty.com で閲覧可能）

ーとロシア皇帝の会見の模様、皇帝がサハリン二分案を受け入れる意向であることを知った。報告を受けた桂首相は石井に感謝すると同時にこの情報が間違っていたら切腹してもらうと告げた。日本政府は、樺太全島放棄という譲歩を取り消し、同島の北半分のみを放棄するという修正訓電を急いで発した。

「交渉再開前日は非常に緊張した」とウィッテは書いている。「ポーツマス市民は皆満州の戦場で今後もこれまでどおり血が流れるか否かという恐ろしい問題に間もなく決着がつくことを知っていた。ベッドに入ったが、明日はどういうことになるのか、日本側が本国からどのような指示を受け取っているのかわからなかった……。心は乱れ……不安な悪夢のような一夜を過ごし、すすり泣きながら祈った」(63)。

八月二九日の朝、両代表団が海軍工廠に到着すると、辺りには重苦しい空気がただよった。どちらも荷物をまとめホテルの清算も済ませていた。ローズヴェルト大統領は講和会議が決裂し戦争が継続されることを報道関係者に知らせる声明書の草稿を書いていた。

本国からの訓令を無視してもう一度日本側との交渉に臨んだウィッテは、テーブルに一枚の紙を置き、ロシアの最終譲歩が記されていると語った。ロシアの最終譲歩案はそれまでよりも厳しい内容で、サハリンに関する賠償金はいっさい支払わないというものだった。小村はウィッテに、ロシアがサハリンに対する領有権を放棄するならば日本は賠償金要求を撤回すると告げた。ウィッテはこれを拒絶した。ウィッテが無表情で紙を引き裂いたあとしばし部屋は静まり返り、小村は表情一つ変えずに座っていた。やがて小村が沈黙を破り穏やかな声で、日本は賠償金要求を撤回しサハリン北半分をロシアに譲渡すると述べた。ウィッテはこれを受諾した。賭けは成功したのだ。

ロシア皇帝ニコライ二世のもとには翌晩報告が入った。皇帝は日記に「今夜ウィッテから和平交渉が妥結したとの連絡が入った。そのあとはずっと頭がくらくらしていた」(64)と記している。それから六日後の九月五日、ウィッテと小村男爵は条約に調印した。出席者は両国の代表団一行とアメリカ側関係者数名というこぢんまりとした式典だった。条約は一〇月一四日にロシアの皇帝と日本の天皇それぞれに裁可され、一一月二五日にワシントンで条約の批准書が交換された。

ウィッテの粘り強さは報われた。小村のはったりに立ち向かい、圧力をかけられても譲歩せず、危うく戦争を再開させかねないところだった。だが、彼の大胆さは報われた。最終的に合意がなった講和条約はロシアが覚悟していたよりも有利なものだった。

ポーツマスで成立したこの条約によって少なくとも二五万人の命が救われたと推定される。この条約により日本は鉄道や北太平洋沿岸のロシア領海における漁業権にくわえて朝鮮、遼東半島、サハリン島南半分の支配権を獲得した。ロシア、日本両国は、それぞれの軍を満州から撤退させることで合意した。この条約が締結されたおかげでロシアは国を破滅させかねない長期戦をせずにすみ、またロシアが放棄したものは日本がすでに手にしていたものにすぎなかった。日本は交渉の場でかなりの目標を放棄したが、ポーツマス条約により大国としての地位が保証され、アジアにおける強国としての地位が確立された。

条約締結の報告を受けたローズヴェルトは、「すばらしい！　ロシアにとっても日本にとっても、そしてわたしにとっても非常にすばらしいことだ！」(65)と大声をあげた。世界中から称賛と祝福が寄せられた。講和成立の知らせを聞くなりローマ法王ピウス一〇世は、「人生最高の報告だ。ローズヴェルト大統領の勇気に感謝する」(66)と語った。

日本国内の反応は異なっていた。東京では黒い弔旗が街路に掲げられ、日本の株式市場は暴落した。〈大阪毎日新聞〉は社説に「一年半に及ぶ戦いと一〇万人の犠牲」が「二週間の外交交渉で無価値になった」[67]と書いた。日本の新聞各紙は天皇に対しては講和条約の破棄を、満州の日本軍に対しては戦闘継続を求めた。新聞も政治家も閣僚の暗殺を公然と主張した。

暴動が日本全土に広がった。三万人あまりの暴徒が三日間にわたって東京で暴れまわると、騒《そう》擾《じょう》はたちまち他の主要都市に飛び火した。当局は全国に戒厳令を敷き、数千人を逮捕してようやく騒動は鎮まった。桂内閣は講和条約の内容とその結果としての騒擾事件の責任をとり一九〇六年一月に総辞職した。

講和条約成立に対するロシアの反応は日本にくらべて静かだった。ロシア皇帝は全権大使に背かれたショックから立ち直ると、日本から「当然の譲歩」を勝ち取り「非常に有利な講和条約」[68]を結んだウィッテの手腕を表彰して伯爵に叙した。

ロシア皇帝ニコライ二世はその後もロシアを治めたが、九年後に第一次世界大戦が勃発すると参戦してロシア革命を招いた。一九一七年三月に退位したのちはウラル山脈東麓にあるエカテリンブルクに移され、一九一八年七月一七日午前、監禁先の地下室で家族とともに処刑された。ウィッテはポーツマスから帰国して間もなく首相に就任した。一九〇七年には暗殺されかけたが危うく難を逃れ、それから八年後に天寿をまっとうした。小村は各地で相次ぐ騒擾《そうじょう》事件を受けて桂内閣が総辞職したのちイギリス大使となり、次いでふたたび外相に就任した。

ローズヴェルトはポーツマスで講和条約を成立させたことから「ナポレオン以降最高に皇帝扱

いに長けた人」[69]と呼ばれるようになった。報道関係者はローズヴェルトを「巨人の戦いにおける偉大な勝利者」[70]と呼んだ。ロシア側のある随員は会議中にローズヴェルトに接した経験をのちに次のように書いている。

われわれロシア人はローズヴェルトの言葉を深刻に受け止めずにポーツマスに来たが、アメリカを去る頃にはポーツマス滞在期間中、自分たちが世界でも特に強い影響力をもつ人物のそばにいたのだと認識していた。無礼なほどせっかちだと思っていた人物は、穏やかで、親切で、自制心のある気配りの人だった。これは、真に偉大な人物にしかできないことだ。[71]

この講和を斡旋した功績によりローズヴェルトは一九〇六年、アメリカ人として初めてノーベル平和賞を受賞した。「多数の兵士の剣を鞘に収めた」[72]というのが受賞理由だった。彼は賞は受けたが、日露戦争の停戦仲介は大統領の地位にいたおかげでできた仕事だとの思いから賞金は辞退した。それについては息子たちに次のような手紙を書いている。「ドン・キホーテ的馬鹿な真似をするのは嫌いだし、何よりもいつかお前たちのものになるとわかっている金をいりませんとは言いたくない。しかし、母さんと話し合った結果……日本とロシアを和解させた功績に対する賞金を受け取るわけにはいかないということになった。両国の講和を斡旋できたのはわたしが大統領だったからにすぎないからだ[73]」。

ローズヴェルト大統領は、太平洋における日本の競争相手としてのロシアを駆逐すれば、やがて日本とアメリカのあいだで戦争が起きるだろうと予測していた。アメリカが勝利を収めるだろうが「その戦いは史上空前の悲惨なものになるだろう」。しかし、「平和を確立するのがわたしの務めだ……。未来のことは未来に任せなくては」と書いている。[74]

第5章 パリ講和会議 1919年

一九一八年一一月一一日、ドイツと連合国――イギリス、フランス、イタリア、アメリカ合衆国――のあいだで休戦協定が結ばれ、第一次世界大戦は終わった。勃発してから終結するまでの五年間に戦火は世界各地に広がり、ヨーロッパでは四〇〇〇万人が血を流した。戦争の爪痕に苦しむ人々は、高揚感と希望の入り混じった気持で和平交渉に期待を寄せていた。イギリス首相デイヴィッド・ロイド・ジョージは、休戦を布告しながら、人々のあいだに広くいきわたっていた感情をうまく表現している。「この運命を決する朝ですべての戦争に終止符が打たれる、と言って差し支えないだろう(1)」。

講和会議で討議される対象およびその範囲はこれまでにない規模だった。大戦以前の世界各地の境界線がこの会議において引き直されることになっており、地理学的にも、政治的にも、社会的にも、経済的にも大きな変革が生じると予想されていた。ロシア帝国、ドイツ帝国、オーストリア＝ハンガリー帝国、オスマン帝国の崩壊により、中世以来ヨーロッパを支配してきた帝国という統治形態は一掃された。それに代わって、長らく抑え込まれていた民族主義的野望が戦時中に連合国の繰り出した約束に助長され、バルト海から中東にかけて広まり定着した。

経済的には勝った側も敗れた側も崩壊していた。産業は軍が必要とする分野に特化されていたし、生産活動に従事すべき年齢の人口は前線に送られ失われていた。戦争による損壊は生産の崩壊を引き起こしていたのだ。ドイツと中央ヨーロッパは大規模な食糧不足に悩まされ始めており、ほんの数カ月差でフランスがそのあとに続いていた。ヨーロッパ各国は次々に食糧不足に陥り、絶望していた。

フランスの破壊された教会内に設けられたアメリカ軍野戦病院（アメリカ議会図書館）

一九一九年一月、講和条件をまとめ荒廃から新しい体制をつくりだすべく、連合国およびその盟邦の指導者たちがパリに集まった。世界の人口の四分の三に相当する二七カ国が参加を要請された。主要国は期待に胸をふくらませてやってきた。これらの国々はドイツに打ち勝つために払った人命・財貨の犠牲に苦しんでおり、ドイツと妥協しないという点では結束していた。しかし、本当のところは重要な違いがひそんでいた。彼らを非常に効果的に結束させていた戦時の圧力が消えてしまい、各国の相容れない利害や未来への展望が明らかになってきたのである。

代表団の規模とその顔ぶれの仰々しさは、この講和会議にかけるそれぞれの国の野望を反映していた。イギリス、フランス、イタリアの代表団主席は首相であったし、イギリスとアメリカの代表団はそれぞれ数百人規模であった。

この講和会議に自ら出席するというウッドロー・ウィルソン大統領の決断は、側近から反対されていた。ドイツに対する戦闘行為が停止された翌日、ウィルソン政権のロバート・ランシング国務長官は日記に次のように記している。

　今日の午後ホワイトハウスで講和会議について話し合った。会議に出席するという大統領の計画は賢明ではなくむしろ間違っていると思うと率直に告げた。……そして次のように指摘した。大統領は現在世界でもっとも影響力のある立場を占めているのに、外国の政治指導者たちと協議を始めたらその立場を失うのではないだろうか。アメリカに留まっていても講和条件を指示しようと思えばできるだろう。議会が大統領の指示を特に必要としているときに国をあければ、国内で厳しく批判されるだろう。海外から国政をつかさどるのは大変だ。(2)

ランシングはこうも書いている。「大統領は生涯最大の失敗をしつつあるのだとわたしは確信している。名声は台無しになるだろう。……パリでは苦労するだろう。アメリカでの苦労よりもずっとひどいものだ。アメリカ大統領がいるべき場所はここ、アメリカだ」(3)。

アメリカ政府は前もってじゅうぶんな準備をしていた。一九一七年秋、「大調査《インクワイアリ》」と呼ばれる秘密計画が立ち上げられた。一二六人の地理学者、歴史学者、経済学者、科学者、弁護士が集められ、戦争が終結した段階で出てきそうな問題を予測したのである。彼らの出した結論を受けてウィルソンは旧式外交を土台から揺るがすことになる新しい方針をとろうと決意した。

休戦が成立する一〇カ月前、ウィルソン大統領は上下両院合同会議で演説し、自分の考える和平構想をくわしく説明した。広くアメリカおよび連合国側の人々に呼びかけ、この何年にもわたる血なまぐさい戦争のあとには、道徳的目的を持った良識を復活させようと一つの提案を行った。それは、公開性・平等公平・集団安全保障を基盤とした新しい国際機構設立計画であり、そこには今大戦の敗戦国側も参加を求められるというものであった。ウィルソンの一四カ条は、紛争の解決を目的とする国際機関の設立、海洋の自由航行、普遍的自由貿易、相互軍備縮小、住民の意向に基づく領土問題処理をうたっていた。この演説は、領土的利害よりもむしろ道徳的見地からのアメリカの立場を確立した。

アメリカ使節団は一九一八年一二月一四日、パリに到着した。団長はウィルソンだった。アメリカの大統領が任期中にヨーロッパを訪れるのはこれが初めてで、一〇万もの群衆が出迎えた。

問題点を把握していたにもかかわらず、アメリカ代表団の人たちはパリに着いたら何をすべきかほとんど考えていなかった。彼らが出発前に受けた指示は一つだけで、「一九一八年一二月三日の夜一〇時一五分、ホーボーケンで〈ジョージ・ワシントン〉に乗船するように。大統領が翌朝九時に乗り込み次第ただちに出航する」というものだった。航海中、国務長官が交渉団を前に演説し、「自分はこの代表団の編成計画についても今後の行動予定についても何も知らない」と打ち明け、アメリカの取り組みを「壮大な即興」と表現して人々を不安がらせた。戦略の欠如に対する不安が一行のあいだに広がった。主要メンバーのタスカー・ブリス将軍は次のように書いている。「アメリカ代表団の目的や考えが非常に漠然としていると知り、不安を覚えた。われわれはこれからヨーロッパでも特に狡猾な政治家たちと対決する。彼らの考えや目的があいまいだとかぼんやりしているということはまずないだろう」。将軍の読みは当たっていた。

ウィルソンが対決した政治家たちは万事に抜かりなく準備しており、自分たちが求めているもの、それを手に入れる手段についてもはっきり知っていた。彼らはウィルソンが唱える高尚な理想主義に共感しておらず、ウィルソンの提案を胡散臭いと思っていた。ヨーロッパの列強は、ドイツから賠償金を搾り取りたいという思いと、手枷足枷をドイツにはめ、疲弊させ、解体しなければいつの日かふたたび立ち上がるのではないかという不安に駆られていた。ロイド・ジョージはイギリス史上最多の票を獲得して選挙に勝利したところだった。イギリスはドイツから「鐚銭《びたせん》最後の一枚まで」取り上げる、そのためには「ドイツ人のポケットの中まで探すつもりだ」との

パリ講和会議に参加したヨーロッパ各国の代表。左からフェルディナン・フォッシュ元帥、フランス首相ジョルジュ・クレマンソー、イギリス首相ディヴィッド・ロイド・ジョージ、イタリア首相ヴィットーリオ・オルランド、イタリア外相シドニー・ソンニーノ男爵（アメリカ議会図書館）

キャンペーンによるものであった。閣僚の一人は誇らしげに「われわれはドイツというレモンの最後の一滴まで搾り取るつもりだ[8]」と言っていたが、フランスの大蔵大臣はフランスの国家予算の均衡を図り、ドイツからの賠償金で国の負債を清算すると約束していた。

　フランス首相ジョルジュ・クレマンソー、イギリス首相ロイド・ジョージ、イタリア首相ヴィットーリオ・オルランドなどウィルソンが顔を合わせた老練な政治家たちはじゅうぶんな情報をもち、自信に満ち溢れ、強情で世慣れていた。フランスでトラの異名を奉られていたクレマンソーは喧嘩好きだった。若い頃、決闘をして刑務所に入れられたことがあった。医者としての教育を受けたが、急進的な新聞の編集をもっぱらの職業とし、国会議員になってからは政治的天分に磨きをかけた。権力を握る前は政治的壊し屋として名を馳せ、一八回にわたり内閣を辞任に追いやっている。講和会議が行われた時は二度目の首相在任中だった。一度目は一九〇六年から〇九年である。「勝利の父」としても称賛されていたクレマンソーは権力の絶頂にあり、下院の信任投票で三対一という圧倒的多数で再選されたばかりだった。八〇歳という高齢にもかかわらず講和会議中は毎日午前三時に起き、夜は一一時過ぎまで仕事をすることもしばしばだった。ランシング国務長官はこのフランスの政治指導者について次のように書いている。

四巨頭のなかでクレマンソー氏は……わたしの見るところ、ひときわ目立つ人物だ。パリにおけるこの交渉に参加している多くの手強い連中のなかでも最強だ。……強烈な個性と説得力のある話ぶりにおいて他国の首脳たちより抜きんでている。強情だが根気強く、つねに臨戦態勢にあり、ここぞという時に、討論において手腕を発揮し、フランスの利益になるような決定を勝ち取っている。あらゆる問題をフランスにどのような影響があるかというその一点から見ている。(9)

ロイド・ジョージは一八九〇年に最年少で下院議員に初当選し、その後は大蔵大臣、軍需大臣、陸軍大臣を歴任していた。ウィルソンのような実直さ、クレマンソーのような狡猾さには欠けていたが、強力なカリスマ性を備えていた。他国の首脳たちがすぐに気づいたのは、「ロイド・ジョージに好意をもたずにいるのは無理だ」ということだった。「快活な態度、陽気な性格、どんな時も変わらない優しさ、楽しいユーモア」[10]は、すばやく周囲を惹きつけ、驚くほどの好印象を与えていた。

四巨頭の最後はオルランドだった。各国首脳のなかで彼の強みは雄弁と思考の明快さだった。何の準備もないまま突然始まる討論において、オルランドほど簡潔明瞭で包括的な意見を述べられる首脳はいなかった。だが、残念ながら英語ができないため、参加するのはイタリアに直接影響する問題にかぎられていた。

イタリアがパリに出てきたのは、戦争中、ドイツ、オーストリアとの三国同盟を捨て連合国側に立って参戦する代償として連合国が提示した約束を果たしてもらうためだった。一九一五年に締結されたロンドン条約でイタリアは、オーストリア＝ハンガリー帝国の一部、アドリア海沿岸地域（ダルマティア沿岸を含む）、ドイツのアフリカ植民地、オスマン帝国の一部の獲得を保証されていた。オルランドは会議に出席し、約束の貫徹を迫った。イタリアは約束されていた以外の地域についても、南はアルバニア沿岸までを自国領土に加えたいと狙っていた。パリ講和会議を経済的利益と領土拡大の好機とみていたのだ。最終的にはアドリア海沿岸地帯を支配して地中海の先まで勢力範囲を広げ、大国にふさわしい領土を得ようとしていた。

彼らを迎えたパリは荒廃し、昔の面影はほとんど残っていなかった。市内では石炭や燃料がほとんど手に入らず、バターも店頭には滅多に並ばなかった。そして、必需品の値段はたいていのパリ市民には手が届かなかった。乗り物は見つかったとしても通常の三倍から四倍の費用がかかり、パリ講和会議中、ホテルの宿泊料金は通常の二倍、三倍に跳ね上がった。各国代表団は贅沢に暮らしており（さまざまなものが欠乏しているなかで、あるアメリカ代表団員は妻に、「こんなに贅沢な生活は初めてだ」(11)と手紙を書いている）、交渉期間中に代表団や代表団員を訪ねてくる人々が使った金額はフランスの貿易収支額を上回るほどで各国代表団を宿泊させることは大きなビジネスとなった。

オーストラリア首相ビリー・ヒューズは次のように書いている。「われわれは伝統あるこのすばらしいパリにいる。世界を平和にするという非常に友好的な目的のために、教養のある人や多少なりともある人がごたまぜに大勢集められたのだ」(12)。パリから車を一日走らせたあたりでかなりの戦闘が行われたという事実（マルヌ会戦、一九一四年九月～一二月）や自分たちを迎えてくれているフランスがこの講和会議の結果にはっきりした希望を抱いているということを参加代表団の人たちはよくわかっていた。「患者の口うるさいおばさんたちが全員集められた舞踏室で手術する外科医になったような気がした」(13)とあるイギリス代表団員は書いている。

アメリカ代表団はマキシムというキャバレーの上の階に事務所を構えた。数百人のアメリカ代表団には、五名の代表団理事に対する補佐役を含めて、国際法、経済学、財政、食料、労働、海運、軍事、海軍事務に関する専門アドヴァイザーも入っていた。アメリカ代表団の宿舎は豪華なクリヨン・ホテルだった。一八世紀パリ衰退期を象徴する建物で、一七五八年にルイ一五世がパリ中心部コンコルド広場に通じるシャンゼリゼの正面に建てたものだ。マリー・アントワネットはここを贔屓《ひいき》にし、人をもてなすのによく使った。大広間には一七世紀につくられたタペストリーが何枚も飾られ、金箔と金襴で装飾された家具の他にルイ一六世が使用したチェストや椅子が置かれていた。アメリカ代表団は一〇三の客室と四四のスイートルームを使用し、終戦直後のパリの現実とはかけ離れた贅沢な生活を送っていた。イギリス代表団はクリヨン・ホテルに負けず劣らず高級でパリ市内でも特に大きなマジェスティック・ホテルを占有し、近くのアストリア・ホテルを事務所として使った。その他の国の代表団はパリ市内のあちこちのホテルに分散した。

各国代表団がパリに到着してから第一回の会議が開かれるまで一カ月以上間があった。宿舎に落ち着くのに時間がかかったという事情もあるが、これはウィルソンの到着を歓迎する一般大衆の熱狂的な興奮を静めようというクレマンソーの作戦だった。公正な平和を熱烈に提唱することによりウィルソンは国際的な有名人になっていた。イギリスの経済学者ジョン・メイナード・ケインズは、「ワシントンを発つ時、すでに、ウィルソンの威望と徳望は歴史上比肩するものがないほど世界中に広がっていた」(14)と述べている。

巨頭たちはパリに到着するとさっそくお互いに品定めを始めた。ウィルソンが到着してから交渉が始まるまでのあいだ、ロイド・ジョージ、クレマンソー、ウィルソンは非公式に会談してそれぞれの立場を主張した。ウィルソンは影響力をもつ未知の人物であり、イギリス首相、フランス首相は自分たちが相手にしているのがどのような人間なのか知りたがった。ロイド・ジョージは「ヨーロッパ各国の指導者はいずれもウィルソン大統領の人となりや目的、要求を知りたいと考えていた[15]」と書いている。

ウィルソンと接触する機会が一番少なかったクレマンソーは特に慎重だった。ロイド・ジョージによると、「クレマンソーは農場に入り込んだ胡散臭い犬から目を離さない老練な番犬のように、ウィルソンの動向を追っていた[16]」。

当初、連合国は仮調停の条件を決めたらドイツを招いて話し合うつもりでいたが、自分たちのなかで見解をまとめるという課題は、誰もが考えていたよりはるかに大変だった。連合国は、ウィーン会議におけるフランスの外交的勝利からも教訓を引き出しており、パリ講和会議でドイツに同じ真似をさせるつもりはなかった。ドイツに休戦を認めさせた連合国は、自分たちを勝者と考えていた。だが、ドイツは打ちのめされてはいたが、屈してはいなかった。どの情報から見てもドイツは戦争遂行力こそ枯渇していたが、その兵力と国境はこれまでと変わらず、ドイツ国民は負けを認めていなかった。

二七カ国すべての代表が参加して講和会議総会を開くのは非現実的なので、方針決定権は四大国および日本の首脳とその外務大臣で構成される一〇人委員会に与えられた（日本の代表は、西園寺公望元首相と牧野伸顕元外相）。この秘密会議はケードルセーにあるフランス外務省内で開かれた。会議場となったのはフランス外務大臣ステファン・ピションの壮麗な私室だった。丸天井から重いシャンデリアがさがり、壁にはルーヴル美術館に収蔵されているルーベンス作《マリー・ド・メディシスの生涯》をもとにつくられたタペストリーがかかり、その周りをドーリア式の重厚な鏡板が囲んでいた。正面ドアには戯《たわむ》れる天使が彫られ、植木がきれいに刈り込まれた庭園に面する二枚の大窓には重厚な緑絹のカーテンがかけられていた。部屋の中央に簡素な帝政様式のテーブルが置かれ、クレマンソーは丸太が音を立てて燃える大きな暖炉を背に椅子にかけていた。その周りに他の首脳と外務大臣が座り、そのうしろには大勢の専門家や補佐官、秘書が控えていた。

講和会議に提出された問題は膨大な数になり、連合国の指導者たちが自ら詳細に調査するのは無理な話だった。より体系的な取り組み方が必要で、現代の戦争と平和に対して機械的に対処しようとする熱意を反映し、交渉者たちは工業的な解決方法をとることにした。解決すべき問題はいくつかの専門家委員会に割り振られ、そこから小委員会に委託された。小委員会は関係者の証言を聞き、報告書を作成した。会期中、五八の委員会が結成され、一六〇〇回にも及ぶ公式会合が開かれた。

いわゆる一四カ条のなかでウィルソンがもっとも重視していたのは国際連盟の設立だった。この国際連盟のなかに国際問題に関する賢者の石があると考えていた。諸国間の関係を調和させ、領土紛争を解決し、いさかいが戦争として爆発する前にこれに取り組む組織である。ウィルソンは、国際連盟がこの講和の他の分野における弱点を補うことも期待していた。それは、この条約にあとから訂正されるような不備があっても仕方のないことだと考えているかのようであった。妻には、「誤りが次々に国際連盟に持ち込まれるだろう。国際連盟は小国も大国もすべての国が来ることのできる常設の手形交換所のような役割を果たすだろう[17]」と話している。ウィルソンは国際連盟を「この講和における合意全体に対する鍵[18]」と呼び、国際連盟はわれわれが現在取り上げている領土問題・経済問題・軍事問題・その他の問題に優先するものでありドイツとの平和条約のなかに含まれるべきものであると主張した。あるアメリカ代表団員の言葉を借りれば、ウィルソンは国際連盟を「このパリ講和条約を過去に締結されたさまざまな講和条約から区別する明確な偉業とみなしていた。過去の講和条約は、結果として、いつも民族主義的対立や戦争を引き起こしていた[19]」。国際連盟は人類にとっての新しい憲法のようなものになるはずだった。

ウィルソン以外はかなり懐疑的であった。意見を求められたクレマンソーは、「国際連盟は気に入っているが、信じてはいない[20]」と答えた。アメリカの国務長官ですら、人間の本性の闇の部分に対してじゅうぶん備えているのだろうかと疑っていた。ランシングは「国際連盟には利他的な協調が多すぎる。国家的な欲望や相互不信がまったく考慮されていない。国際関係を支配しているのはこうしたものなのに。国際連盟というのは高尚な考えかもしれないが、現実には合致していない[21]」と書いている。

まず手をつけるべきは国際連盟だったので、一月二五日、全体会議はウィルソンを委員長とする国際連盟委員会を設けた。委員は四大国および日本からそれぞれ二名、小国から九名の一九人だった。最初の会合は二月三日に開かれ、それ以降、委員たちはウィルソン大統領の顧問であり腹心の友でもあるエドワード・ハウス大佐が滞在するクリヨン・ホテルの三階に毎日集まり、彼が食堂として使っている部屋で赤いテーブルクロスのかかった大きな木製テーブルの周囲に座った。各委員のうしろには通訳が控えていた。ウィルソンとハウスは、ウィルソンが一カ月間の帰国を予定している二月一四日前に国際連盟規約の草案を作成してしまおうと、昼も夜も奮闘した。常識はずれの短い時間だった。

ハウスは次のように書いている。ウィルソン大統領は「わたしがこれまで出会ったことがないような気難しく複雑な一面をもっていた」[22]。非常に頑固で、深い道徳的識見を秘めているが、執念深く私怨にひどくこだわるところもあった。アメリカの参戦を決定したのはウィルソンだった。彼は、自分とアメリカ国民がこの参戦が正当なものであったと納得するためには、従来の勢力均衡による国際秩序に代わって倫理的行動という普遍的原則で運営される国際機構を創出することがどうしても必要だと確信していた。

ウィルソンに従って国際連盟構想を背後から支えていたのはハウスだった。控え目な態度をとっていたので、彼がこの会議を牛耳っている事実は誰にもわからなかった。番狂わせがないようにするのもハウスの大事な役割だった。ハウスは「問題のあるところを前もって調べ、事態が悪化する前に片付けるようにしている」[23]と述べている。周囲から敬意を表してテキサスの大佐と呼ばれていたハウスは、官職にある政府高官とは別のかたちで大統領に強い影響力をもつ顧問であった。このような不思議なかたちの大統領顧問は、アメリカ史に時折登場する。ウィルソンが大統領に当選した時、希望する閣僚ポストを提供すると言われたが、ハウスはいつでもどこでも大統領と一緒に働けるようこの申し出を断った。公職についていないハウスの権力は、もっぱらウィルソンに対する影響力に基づいていた。その影響力たるや徹底しており、ハウスはホワイトハウスに居住区を与えられていた。

国際連盟設立という非常に大胆な企てに対して、アメリカの交渉担当者たちは驚くほど準備ができていなかった。ウィルソンは自分の提案について非常にあいまいな枠組みしか考えておらず、国際連盟委員会で最初の草案を発表すると、ロイド・ジョージに「粗雑で整理されていない(24)」として退けられた。

彼らは熱心に作業を進め、ハウスは二月二日の日記に「ディヴィッド・ミラー［アメリカの法律顧問］が国際連盟規約の改訂版をもってきた。彼は午前四時過ぎまで徹夜し、朝の八時半に作業を再開して草稿を完成させ、午後には印刷したものを大統領やわたしに提出してくれた。おかげで明日の会合までにざっと目を通すことができた(25)」と書いている。彼らは大きな希望を抱いていた。翌日、ハウスは次のように書いている。「わたしの部屋に委員が全員集まって会合が開かれた。……この部屋はひょっとすると、人間性に関するこれまでに書かれたことがないような非常に重要な文書を作成する舞台になるのかもしれないと思わずにはいられなかった(26)」。

フランスの代表者たちは特に厄介だった。彼らは国際連盟が自分たちを守ってくれるとは思っていなかったし、ウィルソンの威勢のいい言葉にも懐疑的だった。フランスの議事妨害と議事引き延ばし戦術にウィルソンは当惑し、主治医に「フランスの代表たちはまったく手に負えない。

ひたすらしゃべり、すでに徹底的に検討して決着がついている点を何度も蒸し返そうとする[27]」と語った。クレマンソーは国際連盟を、フランスにもっと直接的な利益をもたらす問題と交換するための取引材料とみなしていた。「諸君は譲歩してよし」とクレマンソーは国際連盟委員会に出席するフランスの委員たちに指示した。「かまわない。諸君が後退すればわたしはライン川についてさらなる保障を要求できる[28]」。

二月九日、国際連盟委員会の場で多くの出席者、特にフランス人とイタリア人が「長々と演説して」議事進行を遅らせていることを憂慮していたウィルソンは、「明確化委員会」なるものを設置するという巧妙な解決策を考え出した。やたらとしゃべる委員たちをメンバーとするこの委員会は、国際連盟委員会とは別に会合を開き、互いに心ゆくまでしゃべるので、それ以外の人たちは草稿づくりに専念できた。これで議事の進行速度はかなり早くなった。

フランスは国際連盟に常設の国際連盟軍をもたせ、国際連盟の決定に強制力を付与しようとしたが、イギリスとアメリカは自国の軍隊の一部を他国の管理下に置くと考えるだけで気色ばんだ。「憲法違反であり、不可能だ[29]」というのがウィルソンの返事だった。

二月一一日、ウィルソンは国際連盟の実行制御下にある国際軍をつくってくれというフランスの要求を再度断固として拒んだ。ウィルソンはアメリカ合衆国憲法はそのような自国の主権侵害を認めないと重ねて言い、イギリスのロバート・セシルはイギリスの場合も同様だと述べた。フランスはアメリカ、イギリスに反対されても、国際連盟軍をもつことによって国際連盟は初めて生命が吹き込まれ、実際的な組織になると考え、一歩も引かなかった。会合は夜一二時少し前に険悪な雰囲気で終了した。

委員たちは二日後の二月一三日午後に再度集まった。明日にはウィルソンがパリを発つのに、二六ある規約のうち承認されているのは六つだけだった。その晩、ハウスは次のように書いている。

今日は特筆すべき一日だった。午後は大統領が出席できなかったのでロバート・セシル卿に議長をお願いした。われわれは議事録をつくることにした。大変喜ばしいことに午後六時半過ぎにには残っていた二一の規約ができあがった。……ロバート卿は午後に何度か採決を行い討論を打ち切った。今夜は八時半にもう一度集まることになっていたのだが、集まらなくてよくなった。七時過ぎに大統領に電話を入れて終わったと報告したところ、とても驚きながらも喜んでくれた。(30)

会合を一〇回開いただけで最終草案ができあがった。国際連盟規約は二六カ条で、次の機関が設置された。全加盟国による総会。五つの常任理事国（イギリス、フランス、イタリア、日本、アメリカ）および三年ごとに総会で選挙される任期三年の四つの非常任理事国で構成される理事会。事務総長をトップとする執行委員会。理事会は、世界平和に影響を及ぼす問題を提起する広範な権限をもっていた。ほとんどの重要な決定は全会一致でなければならなかった。国際連盟軍も強制的武装解除も強制的調停もなかったが、規約には常設国際司法裁判所についての条項や労働条件の改善を目的とする国際労働機関結成も盛り込まれていた。

二月一四日、ウィルソンは講和会議総会でこの国際連盟規約案を発表した。大統領は心から満足しており、「今回の戦争から恐ろしい出来事がいろいろと生じたが、すばらしいことも生じた(31)」と語った。規約案を示してから三時間後、大統領は帰国の途についていた。

「世界の平和を守る手段となるよう期待されている国際連盟の設立にかかった実際の時間は三〇時間であった(32)」と〈ニューヨーク・ヘラルド〉は報じている。多くの人は作業の進め方があまりにも早すぎたと思った。規約原案を見る機会があったランシング国務長官は、「原案に目を通すにつれて嫌になった(33)」と書いている。規約原案に不満を述べたのが原因でランシング国務長官とウィルソン大統領のあいだに埋まることのない溝ができた。ランシングは次のように書いている。

世界憲法――支持者たちはこの規約をそのように眺めているのでこう呼ぶのだが――が一日間で申し分なく、もしくはそつなく起草できるとたとえ一瞬でも思うことは、個々人があらかじめこの主題についてどんなに慎重に考えていようと、解決すべき問題に対する認識がまったく欠けていることを明白に示しているように思われる。そうでないとすれば、この仕事にあたった人たちが自分たちの才能や知識・分別に異常なまでの自信をもっていることを示していると言えよう。アメリカ合衆国憲法を起草した協議会で行われた学術的かつ包括的議論、そして、提案する条項を一語一語厳しく検討するのに何カ月も費やしたことを、二月一四日の発表に先立って国際連盟委員会は一〇回しか会合を開いていないこと、そして、規約の内容や用語について数時間しか討議していないこととくらべれば、国際連盟委員会の作成した規約が粗悪であるのは間違いない。いずれかならず欠陥が見つかるだろう。[34]

それから五日後の二月一九日、とんでもない事態が交渉を襲った。精神的に不安定なフランス人無政府主義者がクレマンソーの車めがけて後方から銃弾を七発撃ち込んだのだ。一発は胸に当たったが、わずかに心臓を外れていた。

このフランスのトラは次の日には自宅の庭を散策し、二週間もしないうちに仕事に復帰したが、銃弾は体内に残ったままだった。療養中、クレマンソーは自分を殺そうとした男の射撃の腕前について冗談を飛ばしていた。「歴史上例を見ない悲惨な戦争に勝利したばかりだというのに、このフランス人ときたら至近距離から発砲して七回のうち六回も的を外している。もちろん凶器を不用意に使用した罪と射撃の腕がお粗末な罪で罰を受けなくてはならないな」[35]。そうは言ってもこれは情勢が不安定であること、間違いが許される余地はほとんどないことを強く示す大事件だった。本人は強がっていたが怪我がこたえているのは明らかで、ウィルソンやロイド・ジョージを含めて多くの人はクレマンソーが元どおりになることはあるまいと思った。

二月一〇日、ロイド・ジョージはパリを発って一時的にロンドンに戻り、不穏な空気がただよう労働問題に対処した。クレマンソーは療養中、ウィルソンとロイド・ジョージはそれぞれ一時帰国中ということで、重大な決定は三人が戻ってくるまで延期された。彼らの不在中はイギリスの外務大臣アーサー・バルフォアやハウス大佐のような脇役が代わりを務め、話し合いを進めた。

戦いが終結したので連合国はすばやく動員を解除し、現場で起きるさまざまな事件を仕切る能力を縮小していった。アメリカだけで毎月三〇万以上の兵士を船で帰還させていた。支配・管理する人間がいないので混乱がヨーロッパ全土に広がっていた。「地獄が解き放たれ、時間を有効に使っていた(36)」とロイド・ジョージは書いている。ハンガリーとバイエルンでは革命が起きた。ポーランドはロシアに宣戦布告し、ロシアは内戦状態に陥っていた。ルーマニアはハンガリーに戦争を仕掛けた。多年にわたる些細な確執によるものや他国の領土を奪ってパリ講和会議の結果を自国に有利なものにしようとするものなどヨーロッパ各地で小規模の戦争が次々に勃発した。

いたるところで物が不足していた。ウィーンの産院では綿布が足りないため新生児を古新聞で包んでいた。イギリスの専門家は、ボヘミアでは「ミルクと乳脂肪製品がまったく足りないので赤ん坊のおよそ二割が死んだ状態で生まれ、およそ四割は生まれて一カ月以内に死んでしまう(37)」と書いている。

ウィルソンとハウスは一四カ条の講和原則に沿って復讐心にとらわれずにドイツと講和条約を結ぼうとしたが、クレマンソーとロイド・ジョージには別の優先事項があった。ウィルソンの理想主義とヨーロッパ政界常習の利己主義とのあいだの決定的な戦いの舞台がととのった。ドイツとの講和条約の大きな柱は軍備縮小、賠償、領土割譲の三つで、まず軍備縮小から取りかかった。

一八一八年一一月に結ばれた休戦協定には、ドイツの軍隊および装備を大幅に削減する旨が明記されており、ドイツはすでに艦船、航空機、戦車、砲、機関銃など保有していた兵器の大半を連合国に引き渡していた。ドイツ軍は戦場において陣地を放棄し戦時編成を解いていたが、連合国はドイツに軍国主義が復活しないよう軍備縮小をさらに推し進め、ドイツ軍国主義を支える力を削ぐつもりでいることを明らかにした。

軍事委員会は条件草案を準備するのに三週間かけた。多くの点で連合国の意見は一致していた。ドイツが保有する航空戦力、戦車、装甲車、重砲、飛行船、潜水艦は連合国が永久的に没収する。ライン川以西および東岸にある要塞すべてを北海にある海上要塞とともに破壊する。現在保有している兵器、弾薬も破壊する。ドイツ国内で今後兵器を製造できるのはいくつかの指定工場のみとする。

フェルディナン・フォッシュ元帥をトップとするフランスの軍事顧問たちは、戦前には一一〇〇万を超えていたドイツ軍兵力を、期間一年の国民皆兵制に基づく一四万以下まで削減することを提案した。イギリスの首席軍事顧問ヘンリー・ウィルソン将軍は、それではすぐに出動できる経験豊かな予備兵力が大量にできてしまうのではないかと心配し、志願兵二〇万からなる職業軍人常備軍を提案した。この提案にはフランス側が不安を覚えた。職業軍人からなる軍団はいずれ大きな軍隊の中核になるのではないかと思ったのだ。

ロイド・ジョージとクレマンソーは、ドイツ陸軍は志願制で兵力一〇万という妥協案を考えた。これに対してウィルソン将軍は、「わたしが主張する原則は採用されたが、兵数については退けられた。フォッシュは兵数についてはその主張が認められたが、原則は通らなかった。じつに見事な決着だ(38)」と不満を述べている。ドイツの参謀本部は解消され、ドイツ海軍が保有できるのは巡洋艦六隻のほか小型船舶数隻に制限された。また、潜水艦や航空機、戦車、重砲など攻撃用兵器の保有を禁じられた。

交渉者たちは続いて厄介な賠償問題の検討に移った。賠償をめぐる議論にアメリカ財務省を代表して参加した銀行家のトマス・ラモントは、「賠償問題は、パリ講和会議において、この講和条約の他のどんな部分よりも、混乱・論争・悪感情を引き起こし会議を遅滞させた(39)」と語っている。

総力戦であり先進工業国間の戦争であるというこの大戦の新しい二つの特徴の相乗効果によって、参戦した各国軍隊が有する破壊力はかつてないほどのものとなった。この戦争では各国の軍隊がヨーロッパ各地の町や村を容赦なく破壊した。ヨーロッパの復興には巨額の資金が必要だったが、連合国にそんな金はなく、ドイツがその費用を支払うべきであるというのが連合国の一致した意見だった。ウィルソンでさえこの問題についてはドイツに対して珍しく強硬な態度を示し、「過ちを犯した国を打ちすえるだけではじゅうぶんでない。ドイツと同じようなことをやりそうなすべての国に対して、卑劣なことを企てれば今度は自分たちが打ち破られ恥をかくという警告をつけくわえておく必要がある[40]」と述べた。

連合国は驚くような金額を請求した。フランスとベルギーはそれぞれ戦前の資産を上回る額を要求した。フランスは二二〇〇億ドルを五五年かけて払うよう要求したが、ロイド・ジョージは「それではドイツの労働者を二代にわたってわれわれの奴隷にすることになる[41]」と注意した。ロイド・ジョージが驚いたことに、「フランス人たちは、時間をかければドイツが全額払えると確信していると断言した。フランスの大蔵大臣クロッツはこれについて何の疑念も示さなかった。彼は非情な男で、金銭に関するかぎり現金以外まるで念頭になかった。巨額の賠償金を要求すれば、ドイツ国民が苦しみフランスとドイツの昔からの確執が生き続け、また新たな反目が生まれヨーロッパで社会不安が誘発されるという見通しにも、まったく動じなかった[42]」。

フランスは、かつてドイツが過酷な講和条件を課した事実に触れたが、これにはもっともなところがある。革命で消耗したロシアはパリ講和会議が開催される一年前にドイツに和睦を求めた（ブレスト・リトフスク条約、一九一八年三月）。この時ドイツは慈悲をかけず、ロシアからロシアの人口の三分の一、産業の半分、炭坑の一〇分の九の他に巨額の賠償金を搾り取っていた。

戦争による本当の被害額は誰も知らなかった。被害額の見積もりを担当する専門家は、適切な査定には二年かかるだろうと考えていたが、ヴェルサイユでは数週間のうちに決定されるだろうとドイツ側は覚悟していた。近代経済学理論の祖であるジョン・メイナード・ケインズを首席財政顧問としていたイギリスは、イギリスの賠償要求総額をフランスの半額、アメリカはイギリスの要求額の五分の一とすることを提案した。だが、連合国に与えた損害に匹敵するような額をドイツが補償できないのは明らかだった。この戦争でドイツの財政は破綻していた。ヨーロッパ復興資金を調達するどころか自国民を養うことすらできない状態だった。「彼らは子供たちが積み木で遊ぶように、数十億という数字をもて遊んでいる。いくらで合意しようと何の役にも立たない。ドイツにはそんな莫大な金など払えないのだから(43)」とある新聞記者は連合国の要求について書いている。経済問題を議論する場で、「ウィルソンはまったく影響力を行使していない。本人いわく『経済問題にはあまり関心がない』のだそうだ(44)」とロイド・ジョージはこぼしている。

ロイド・ジョージとクレマンソーはいつの間にか手の施しようがない事態に陥っていた。ロイド・ジョージはハウスに、「戦費や賠償金などの問題について国民をごまかしてきたことに対するもっともらしい理由(45)」を述べ立てなければならないのだと認めた。また、「ドイツがイギリスやフランスの求める損害賠償をまったく払えないことはわかっている(46)」とも言った。イギリスのある交渉者は自分たちの苦しい立場を「要求額が低すぎればドイツは喜んで支払い、連合国はわずかしか得るところがないだろう。要求額が高すぎればドイツは支払いを放棄し、連合国は何も得られないだろう(47)」と語った。

この問題は検討すればするほど紛糾した。ドイツの手元に現金はほとんどなかった。没収した美術品、車両、植民地、その他の動産を含めても賠償金が支払われるのには時間がかかるだろう。

賠償金を全額支払うためにはドイツは連合国と貿易取引を行い、輸出超過の状態を定着させなければならないだろう。ドイツからの輸入が多くなればなるほど連合国内の製造業は空洞化し、連合国の通貨価値が低下するだろう。元大蔵大臣で国際金融の循環性を理解していたロイド・ジョージは、「双方に損害を与えることなく、ある国から他国への返済を取り立てることができる上限について、関係する国々の政府に参考になるような経験は存在していなかった[48]」と書いている。これは好奇心をそそる難問だった。ドイツから豊かな地域をより多く奪いたいという多くの連合国の強い感情と矛盾していた。あるアメリカ代表は次のようにわかりやすく言っている。「ドイツは製品を輸出することによってのみ賠償金を支払える。連合国に賠償金を支払えるよう、ドイツには金儲けを認めなければならない。誰かに一〇〇万ドル貸していたら、その男にナイフを突き立てたりはしないだろう[49]」。

休戦協定には、ドイツは非軍事的な社会基盤施設や非戦闘員に与えた損害を賠償しなければならないとのみ規定されていた。連合国内部での賠償金の配分に影響するため、連合国はこの損害をどう定義するか特に神経質になっていた。一例として、ベルギー代表は、ベルギー以外の連合国が戦費すべてを含めることに反対した。もっとも広範囲にわたって物的損害を受けたのはフランスだったが、イギリスは自国の産業基盤を戦争努力にあてており、これに対する賠償金をもらうのは当然だと考えていた。賠償金の取り分を確保するためイギリス代表たちは損害の定義を拡大し、イギリス軍兵士、戦時に総動員された労働者への年金も賠償に含めるよう主張した。

交渉者たちは自分たちの討議が世間の目に触れないよう用心していた。アメリカのランシング国務長官は、「皆内緒話をしているようだ。大事なことは内々でしか言わない。公開の会議は前もって打ち合わせられている。形ばかりでおざなりだ。本当の合意や協定は非公開の場で決められている[50]」とこぼしている。

非公開会議の現場は雑然としていた。何しろ各国首相、外務大臣、補佐官その他当局者などが五〇人も詰めているのだ。「すべてが非常にざっくばらんで、皆しゃべりたい時にしゃべった[51]」とあるアメリカ代表は書いている。ランシングは会議中、いつも絵を描いていた。たいていは風刺画と奇怪な人物画だった。一枚描き終えると床に落とし、次の絵に取りかかった。「ロイド・ジョージもそのうまさに舌を巻き、『たいしたものだ、一枚もらえるかな、じつに見事だ』と頼んだ。そしてもらうとそっとたたんで大事そうにポケットにしまっていた[52]」とその場に居合わせた人物はのちに語っている。イタリアの外務大臣ソンニーノ男爵とクレマンソーはよく居眠りをしていた。場の雰囲気を明るくしていたのは、一つには公式通訳者ポール・マントゥーの手際のよさだった。「彼は杓子定規に通訳するのではなく、生き生きとした表現を付与していた[53]」とあるアメリカ代表はのちに語っている。

しかし、二月下旬には広がっていた希望が薄れて会議は混乱し予定どおりに進まなくなり、賠償問題も領土割譲に関する重要な問題も暗礁に乗り上げたままだった。あるアメリカ代表は、「この講和会議の困ったところは議事次第が整理されていないことだ。下位の人間が処理すべきことがら――細部を詰めるとか実務的な話し合いなど――が一〇人委員会に持ち込まれて委員たちの時間をとってしまい彼らを当惑させている[54]」と嘆いている。イギリスの外務大臣バルフォア卿は同僚に次のように警告している。「最終的な講和に向けた話し合いが誰の目にも明らかにもたついているため、どこの国も漠然と苛立ちを募らせている」。そして「焦りが生み出す危険をまったく無視するのはおろかだろう[55]」。主たる原因は統制がとれていないことだった。ハウスは「彼らが結論を出せないでいる主な理由は、系統立てて議論しないからだ」と二月下旬の日記に記し、「政治指導者たちの最大の失敗はどのように話し合いを進めるのかあらかじめ計画を立てなかったところにある[56]」とつけくわえている。政治家たちは話し合いの速度を上げ、一〇人委員会は各委員会に対して三月八日までに報告書をまとめるよう指示した。

ウィルソンにとって国際連盟創設がもっとも重要な問題であるように、クレマンソーとフランスにとってドイツの国境をどうするかは非常に重要だった。それ以外の要求はすべて二義的な問題だった。「彼らにとってこれは勝利の木からもぎ取る価値のある唯一の果実だった[57]」とロイド・ジョージは述べている。五〇年間に二度占領されたフランス（二度目は普仏戦争、一八七〇～七一年）は、ドイツに対して幻想を抱いていなかった。フランスが強く要求したのは、ライン川西岸のドイツ領土をドイツから削り、緩衝国を創設することだった。ライン共和国とも呼ぶべきこの新しい国家は、完全な自治権をもつがドイツのいかなる連邦にくわわることも禁じられ、連合国軍が恒久的に占領することになるというものであった。フランスは賠償金支払い免除など寛大な措置をとれば、住民は大部分がドイツ系であるがフランスになびくだろうと考えていた。クレマンソーはドイツを分割したいという意向をまったく隠さず、ドイツを分割して独立共和国をいくつもつくればなおいいと率直に認めていた。

イギリスとアメリカは反対し、そんなことをすれば四〇〇万のドイツ人が意思に反して故国から切り離されるし、ウィルソンが掲げる民族自決の原則をあからさまに侮辱するものだと指摘した。しかし、フランスにとってはウィルソンの高尚な原則よりも物理的安全確保の方が安心できるものであった。「フランスが考えていることは一つだけであり、それは軍事的脅威から国を守るということだ[58]」とハウスは二月九日の日記に記している。

クレマンソーは、ドイツがフランスの炭坑の大部分を計画的に破壊したことへの賠償として、またフランスが経済活動を再開できるように、ザール渓谷の石炭鉱床も強く要求した。フランス国境に近い石炭資源豊かなこの地方の石炭産出量は、戦前、ドイツの石炭生産量の八パーセントを占めていた。イギリスとアメリカは反対し、露骨な領土強奪要求に啞然とした。

ドイツの東部国境も議論の的になった。これはポーランド復活という繰り返し出てくる問題と密接に関連していた。一八一五年のウィーン会議で、ポーランドはロシア、プロイセン、オーストリアに併合され、その存在は一〇〇年以上地図から消されていたが、ポーランドの文化と独自性はそのまま残っており、少数の我慢強い愛国者たちは再統一の夢をもち続けていた。もともとあった場所にポーランドを復活させ、外国の支配下で暮らしている三〇〇〇万のポーランド人に自由を与える機会がついに訪れたのだ。ウィルソンは一四カ条のなかでポーランドの復活に言及しており、フランスはドイツ東部国境にドイツに対する強力な均衡勢力が出現する可能性に興奮した。ロイド・ジョージは、「フランスの外交方針は昔から一つのもっとも重要な目的に支配されている――それはドイツの弱体化とドイツに対抗する国の強化である[59]」と述べている。

中央ヨーロッパや東ヨーロッパの大部分と同様、この地方には、明確な境界はないのだが、さまざまな民族が混じり合っていた。大部分が平坦な地形で、天然の境界はほとんどなかった。ポーランド代表団の大望はロシア、ドイツ、チェコスロヴァキアの広い地域にまたがっており、この要求にはポーランド復活支持者たちですら困惑した。「連合国から提供された自由という名の美酒に酔ったポーランド人は、またしても中央ヨーロッパの無力な女王を気取っていた[60]」とロイド・ジョージは書いている。ポーランド代表たちは民族自決の原則を無視し、ウクライナ、リトアニアの大部分とロシアの一部からなるガリチア地方を要求した。ウィルソンは一〇人委員会で、「ワシントンで［ポーランド代表者たち］と会った。あなた方の言うポーランドとは何か定義してもらいたいと頼むと、地球のかなりの部分をポーランド領とする地図をよこした[61]」と述べている。

ポーランドが海への出口を確保することは特に難しかった。ポーランドの輸出品の九割は海上輸送を利用して送り出されており、バルト海への出口はダンツィヒ（現在ポーランドのグダニスク）だった。ここはポーランド人が多数を占めている大きな港湾都市であったが、ドイツ人が多い地域に囲まれていた。ダンツィヒをポーランドと結ぶには、ドイツのいくつかの州に深く切り込みを入れ、ドイツ語を話す二〇〇万の住民をポーランドの主権に入れるしかなかった。

ウィルソンは三月一四日に戻ってきた。その不在中、ポーランド代表にはいかなる言質も与えられていなかったが、ウィルソンは議論が一四カ条の原則からすっかり乖離してしまっていることに衝撃を受けた。賠償問題で連合国に譲歩し、ライン共和国の実現性を受け入れ、さらなる妥協も受け入れる気になっているハウスを見て、裏切られたと思った。ウィルソンは妻に、「ハウスはわたしがパリを発つ前に獲得したものをすべて放棄してしまった。いたるところで妥協したので、もう一度はじめからやらなくてはならない(62)」とこぼした。

ウィルソンの復帰と速度を上げる必要性から議論の形式が大きく変わった。討議すべき問題がますます複雑になり緊張が高まるにつれ、出席者が多すぎる一〇人委員会では果断な決定をすみやかにくだすことができないことがはっきりしてきた。常時五〇人ほどが詰めているので意志決定に手間取り、また外部に漏れる恐れがあるため率直な話し合いがなかなかできなかった。イギリス代表団のハロルド・ニコルソンは父親に次のように書いている。「会議の状況は急速に悪化している……。どうでもいいような問題が続々と寄せられので、一〇人委員会はその役目を果たせていない(63)」。そこでウィルソン、クレマンソー、ロイド・ジョージ、オルランドは外務大臣抜きで四人だけで会うことにした。いわゆる四人委員会である。日本代表団は首相、元首ではなかったので、極東に関わる問題を除いてこの委員会から締め出された。

イギリスの閣僚として交渉に参加していたウィンストン・チャーチルは、クレマンソーは「このところずっと喧嘩相手に恵まれていなかった[64]」が、ウィルソンが戻ってきたので「戦闘準備がととのい長らく待っていた意地のぶつけあいがようやく始められる[65]」と書いている。一方で、アメリカの立場は弱くなっていた。帰国中ウィルソン大統領は、国際連盟規約が上院に批准されるためには大幅な変更、特にモンロー主義を考慮した修正が必要であることに気づいた。そして、それと引き換えに一四カ条の原則の多くについてヨーロッパに譲歩しなければならないことが明らかになった。合意形成に向けて圧力が高まってくると、ハウスは歩み寄りが必要ならばさっさと妥協した方がよいと考えた。ウィルソンがパリに戻った日の日記には、「できるだけ早くドイツと講和をという思いからわたしは動いている[66]」と記している。しかし、話はなかなかまとまらなかった。三月二〇日、ウィルソン、ロイド・ジョージ、クレマンソーが会合をもったあとで、ハウスはクレマンソーに会議はどんな具合だったかと尋ねた。クレマンソーは、「申し分ない。すべてについて意見が合わない[67]」と答えた。

アメリカ代表団の主要メンバーの一人チャールズ・セイモアは、この交渉を相反する展望の衝突とみなしていた。「決闘というよりむしろ乱闘だった。各国の代表は、平和を確かなものにするべく各国独自の方式を主張し、それを保証するものを確保しようともがいていたのだ。全員の狙いは一つだった――四年にわたった世界的な荒廃が繰り返されないようにするというものだ。直面している問題が国ごとに違うから、そのための方策は当然ながら違っていた[68]」。

三月三一日の週になると会話は「非常に張りつめた雰囲気を帯びるようになり」[69]、ロイド・ジョージとクレマンソーの関係は険悪になっていた。あるイギリス代表は簡潔に、「フランスはドイツに対する防波堤としてライン川沿いの地帯を欲しがっている。われわれはその地域をフランスに割譲することを拒んでいる」[70]と述べている。

三月二八日、ウィルソンはフランスのザール併合を拒否した。これでクレマンソーの堪忍袋の緒《お》が切れた。ハウスは、「どうやら以前から予想されていたことがついに現実のものになったようだ」[71]と書いている。ウィルソンはクレマンソーに、休戦協定を結ぶまでザールのことなど誰も聞いていないと言い、クレマンソーはウィルソンを親ドイツ的だと非難した。ウィルソンは「そうすると、フランスは望みがかなえられなければ、われわれに協調するつもりはないということだ。その場合にはわたしをアメリカに帰らせたいのか？」と尋ねた。クレマンソーは「帰国してもらいたいなんて思っていない。しかし、わたしは帰らせてもらう」[72]と言い、怒って部屋を出ていった。

翌朝、ウィルソンはアメリカ代表団を呼び集め、次のように言った。

諸君を呼び出したのは他でもない、手を貸してもらいたいと思ったからだ。困ったことになった。事情はこうだ。フランスはライン川左岸全体を欲しがっている。クレマンソー氏にそのような問題解決には同意できないと話すと、先方は非常に興奮しザール盆地の領有権を要求してきた。三〇万のドイツ人をフランスに引き渡すことになるので、その要求ものめないと突っぱねた。……クレマンソー氏とまた会うかどうかはわからない。今日の午後の会議に彼が戻ってくるかどうかもわからない。いや、それどころか講和会議が引き続き行われるかどうかも定かでない。(73)

クレマンソーはすぐに落ち着きを取り戻し、フランスが交換条件として使えるものをすべて用意して話し合いに復帰し、ウィルソンとふたたびやりあった。四月の第一週にすべての問題がいっせいにヤマ場を迎えた。ザールとラインラントをめぐりフランスもアメリカもそれぞれの見解を主張して譲らず、フランスは、ドイツが三〇年かけて払う賠償金に限度を設けようとするアメリカの試みを拒否した。イギリスはそれまでアメリカと協調していたが、ここにきて立場を変えアメリカと対立するフランスと手を組んだ。「合意に達するのももう間もなくのようだ(74)」とハウスが思った瞬間、合意はするりとさらに遠くへ逃げていった。ハウスは腹を立てて次のように述べている。

午後がすっかり無駄になってしまった。何も決まらなかった。最初から最後までずっと同じ問題について話し合っていた。どんな起草委員会でももう少しうまくできるだろう。これだからこの講和会議の運営手続き全体に腹が立つのだ。彼らは太い線で絵を描くのではなく、エッチング版画のように描いている。世界が戦火に包まれていなければそれもいいだろうが、このような時期に、そのような手法で多様かつ複雑な多くの問題を扱いながら講和条約を作成するのは自滅的と言っていい[75]。

ウィルソンもハウスもしびれを切らしており、アメリカがさらに譲歩すれば新たな要求が出てくるだけではないかと心配していた。スペイン風邪で寝込んだウィルソンは顧問たちとともに、イギリス、フランス、イタリア各国の首相が一四カ条の原則に調和する講和条約作成に賛成しないかぎりアメリカは交渉から手を引くと決めた。ハウスは四月六日日曜日の午後の様子を次のように書いている。「わたしは適当に間をおいて病室に出入りし、大統領に会議の進行状況を逐一報告した。……週末になっても合意に至らない場合には、講和条約として、アメリカが調印するつもりでいるものがどのようなものであるのかという声明書を大統領が作成し、アメリカの考えに歩み寄れないならばアメリカはただちに帰国するので、あとは連合国が自分たちに都合のいい講和条約草案をつくればいいと通告してはどうかと言ってみた。わたしの提案は、これをできるだけ穏やかに、しかしきっぱりとやってはどうかというものだった[76]」。翌朝、ウィルソン大統領は帰国したいので〈ジョージ・ワシントン〉をフランスにさし向けてもらいたいと外電を打った。

クレマンソーとロイド・ジョージはウィルソンに帰らないでくれと頼み込んだ。あなたが帰国してしまったらとんでもないことになると指摘し、これからは柔軟になると誓った。たいして時間はかからなかった。大事な国際連盟の創設がかかっており、その具体的成果に向けて大変な精力を注ぎ込んできているので、今さら立ち去るわけにはいかなかった。クレマンソーたちの言葉を聞いて心がほぐれたウィルソンはその日の午後、四人委員会に復帰した。そして間もなくこれまでの主張を後退させ始めた。

連合国の指導者たちは、賠償総額については後日大国の代表を含む委員会が決定すること、ドイツは寛大な措置を請う権利をもつことを決定した。ハウスは、「賠償問題について仮の合意ができてじつに喜ばしい。大統領は思っていた以上に譲歩したが、必要以上にはしていないと思う(77)」と書いている。ウィルソンにとっては痛くも痒くもない妥協だったが、ドイツは白紙小切手に署名しなければならない立場に追い込まれた。これは、ウィルソンが目指していた講和の核心となる原則の放棄を象徴するものであり、このあと譲歩が次々に行われた。

ウィルソンは当初、ザールをドイツから切り離すことについての話し合いを拒否していた。フランスがザールの炭坑を所有することは認めるところまでは譲歩したが、主権はこれまでどおりドイツにあるとしての話だった。ロイド・ジョージはザールをフランスに併合するのではなく「ルクセンブルクのような」中立国にするという妥協案を出した。それに対してウィルソンは、フランスにザールの行政権を与えるのではなく、ドイツの主権を一五年間停止し、その間、行政委員会を組織しこれが国際連盟の下で権限を行使する案を出した。一五年後に住民投票でフランス、ドイツのどちらに帰属するのかを決定するというものであった。

ラインラントをドイツから切り離すことについては、ウィルソンは断固たる態度を崩していなかったが、この領域を連合国軍が一五年間にわたって占領することに同意した。「大統領はフランスが出してきた案を聞いて、特に五年ごと三回の占領については渋い顔をしたが、全面的に認めた[78]」とハウスは書いている。ラインラントをドイツに留めることに対するフランスの不安を和らげるためにウィルソンとロイド・ジョージは、万一ドイツが攻撃してきた場合、アメリカとイギリスがフランスを防衛するという保証をつけた。ドイツの軍備縮小、連合国軍のラインラント占領と併せて、これでクレマンソーはじゅうぶん満足した。見返りとして、ウィルソンは望んでいた国際連盟規約の修正案を受け取った。

ウィルソンが譲歩するにつれて、ウィルソンは一四カ条を棄てたという非難が広まった。「ウィルソンは国際連盟規約を自分が行動する目的・理由だと思っていたのに、その契約の箱を手にする前に大事な一四カ条を次々に犠牲にしてしまった[79]」とイギリス代表団の主要メンバーは書いている。

いかに多くの決定が受け入れられたか、何度反対意見を撤回したか、いまいましい第一九条［国際連盟による合意の修正を認めている条項］の保証のもとに何度誤りを見逃したかを見積もることは不可能である。「それにしてもこの決断は馬鹿げているし、不当に思われる」とわれわれはとかく考えがちだった。「しかし、講和条約案の完成をさらにもう数日遅らせるよりも、できあがったものにわたしは同意する。今この案を支持している人たちにも思慮が足りないところはすぐにはっきりとわかるだろう。その時には第一九条に頼ればいい」。一四カ条からの後退のほとんどについて、ウィルソン大統領は「この規約が正してくれる」[80]と考えて良心と折り合いをつけていたと確信している。

ウィルソンがヨーロッパの立場に譲歩した陰にはもっと日常的な力も働いていた。イギリス代表団の一人は次のように述べている。「ウィルソン大統領を崩壊させたものは、ありふれたやり取りのなかに込められていた絶え間ない圧力にすぎなかった。彼は他国の首脳の提案にかたっぱしから異を唱えていた。各国の首脳は絶え間ない意見の衝突にウィルソンが大変な苦痛を感じていることをよく認識していた――そして必然的に彼らはこのように発生した状況を利用した」[81]。

ドイツに提示する直前になって、連合国が苦労してどうにかまとめた講和条約案がひっくり返りそうになった。突然、一一時間にわたってイタリア代表団が講釈を始め、ロンドン条約で約束されていた地域の他にアドリア海周辺に追加の領土を得られなければ、対ドイツ講和条約に調印しないと言い出した。イタリア代表団はアドリア海の重要な港フィウメを要求した。ロンドン条約ではフィウメはクロアチアに与えられることになっていた。クロアチア自体は新たにつくられたユーゴスラヴィアに合併されており、フィウメはこのできたばかりの脆弱な国が経済的に生き残るために絶対必要だと考えられていた。

ウィルソンはロンドン条約を嫌っており——ロンドン条約が調印されたのはアメリカが参戦する前だった——、フィウメをイタリアに与えるという考えは、自分が変えようとしている旧世界ヨーロッパの徒党的取引と利権的思考という悪臭を感じさせるものであった。大統領は、イタリアの主張が認められるのであればアメリカは講和会議から手を引くと脅した。イタリア代表団は憤慨した。ウィルソンがフランス、イギリスに譲歩したので自分たちの要求も聞き入れてもらえると思っていたところをイタリアだけが除外されたからだ。ソンニーノ男爵は、「アメリカはフランスとイギリスの場合には屈服した。これで良心のとがめを感じたのでイタリアを犠牲にして自分の純潔さを取り戻そうとしているのだ[82]」と非難した。オルランドは妥協案をことごとく拒み、イタリアの希望がかなえられなければ講和会議を離脱すると明言した。「イタリア人たちは『はったり』をかけているのかそれともフィウメを獲得できなければ本当に帰国して講和条約にも調印しないつもりなのか、皆が推測し合っている。ポーカーとたいして違わない[83]」とハウスは書いている。ドイツとの講和条約調印式を欠席すれば、ドイツが払う賠償金についてイタリアは請求権を失う、とウィルソンとロイド・ジョージは警告した。怒って帰国したイタリア代表団はドイツとの条約が講和会議に提出される前日にこそこそと戻ってきた。

五月六日、クレマンソーの首席顧問アンドレ・タルデューが全体会議で、各国代表を前に完成した対ドイツ講和条約の案文の要約を読み上げた。代表のほとんどはこの講和条約案を見たことがなかった。翌日、ウルリヒ・フォン・ブロックドルフ＝ランツァウ伯爵を団長とするドイツ代表団は条約文書を受け取った。気まずい雰囲気がただようなかでの短時間の儀式であった。ドイツ代表団が招請されたのはつい一週間前だった。パリに到着してからは、対ドイツ講和条約案文の最終的な細目がまとまるまで鉄条網を張り巡らしたホテルのなかで厳重に監視されていた。

ウィルソンの一四カ条が希望の光と呼ばれたのとはまったく異なり、それは「復讐の講和」と評された。ウィルソンの一四カ条に希望を託していたドイツ代表団はひどく失望した。ブロックドルフ＝ランツァウは「こんなに分厚くする必要はない。一言でじゅうぶんだろう――『ドイツは存在するべきではない』となﾞ(84)」と抗議した。

ドイツ側の回答を待つあいだ連合国はオーストリア＝ハンガリー帝国問題に取り組んだ。オーストリア＝ハンガリー帝国――現在中央ヨーロッパとして知られている地帯のほとんどすべてを含み、その起源は元をただせば古代ローマまで遡った――は、戦争末期に分解し、旧帝国領土は無政府状態になりかけていた。帝国の突然の崩壊は、何世紀にもわたって抑えられてきた諸民族の切望を解き放つことになり、さらにウィルソンが約束する民族自決の原則はこれに弾みをつけていた。ランシング国務長官は早くから空しい期待の危険性について心配していた。「民族自決という表現はダイナマイトを積んでいる。けっして実現できない希望を人々に抱かせるだろう(85)」と書いている。

民族自決を切望する諸民族の代表たちが、期待と、利害がぶつかり合う領土的野心に胸をふくらませて、続々とパリにやってきた。チェコスロヴァキア人、ハンガリー人、ユーゴスラヴィア人、ポーランド人、セルビア人その他が独立国家の地位やわずかばかりの領土をめぐって争った。パリに滞在する各国の政治家たちはいつの間にか、部分的に重なり錯綜する民族性と向き合っていた。「こうした地域はマングローブの茂る沼地だ。人種的な根が固く絡まり合い混じり合っているため、彼らのあいだに入って調停しようとすればかならず足をとられてつまずく」(86) とロイド・ジョージは驚嘆している。

小国あるいは新興国の代表者たちは、まず自分たちにふさわしいと考える領土とその要求の裏づけをしたためた請願を出した。請願が小委員会で精査されたのち、小国、新興国の代表者たちは四巨頭の前で、自分たちの立場をじきじきに主張した。あるイギリス代表団員は次のように述べている。

小国は、はじめから無理とわかっている要求まで覚書にまとめていた。当然、要求を口頭で述べるわけだが、小国の代表は書面の内容をそのまましゃべるだけで、熱く風通しの悪い部屋にいる高齢の四巨頭たちは抵抗する気力も失せてしまった。……この最高会議の委員たちは、四巨頭たちが重要かつ建設的な仕事をしているような印象を受けた。しかし、実際のところは、どうでもいいような厚かましい要求を延々と聞かされるのに耐えていただけだった。好意的に耳を傾けている場合もあれば、癇癪《かんしゃく》を起こす場合もあった。(87)

その結果、残り時間が少なくなり決定をくださなければならない時が迫ってくると、突然、爆発的に忙しくなった。

五月八日、四大国の外務大臣が中央ヨーロッパおよび南ヨーロッパについて話し合う重要な会合が開かれた。イギリスの中央ヨーロッパ専門家のトップは次のように述べている。「まずトランシルヴァニアから手をつけ、タルデューとランシングがののしり合ったのちにハンガリーは南部を失った。続いてチェコスロヴァキアに移り、ハエが窓を出たり入ったりしているうちにハンガリーは北部と東部を失った。次にオーストリアとの国境が検討されたが、これは旧国境が維持されることになった。さらにユーゴスラヴィアとの国境だが、委員会の報告は修正をくわえずに採択された。それからマカロンでお茶になった[88]」。

連合国はオーストリア＝ハンガリー帝国をオーストリア、ハンガリー、チェコスロヴァキア、ルーマニア、ユーゴスラヴィアに分割し、オーストリアの領土をウィーンとその周辺の田園地帯程度にまで減らした。ハンガリー（終戦直前にオーストリア＝ハンガリー帝国から離脱していた）は領土の三分の二と人口のおよそ三分の二を失った。バルカン諸国では、スラヴ民族小国家のセルビア、クロアチア、マケドニア、ボスニア＝ヘルツェゴヴィナ、スロヴェニアがユーゴスラヴィアに統一された。

フランスはチェコスロヴァキアを中央ヨーロッパにおけるドイツの均衡勢力とみなしていた。チェコスロヴァキアはかつてのハンガリー領の大部分に一〇〇万人以上のハンガリー人が居住する国家となった。ロイド・ジョージは「われわれはチェコスロヴァキアやポーランドなど独立の望みなどこればかりもなかった国々の自由を勝ち取った。これらの国が自由を勝ち取れたのは、イタリア、フランス、イギリス、アメリカ各国の兵士が命を投げ出したからだ。それなのに独立したとたん、他国の領土を併合しようとしたり、自分たちが何世紀ものあいだ耐えてきた暴政を他国に敷こうとしたりしている。われわれはそのようなことをさせないようにするのにとても苦労している[89]」とこぼしている。オーストリア＝ハンガリー問題に関する合意は五月一二日に採択された。

五月二九日、講和条件に幻滅したドイツ代表団が暗い顔つきで反論を提出したが、ほとんど効果はなかった。特にウィルソンはドイツ側の苦情に冷淡で、「ドイツ政府の言葉など一言も信じられないと返答するだけでじゅうぶんだ[90]」と言った。

しかし、ロイド・ジョージはドイツ側の反論に心を動かされ、ドイツが調印を拒むかもしれない、連合国は過酷すぎる条件を要求したのではないかと心配した。そして、主要な条項を再検討したいと考え、ウィルソン、クレマンソーに対してラインラントの軍事占領の期間短縮、ドイツの早急な国際連盟加盟認可、賠償要求額の変更を要請した。だが、クレマンソーは自分がすでに大幅に譲歩していると思っていたし、ウィルソンも耳を貸さなかった。「いろいろな人がやってきてはドイツが調印しないのではないか心配だと言うので、うんざりしている。しかも彼らの不安の原因は条約を議論していた時に自分たちが固執していたことにあるのだから[91]」とウィルソン大統領はアメリカ代表団に語った。さらに、ロイド・ジョージというのは「確固たる信念をもっておらず、最後に話した人の助言に従って行動する。便宜主義が彼の指針なのだ[92]」と厳しくつけくわえた。結局、オーバー・シュレジエン地方がドイツに留まるかポーランドにくわわるかは住民投票をして決めるという譲歩が得られただけだった。

六月一六日、ドイツ代表たちは、条約受諾まで三日間の猶予を与えられた。これはその後六月二三日まで延長された。その夜、ブロックドルフ＝ランツァウ伯爵は補佐官たちと帰国した。伯爵をはじめドイツ代表団員全員が条約拒否に傾いていた。

連合国は軍事力を行使する覚悟をしていた。四人委員会でクレマンソーは、「ドイツが拒否したら調印させるために強力で仮借ない軍事力行使を支持する[93]」と述べた。ウィルソンとロイド・ジョージが同意したので、フォッシュ連合国最高司令官は四二個師団にドイツ中心部に向けて進撃準備をするよう命じた。六月二〇日、ドイツ政府は条約調印をめぐって意見をまとめられず、総辞職した。ブロックドルフ＝ランツァウも代表団団長を辞任し、政治から身を引いた。

条約受諾の最終期限は六月二三日の午後七時だった。ドイツのフリードリヒ・エーベルト大統領は六月二二日に新しい内閣を何とか立ち上げ、六月二三日に国民議会は条約の調印を承認した。最終期限が切れるほんの数時間前だった。パリでは政治家たちが緊張した面持ちで、ドイツからの最終的な回答を待っていた。「時間を計っているところだ」とクレマンソーが言った[94]。午後五時四〇分、回答が届いた。

調印式は六月二八日にヴェルサイユ宮殿の鏡の間で執り行われた。空は雲一つなく晴れ渡っていた。ドイツの全権大使は外務大臣に就任したばかりのヘルマン・ミューラーと運輸大臣のヨハネス・ベルであった。調印式終了後、ウィルソンはその夜のうちに帰国の途についた。母国に帰る途上、アメリカ代表団の面々は不吉な予感を覚え、暗い気持ちになっていった。ランシング国務長官は次のように書いている。

講和条件は昨日ドイツ全権大使たちに申し渡された。ここのところ準備に追いまくられていたが、やっとこの条約を完成した書類として考える時間ができた。だが、読んでいくと失望と後悔の念に襲われ、憂鬱になる。講和条件は非常に過酷で屈辱的であり、多くは実行できないと思われる。この条約により創設された国際連盟は、大国の対立する利害関係の妥協によりつくられた人為的な構造を守り、戦争の種が発芽しないようにするよりどころになっている。戦争の種は非常に多くの条項のなかにまかれており、通常ならばすぐに実を結ぶだろう。国際連盟がやろうとしていることは、熱帯ジャングルに生えている植物の成長を抑えようとするようなものだ(95)。

この講和条件では「いずれかならず(96)」また戦争が起きるだろうとランシングは書いている。フォッシュ元帥も同じように考えていた。「これは講和条約ではない。二〇年間の休戦条約だ(97)」と明言した。フォッシュの予言は六五日ずれただけで当たった。

アメリカに向けてフランスを発った翌日、ハウスは日記に次のように書いている。

決定的に重大な八カ月が過ぎ、パリを離れるわたしの心は千々に乱れている。……今回調印されたものとは違った講和条約を選ぶべきだったかもしれないが、そんな条約を結ぶことができたかどうかは、非常に疑わしい。わたしが望んでいるような講和条約を結ぶために必要な材料はパリにはなかった。……

われわれが対処しなければならなかった情勢は、さまざまな難しい問題をはらんでいたし、私心のない理想主義の精神でしか立ち向かうことができないものであった。だが、そのような精神はこのような時に下心をもってパリに集まってきた政治家たちには無縁のものであったし、期待するのは酷というものだった。それにもかかわらず、もう一つの道を選んでいたらとわたしは思っている。たとえ、われわれが選んだ道よりも、現時点でも将来においても、平坦ではないとしても。少なくともわれわれは正しい方向へは向かっただろうし、次の世代の人々が計画された行程をやり遂げることができなかったとすれば、その責任はわれわれにではなく彼らにあるということになるだろう。(98)

ウィルソン大統領は帰国するなり敵対的な上院に直面した。パリ講和会議に出席するアメリカ代表団に共和党員を一人も指名しなかったために恨みを買い、不信感をもたれていた。反対派は国際連盟規約第一〇条に反対する考えでまとまっていた。第一〇条では、加盟国が外部の侵略を受けた場合には互いに援助することになっていたが、アメリカ憲法では議会上院が宣戦布告の権利を有しており、上院議員の多くは第一〇条を認めることは議会の権限を侵害するものだと考えていた。ウィルソンは自分と考えの異なる人々に対して軽蔑の念を隠さず、また上院では譲歩を渋っていた。そして、条約承認には三分の二以上の賛成が必要との規約により上院は条約の批准を否決した。合衆国はのちにドイツ、オーストリア、ハンガリーとそれぞれ単独講和を結んだ。しかし、国際連盟への参加をアメリカが拒否したことによりこの国際機構ははじめから欠陥を抱えることになった。

中華民国も、この戦争が始まって間もない頃日本が奪い取った山東省にあるドイツ植民地の領有権を日本に与えるという条項に反発し、ドイツとの講和条約調印を拒否した。そして、一九一九年九月にドイツと単独講和を結んだ。

講和会議の機構は一九二〇年四月までその仕事を続けたが、主要な問題は決着し主役たちも帰国していたため、討議されたのは比較的ありふれた細目だけだった。

ドイツとの講和条約は四四〇カ条で一〇〇〇ページ近くになった。ドイツは戦争を引き起こした責任を負わされ、領土の一三パーセント、人口の一〇パーセントに当たる七〇〇万人、炭坑の一六パーセントを失い、鉄鋼生産量は半分になった。植民地と商船も放棄した。ポーランド回廊はドイツを東プロイセンから切り離した。ドイツに軍備縮小を強要する努力はすぐに放棄された。賠償額は着実に減らされ、最後はドイツが支払いを停止した。ドイツが支払った賠償金は総計で五〇億ポンドに達せず、連合国は総額の大半をドイツに貸し付けていた。連合国は賠償金から何ら財政上の恩恵を得なかったが、ドイツの過激派は賠償問題に対する政治的な不満を核に団結し、連合国は非常に困惑した。一九二一年、損害賠償委員会はドイツが支払うべき最終的な額を一三二〇億マルク（三三〇億ドル）と定めた。ドイツが実際に払ったのはわずか二二〇億マルクで、一九三二年を最後に支払いを停止した。

現在のヨーロッパの国境の大部分はパリ講和会議で画定されたものである。ロイド・ジョージは「パリ条約は、戦後合意によって他国支配下にある民族を解放した規模の大きさから言えば、歴史上最大のものである。……一九一九年の講和条約ほど外国の圧制支配から多くの被征服国を解放した講和条約はない」(99)と書いている。ポーランドはふたたび統一されて人口三〇〇〇万の主権国家となり、二五年間ガリチアを委任統治する権限を与えられた。ダンツィヒは国際連盟の保護下で「自由都市」となった。ポーランドはドイツからオーバー・シュレジエン地方とポーゼン周辺地域を獲得し、バルト海への通路となるポーランド回廊をつくった。オーストリアは国土と人口をそれぞれ旧帝国のわずか四分の一、五分の一に減らされた。また陸軍兵力は志願兵三万人以下、海軍が所有できる船舶はドナウ川に抑留されている警察船三隻のみとされた。チェコスロヴァキアは独立国家となり、石炭資源に恵まれたテッシェンなどボヘミア地方の大部分を含む広い領土を獲得した。テッシェンはポーランドも狙っていた地域だった。しかし、チェコスロヴァキアの広い領土は毒入りの聖杯だった。一五〇〇万の住民のおよそ三分の一はチェコ人でもスロヴァキア人でもなく、ズデーデン・ドイツ人だった。ブルガリアは同盟国側に立って戦ったことに対する罰として、国境周辺の四地域をユーゴスラヴィアに割譲させられ、また、国富に匹敵する額を賠償金として払うことになった。ハンガリーは維持を認められた領地面積以上の領土をルーマニアに割譲し、人口の四分の一を占めていた三〇〇万を超えるマジャール系の住民を失った。

オスマン帝国の旧領土処理についての話し合いはパリで始まったが、その結論は、一九二〇年四月にサンレモ会議で出され承認された。アルバニアは独立を与えられた。ギリシアとイタリアは地中海沿岸小アジア地方の大きな部分を受け取ったが、アタテュルクに率いられたトルコ民族蜂起によってほどなく追い出された。中東では、戦時中イギリスとフランス政府のあいだで交わされた密約におおむね従って調停が行われた。アラブ独立はアラビア半島の人が住むのに適さない奥地では与えられたが、その他の地域はフランスとイギリスに分配された。イギリスはパレスティナと現在のイラク領内のメソポタミアを委任統治する権利を与えられ、メソポタミアの豊かな石油はフランスと均等に分かちあった。シリアとレバノンはフランスの管理下におかれた。この取り決めが現代中東の誕生をもたらした。サウジアラビア、シリア、イラク、パレスティナ、最後にはレバノンとヨルダンがそれぞれ独立国家を打ち立て、中東地域で何十年と続く緊張と対立の下地をつくったのである。

ヨーロッパにおいては、パリ講和会議は次の大戦が起こるのを防ぐという大きな目標を果たしそこなった。ヘンリー・キッシンジャーは、「アメリカの理想主義とフランスの悪夢のような体験を両立させようとする試みは、人知の及ぶところではなかった」(100)と述べている。結果はいずれの大国にも不満が残る中途半端な妥協案で、紛争の種が二つの大陸にまかれた。ドイツは疎外され弱体化させられ惨めな状態に追い込まれたが、国としては生き残ったのだ。その周辺は無力な弱小国家ばかりで、内部分裂し互いに争っていた。ドイツから攻撃されやすくドイツの脅威を感じるフランスは、以前より安全になったとは思っていなかった。イタリアの野望は挫折させられた。イギリスは戦争の財政的負担を国民に強いた見返りとして約束していたものを確保できなかった。アメリカは一四カ条を国際関係の基礎として確立することができなかった。アメリカの力なしに維持しなければならなかったため、国際連盟という光は暗闇のなかで静かに揺らめいて消えていった。だが、その本質は第二次世界大戦後によみがえり国際連合となったのである。

それでも関係各国はさまざまな戦利品を手に入れていた。フランスはシリアとレバノンの委任統治権を獲得し、アルザス＝ロレーヌ地方を取り戻し、ザールラントの炭坑を一五年間使用する権利とメソポタミアで産出する石油の半分を得た。大英帝国は、戦前にドイツがもっていた海外植民地やイラク、パレスティナを含めておよそ二六〇万平方キロの土地とそこに住む八〇〇〇万の人民を得た。

帰国したウィルソン大統領は、パリで力を尽くしてまとめた講和条約を批判されて苛立ち、参ってしまった。ワシントンに戻って二週間もたたないうちに心身ともに弱りだした。繰り返し脳卒中の発作に見舞われて寝たきりとなり、数年後の一九二四年に六七歳で亡くなった。一九一九年にはノーベル平和賞を受賞している。

ロイド・ジョージは講和会議後もイギリス政界で数十年にわたって影響力を維持し、一九四五年に八二歳で亡くなった。クレマンソーは一九二〇年まで首相の座にあり、大統領選挙に立候補したがパリ講和会議で譲歩しすぎたと批判されて敗れた。ロイド・ジョージは次のように書いている。フランス政界は「勝利によってもたらされたライン川一帯に関するフランスの長年の野心を実現する好機をじゅうぶんに利用しなかったとして、クレマンソーをけっして許さなかった。彼らはこれをフランスに対する背信行為だとして非難し、しかるべき時がくると、大統領選に出馬したクレマンソーが屈辱的な敗北を喫するように画策し、クレマンソーの行為に対する自分たちの判決をくだしたのだ」[101]。彼は一九二九年一一月に老衰のため亡くなった。

アドルフ・ヒトラーの権力獲得は、ヴェルサイユ条約の結果としてドイツ人の心に食い込んだ不当感と屈辱感に支えられていた。ヒトラーは、奪われた領土に対するドイツ人の不満と強い思いを巧みにとらえて権力を握ると、近隣の国々に住む少数派のドイツ人を足掛りにして周辺国を次々に征服した。歴史の皮肉か講和会議中にイギリス代表団が宿泊したマジェスティック・ホテルは、二一年後、パリを占領したドイツ軍の本部となった。ロイド・ジョージは次のように述べている。

戦争にありったけの力を注ぎ込み血が流され破壊され各国が疲弊している場合には、一時的に講和を成立させることは難しくない。その平和な状態はその戦争の悲惨さを体験した世代が生きているあいだは続くだろう。英雄的行為や勝利を描いた絵画に心をかき立てられるのは、戦争の苦しみや恐ろしさを知らない連中だけだ。だから三〇年程度もつ講和を成立させるのは比較的やさしい。難しいのは、戦争がどういうものかを実際に体験している世代がいなくなった時代においても新たな戦争を引き起こすことがないような平和を構築しておくことだ。(102)

第6章 エジプト・イスラエル休戦協定 1949年

パレスティナを二つに分割し、ユダヤ国家とアラブ国家として独立させる案が失敗したのち（一九四七年一一月二九日に採択された国際連合決議一八一号のこと。ユダヤ側はこれを歓迎したが、アラブ側は即座に拒否した）、それまでヴェルサイユ条約の一環として行われていたイギリスのパレスティナ委任統治の期限が一九四八年五月一四日に切れると、イスラエルは独立を宣言した。これに対して、一方的な独立を認めない周辺アラブ諸国はエジプトを先頭にイスラエルに侵攻した。双方に多数の犠牲者が出る激しい戦闘が続き、国連の仲介による四週間の休戦がアラブ諸国軍とイスラエル軍によって合意された。しかし、七月一一日に戦闘が再開され、戦闘拡大を恐れる国連安全保障理事会は、七月一八日に二度目の軍事行動停止を指示した。国連はスウェーデンのフォルケ・ベルナドッテ伯爵を調停官としてパレスティナに派遣して休戦を監視し、交渉の地ならしをさせようとした。ベルナドッテはアラブ諸国とイスラエルを和解させようと力を尽くしたが、九月半ばには次のような報告書を書いている。

カイロに到着して以来……和平交渉を行う両者の共通の基盤を見つけるべくひたすら努力を重ねてきています。双方を和解させようと直接的にも間接的にも努めてきています。それぞれの立場や要求、主張を慎重に考慮し……妥協案をひねり出し……口頭または書面で双方に提案しています。理性と心情の両面から説得にあたっていますが、これまでのところ当事者間の合意も合意のための基盤も見つかっていません[1]。

翌日、ベルナドッテはエルサレムで暗殺されたが、これは彼の仕事の難しさを裏づけるものであった。

一〇月半ばに戦闘が再開されるとイスラエル軍はヨアヴ作戦（一〇の災い）を開始し南部で大攻勢をかけ、エジプト軍の拠点を各個撃破していった。一週間のうちにイスラエル軍はネゲヴ砂漠とガザ地区を除くパレスティナ南部を占領し、ファルージャではエジプト軍一個師団を完全に包囲した。それと同時に北部に進撃するイスラエル軍がガリラヤを占領した。一二月、国連安保理はふたたび停戦決議を採択して戦闘を停止させ、休戦に向けた交渉を始めるよう勧告した。だが、アラブ側、イスラエル側双方とも応じなかった。一二月一〇日、エジプトはファルージャで包囲されている師団を救援し、ネゲヴを奪還するべく攻撃を開始した。ネゲヴは死海からアカバ湾に至る面積一万七〇〇〇平方キロの砂漠である。イスラエルは反撃に出て装備が貧弱なエジプト軍を粉砕し、シナイ半島まで後退させた。一万を超える人命が失われ、五〇〇万を超える人々が難民となったのち、ついに一九四九年一月六日、国連およびイギリス、アメリカ両政府から強い圧力がかかり、双方は国連による休戦交渉に同意した。

戦場におけるイスラエル軍の勝利は、敵対する軍を回復不能なまでに撃破するという決定的なものであった。この結果、イスラエルはパレスティナにおける発言権を強め当初予想されていたよりもずっと広大な領域を支配していた。国連の肝入りで誕生したばかりの国家として、イスラエルは自国の軍事的な数々の勝利を外交上の取り決めにまとめたいと考えた。イスラエルが失うことになるかもしれないものもまたたくさんあった。イスラエルは政治的な意味で弱い立場にあった。国連からの停戦命令が出ている期間中に獲得した新たな領土は不法なものとみなされていた。もし国連が承認を見合わせたり制裁を加えたりして、大国がそれに倣えば、国際的に孤立するかもしれないこ

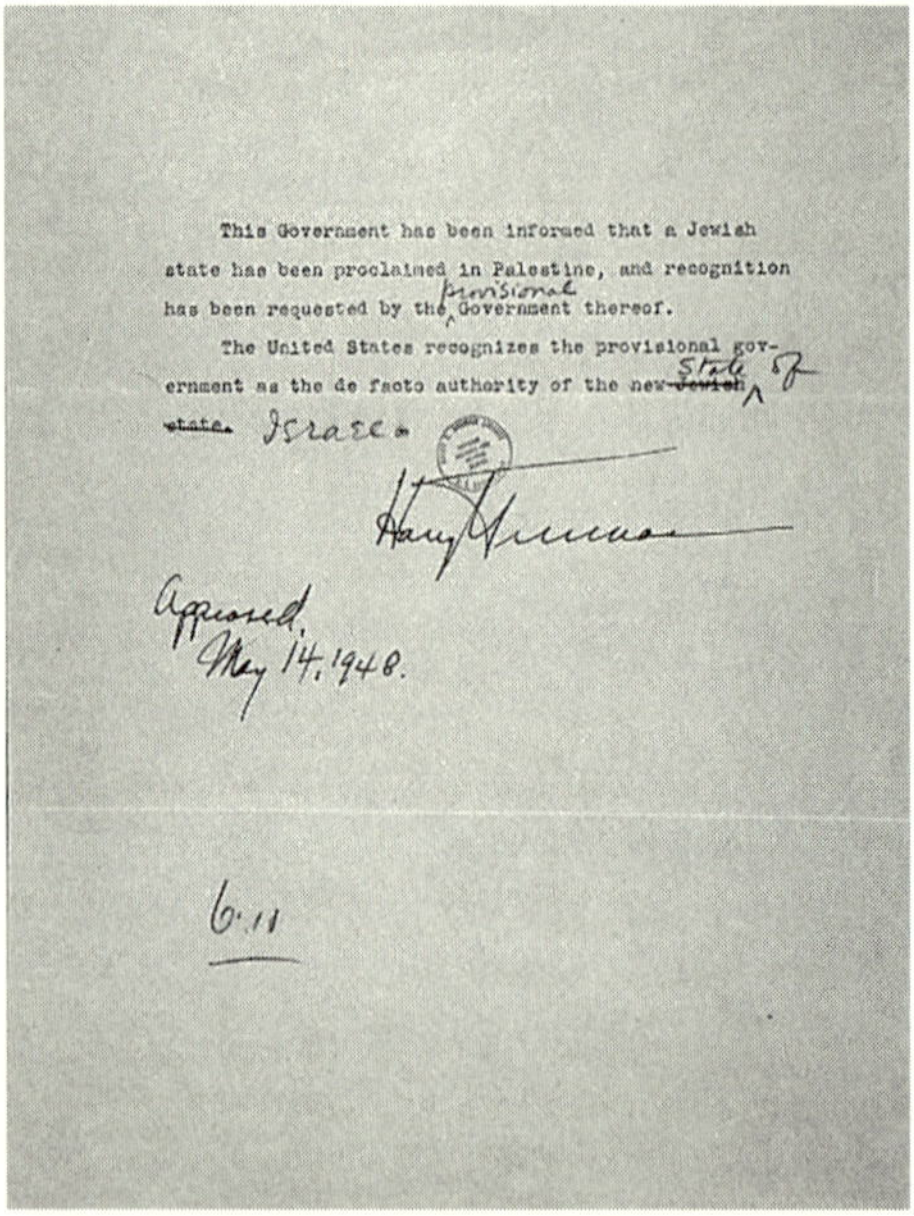

This Government has been informed that a Jewish state has been proclaimed in Palestine, and recognition has been requested by the provisional Government thereof.

The United States recognizes the provisional government as the de facto authority of the new ~~Jewish~~ State of ~~state~~ Israel.

Harry Truman

Approved.
May 14, 1948.

6.11

イスラエルを国家として承認するというハリー・トルーマン大統領の署名済み文書原本（国立公文書館）

とをイスラエルはやったのだ。孤立は、小さく貧しく基盤の弱い、できて間もないこの国家にとって致命的なものになる可能性があった。

エジプトも同じように途方もない重圧を感じていた。度重なる敗北で多数の死傷者が出ており、アラブの共同戦線はもろくも崩壊して疑念と対立に変わり、アメリカは正式な和平をカイロに強く迫っていた。イギリスは戦闘でスエズ運河の安全が危うくなるのではないかと次第に不安を募らせ、スエズ運河保護を理由にイギリス軍派遣を提案してエジプト政府を混乱させた。奪われた領土をイスラエルから取り戻す唯一の希望は交渉による和解あるいは制裁を伴う国連安保理決議にかかっていることもエジプトは承知していた。だが、エジプトが交渉の席に着いたのは、何と言ってもファルージャでイスラエル軍により孤立させられている二七〇〇人（全エジプト軍のほぼ三分の一に当たる兵員）を救いたいためだった。完全に包囲され、救出あるいは補給の見込みもなく、食糧は尽きかけていた。どんなにイスラエル人に会いたくなくてもエジプトはファルージャ問題に取り組まなければならなかったし、この問題はイスラエルとの広範な休戦交渉の一環としてしかやりようがなかった。それでもイスラエルと休戦するのは耐えがたいことだった。エジプトはイスラエルの承認、すなわちその存在権の承認を拒んでいた。一対一の交渉をすれば、「いわゆるイスラエル国家」[2]とエジプトが呼び習わしているものを承認することになるのではないかと危惧し、カイロは国連の介入を要求した。エジプトの指導者たちはしばしばイスラエルと取引をするぐらいならば死んだ方がましだと公言しており、彼らにその言葉を守らせようとする殺し屋はいくらでもいた(3)。

三年前に創設されたばかりの国連にとって、これは正念場であった。この休戦交渉は戦争と和平に関する問題に国連がどう対処していくかを試す初の試金石であり、国連が成果をあげられるのか、それとも、国際連盟の命運を絶った無為無策を繰り返すことになるのか、世界中が様子をじっと窺っていた。

戦争の正式な終結に向けて、この交渉は、軍の撤退と軍事力の均衡に関する軍事的問題、および、領土境界線と恒久平和達成に向けた措置に関する広範な政治的問題の両方を扱うこととなった。エジプト代表団一〇人を率いていたのはセフ・エル・ダイナ大佐だった。そのメンバーには、政治顧問のアブドゥル・ムスタファ博士、ファルーク国王のいとこおよび義兄弟のエル・ラーマニー大佐とイスマイル・シェリーン大佐たちが入っていた。イスラエル代表団の首席はイスラエル外交局を創設した三九歳のウォルター・エイタンが務めた。そのメンバーには、ダヴィド・ベン＝グリオン首相の外交政策顧問ルーヴェン・シロアッフ、シリア生まれの中東課長のエリヤ・サッソン、外相の法律顧問シャブタイ・ローゼンヌたちの姿もあった。イスラエル軍参謀総長のイガエル・ヤディン大佐は軍事顧問を数名伴っていた。

交渉を仕切るのはラルフ・バンチであった。この難題をさばくのに彼以上の適任者はいなかっただろう。幼くして両親を亡くし、ロサンゼルスの物騒な黒人地区ワッツで母方の祖母「ナナ」・ジョンソンに育てられた。この祖母は奴隷の出だった。バンチが覚えている幼年時代の生活はつねに貧乏のどん底だった。[4]貧しい暮らしを経験してバンチは忍耐強くたくましい人間になった。「人生は牧歌的な楽園ではなかった。啓けた北部の都市においても、黒人であるということがどういうことなのかをわたしは学んだ。しかし、ナナが恨みをもたずに戦うことを教えてくれたおかげで、そのような経験によって辛い思いをしたことはなかった。自分たちの権利のために立ち上がること、侮辱的な扱いをされて黙っていないこと、誰かを恨めば自分の性格が歪むだけだから誰に対しても恨みをもたないことを祖母はみんなに教えてくれた。祖母は外界からのあらゆる衝撃に耐えられる高いプライドをわれわれに吹き込んだが、思いやりと寛容も教えてくれた。どんな時も自分自身と世間に対して正直でいなさい、率直でいなさいと言っていた。正しいと自分で思っていることを曲げてはいけない。喧嘩を吹っかけるのはよくないけれど、自分の信条が問われている場合は絶対逃げるな、とね」[5]とバンチは回想している。

ラルフ・バンチ（アメリカ議会図書館）

高校時代はカーペット敷きのアルバイトをして学費を稼ぎ、ロサンゼルスのカリフォルニア大学に進んでからは用務員として働きながら勉強とスポーツに励み、総代として卒業した。ロサンゼルスの黒人社会は、彼がハーヴァード大学大学院に進んで勉強を続けられるよう一〇〇〇ドル集めた。一九三四年、バンチは同大学院でアフリカ系アメリカ人として初めて政治学の博士号を取得した。第二次世界大戦勃発に伴いCIAの前身である戦略情報局に入り、連合軍が北アフリカに上陸する際にはアフリカ地区の責任者として重要な役割を果たした。戦争終結後は黒人として初めて国務省に入り、植民地課の責任者となった。一九四五年四月、国務省からサンフランシスコに派遣されて国際連合創設に関わり、国際連合憲章作成に貢献した。植民地政策、非植民地化政策、信託統治の専門家として国連に入った彼は、たちまちパレスティナ問題の第一人者となった。親しい友人で同僚でもあったベルナドッテ伯爵が暗殺されると、その後任として国連調停官に任命された。国連当局は、イスラエルとエジプトとの交渉に赴くバンチに、交渉の結果は中東の将来だけでなく国連の未来も左右するとはっきり告げた。

一月一二日、両国の代表団がロードス島に到着した。古代ギリシア以来の伝統をもつこの島はトルコ海岸沖に浮かび、紛争当事国とは関係がなく静かで、カイロにもテルアヴィヴにも近い便利な場所だった。代表団が宿泊した壮麗なホテル・デ・ローズは建築物としては美しく荘重だったが、部屋は狭く暖房がない等お粗末で食事もまずくて食べられたものではなかった。「だがバンチ博士とその部下は広々としたホテル・デ・ローズの一方の袖に本部と自分たち、それからもう一方の袖にエジプト、イスラエル両国代表団の部屋を予約していた。イスラエル側は一つの階の大部分を占領し、エジプト側はそのすぐ上の階を使った。なかなか気のきいた配置だった。交渉関係者全員が同じ場所に泊っているが、プライヴァシーはしっかり守られていた」(6)とエイタンは書いている。

翌日、両国の交渉担当者たちはバンチの居室で顔を合わせた。バンチは関係者に、「話し合いを引き延ばしたり、遅らせたり、妨害したり、行き詰まらせたりしようと思えば方法はいくらでもすぐに思いつくでしょう。ここでは細部について法律至上主義の立場をとったり、細かいことのあら探しをしたり、非難の応酬をしたりするようなことはないものと確信しています。ここには多くの人が集まっており、お互いに他人の欠点には些細なことでもすぐに気がつくものです。みなさんが会合しているあいだも、多くの人の生命が、そしてまさに中東の平和そのものがきわどい瀬戸際にあるのです。失敗は許されません。何としても成功させなければならないのです」(7)と語った。そして議論を進めていくうえでの基本的原則を明文化したものを素案として渡した。翌日、双方はこれに同意した。それは、「細心の注意を払って安全保障理事会の軍事力行使禁止令を尊重すること。両当事国のいずれの側も積極的な軍事行動を計画したり実行したりしないこと。双方とも相手の安全保障の権利および攻撃の恐怖から解放される権利を尊重すること。休戦をパレスティナ和平達成に向けた必須の措置として受け入れること」を求めていた。バンチはまたこの交渉会議において協議すべき事項の段取りを示した。まずファルージャを取り上げ、続いて休戦ラインの細部を取り決め、軍隊の撤退計画を作成し、最後に戦力の削減について話し合う。(8)

エイタンはイスラエルのモシェ・シャレット外相に次のように報告している。

こちらに来て二四時間ちょっとが経過したのでそろそろ第一印象をいくつかご報告したいと思います。……バンチは交渉を何としても成功させたいと考えています。とにかくエジプト側が、魅力と強引な駆け引きが入り混じったバンチの手法に参ってしまえば、彼の思惑どおりうまくいくでしょう。……一回目の正式会議はスムーズに運びました。会議終了後にバンチが教えてくれたのですが、エジプト側はわれわれの様子に驚き喜んでいたそうです。どうやら彼らは、荒々しく好戦的な人間が険しい顔をして意気揚々とやってくると思っていたようです。エジプト側はひどく不安げで、自分たちが正しいことをしているのかどうか心もとないといった感じでした。エジプト側の不信感を払拭し、警戒心を和らげるのが肝心だということで「イスラエル側の」意見は一致しています。(9)

一週目には難題が続出した。両国の交渉担当者たちは狭い廊下ですれ違っても顔をそむけ目を合わせようとしなかった。双方とも相手方と同席しての作業を嫌がるため、バンチは「われわれは交渉するためにここにいる、とわたしは了解している。交渉するには相手と話し合わなければならない」(10)と苦言を呈した。エジプト側もイスラエル側も、相手方と一緒では運営会議にも出たくないということで、バンチは双方と個別に作業を進めざるを得なかった。両国代表団のあいだを行ったり来たりして提案について意見を交わし、書面にした回答を届けた。しかし、五日もするとうんざりしてしまった。そして両国代表団に、自分は高級メッセンジャーボーイとしてここに来ているのではないと告げ、「これまでに双方の交渉当事者たちが会談をせずに締結された講和条約があれば、一つでいいから例をあげてもらいたい(11)」と要求した。

交渉担当者たちはさらに根本的な障害にもぶつかった。国内の反発を抑え込めるまずまずの妥協案を持ち帰らなくてはというごく当たり前の重圧にくわえて、この交渉には両国それぞれに独特の制約があったのだ。アラブ世界の政治的緊張を最小限に抑えるために、エジプト政府は表向き、ロードス島で行われる交渉ではイスラエル側と直接話し合いはしないし和平に関する広範な問題についても検討しないと断言していた。そのうえ、エジプトの政治指導者たちはエジプト軍の敗北を国民に隠してきていたという苦しい立場に立っていた。軍部と上層部の政治家たち以外のエジプト国民は、エジプト軍がテルアヴィヴを攻撃できる距離にまで近づいていると思い込んでおり、帰還してきた兵士たちを勝者として歓迎していた。そのようなわけでエジプトの交渉担当者たちは、すでにエジプトが支配権を失っている領土についてでさえも、どんな譲歩をしようと国家に対する反逆罪とみなされるに違いなかった(12)。イスラエル国民の関心はもっと露骨なものだった。ファルージャでイスラエル軍が包囲しているエジプト師団を解放すること、および、ガザ地区でエジプトがこれまでどおり支配している領土について譲歩することと引き換えに、ネゲヴ領域全体に対するイスラエルの支配権の正当性を獲得しイスラエルの国家としての安定性をこれまでよりも大きなものにしたいと考えていた。

一月一六日、エイタンはイスラエルのシャレット外相に宛てて次のように書いている。

貴下もベン＝グリオン［首相］も承知しておられるとは思いますが、この交渉に対するルーヴェンとわたしの考え方を以下に述べさせていただきます。今回、エジプトとの休戦協定に調印するという事実は、協定の条件に関わりなくそれ自体広範な重要性をもっています。ご存じのとおり、エジプトとの交渉が締結されれば、レバノン、シリア、ヨルダンもわが国と休戦協定を締結することを厭《いと》わないでしょう。……このように次々と休戦協定を結べば、中東の政治情勢は一変するでしょう。エジプトとの交渉が成果をあげて初めてそれが可能になります。ここでつまずけば、これらの国々と休戦協定を結ぶ機会はこの先ないでしょう。したがって、われわれはエジプトとの休戦協定に調印すること自体、個々の条項の重要性に優っていると考えます。休戦ラインや軍の撤退、軍事力削減等についてエジプト側がどう考えているのか、今のところまだ何の手掛かりもありません。(13)

エイタンは、時間がかかりすぎるとイスラエルにとって不利な事態が生ずるのではないかと心配していた。「エジプトの首相たちが明日にも暗殺される恐れがある不安定な中東では、自分たちのためにはできるだけ早く話をまとめる方がよい」(14)。彼はエジプト代表団を「交渉に長け、頑固で、じゅうぶんに予備知識をもっている」(15)と評している。

最初の議題はファルージャだった。ファルージャで包囲されている師団の運命を案じたからこそエジプト側はこの交渉に出てきたのであり、イスラエル側はその交渉価値をじゅうぶん認識していた。バンチは、緊張状態を生み出しているこの問題をまず片付けたいと考えていた。これによって弾みをつけてから境界線という厄介な問題に取りかかるつもりでいた。そこで、国連の監督下でエジプト軍師団が撤退し、その重装備は協定がまとまるまで国連が保管するという案をつくった。イスラエル側は傷病兵の無条件撤退については即同意したが、それ以外の兵士については協定が締結されるまで半数をこれまでどおり包囲下に置こうとした。バンチにうながされて――バンチは、イスラエルには国連決議に従う義務があり、またファルージャ問題が片付けば話し合いがすみやかに進むと指摘した――イスラエルは態度を軟化させ、一週間後の一月二四日に撤退が行われることを認めた。両国は一月一七日の夜に開かれた合同協議会でこの案を正式に承認した。

トリグヴ・リー国連事務総長（国際連合）

　ファルージャ問題ですんなり合意できたために楽観的な空気が生まれ、バンチも両国代表団も交渉は一週間で終了するだろうと予測した。ファルージャ問題にいちおうの決着がついたので、続いて面倒な境界線問題に進んだ。「次の休戦ライン問題は、交渉の成否がかかる重要な問題だ」[16]とバンチは日記に記している。ここで交渉は暗礁に乗り上げた。エイタンは、休戦ラインは停戦時の最前線とするよう主張し、エジプト軍がパレスティナから完全に出ていくことを望んだ。これに対してエジプト側は国連の停戦決議が破られる前の一〇月時点での戦線を休戦ラインとするよう主張した。一月二〇日、バンチはトリグヴ・リー国連事務総長に次のような電報を打った。

エジプト側は一一月四日の国連決議と一一月一三日の覚書をもとに休戦ラインを決定し、イスラエル軍をラファフ-ビールアスルイ地区から撤退させ、エジプト軍を前進させるよう求めています。わたしはエジプト側に、奇跡は滅多に起きないと内々に伝えました。イスラエル側は、ガザ-ラファフ間の細長い沿岸地帯はイスラエル占領地に含めないという特別の取り決めを付帯したうえで、エジプトとパレスティナの国境をもとに休戦ラインを決定したいとしています。非常に厳しい状況ですが、まだ希望はあります。というのも、双方ともに精神状態は良好であり、自分たちの主張が通らなければ交渉は打ち切りという態度でもありませんから。イスラエル側は、国内で選挙が迫っているのと休戦に反対する新聞に叩かれていることから、時間を気にし始めています。エジプト側はゆっくり構えています。(17)

「どちらも自分たちの主張を強引に押し通そうとは考えていないように思われる」とバンチは書いているが、双方ともに「当初の主張を頑として曲げない(18)」ためバンチがうまく処理する余地はほとんどなかった。安全保障に関するイスラエルの懸念と失う領土を最小限にしたいというエジプトの要望に調整をつけることは可能だとバンチは信じていた。妥協による解決策をひねり出そうと努め、試案をつくり、毎日明け方まで両国代表団と会合を重ねた。しかし、何の動きもないまま時間だけが過ぎていき、希望が薄れ出した。

バンチは両国代表団を激しく責めた。一月二三日には厳しい言葉でエイタンに説教し、「自分の見るところイスラエル側は重要性のある譲歩を拒み、エジプト側に白紙小切手に署名するよう求めている」と言った。それに答えて、エイタンは爆弾宣言をした。翌日に予定されているファルージャのエジプト軍師団の解放を中止すると言ったのだ。一月二四日の撤退に同意した時点でイスラエル側は、その頃には交渉もまとまっているだろうと考えていた。だが、話し合いが平行線をたどりいっこうに合意に達しないことがはっきりすると、エジプト側にとって休戦はどうでもよくファルージャで包囲されている師団を帰還させることにしか関心がないのではないかと疑うようになった。もし師団を解放すれば、エジプト軍は戦闘を再開するのではないかと心配した。エイタンはバンチを非難し、協定がすみやかにまとまるなどと調子のいいことを言って自分たちを「惑わした」が交渉はさっぱりまとまらず悲惨な結果となっていると主張した[19]。

バンチからイスラエル側の懸念を伝えられたエジプト側は「口もきけないほど[20]」驚いた。一方、エイタンはテルアヴィヴに電報を打ち、「われわれの姿勢には寛容性がないとバンチは考えており、多少彼の反感を買ってしまいました[21]」と知らせた。バンチはリー国連事務総長に対し、イスラエルがエジプト兵の解放を中止すれば「信義の問題で交渉が全面的に中断する恐れがにわかに出てきました[22]」と報告している。

その夜、バンチはエジプト側に一晩よく考えて交渉を救い出す方法を見つけてもらいたいと伝えた。だが、この作戦は効果がなく、交渉を続け、交渉妥結に向けて双方を前進させる別な方法を見つけるための時間を稼ぐには急場しのぎの策が必要だった。翌朝、彼は次の三点を要とする案を提示した――（一）停戦命令厳守の無期限延長、（二）国連の監督下で部隊が食糧医薬品をファルージャまで届けることをイスラエルが認める、（三）一月二七日木曜日まで三日間交渉を休会し、その間に両国代表団の一部が帰国し本国政府と協議する。若干の修正がくわえられたのち、この提案は了承された[23]。

交渉打ち切りという事態は回避されたが、かろうじてというところだった。二週間ぶっ通しで交渉した挙句の具体的な成果は、すでに発効している停戦命令を再度出すことと、ファルージャに二五トンの食糧医薬品を届けることについての合意成立だけだった。両国の主張は相変わらずかけ離れていた。双方が交渉を一時中断し、自国政府と協議し見解を再検討しているあいだもバンチはこれまでどおり作業を続けていた。「一晩かけて協定案をつくったが、近々調印されるかどうかはわからない[24]」と書いている。

ストレスがたまると趣味のビリヤードで解消した。「癇癪を起こすことは一度もなかった」と秘書をしていたドリーン・ドートンは書いている。「交渉の風向きが悪くなるとちょっと仕事の手を止めて階下へ行き、ビリヤードをしていた。数分もすると戻ってきてまた仕事に取りかかった」[25]。シャブタイ・ローゼンヌも似たようなコメントを残している。

この大男についてはよく覚えている。なかなかハンサムで人を惹きつけて離さないところがあった。口元にはかすかな笑みを浮かべ、どんな時にも皮肉の利いたユーモアのセンスを忘れない。夕食後は吸いかけの葉巻をくわえながらホテル・デ・ローズの娯楽室でビリヤードテーブルに向かうのがつねだった。国連チーム、エジプト代表団チーム、イスラエル代表団チームにわかれてスヌーカーを大いに楽しんでいた。ひょっとするとどのチームを勝たせるのか周到に計画し決めていたのかもしれない。国連チームが勝たないようにだけはしていた。ビリヤードテーブルの周りには飲み物が用意され、ゲームが進むにつれて場の空気は和やかになっていった。午後一〇時になるとこのへんでやめにしようと言い、一方もしくは両方の代表団を自室に招いた。そこでは根気強く毅然とした態度で、大まかな検討結果を示したり、代表団の報告を聞いたり、さまざまな提案に対する反応に探りを入れたりしていた[26]。

ビリヤードはもっと微妙な効果ももっていた。「よく思うのだが、スヌーカーもバンチの調停成功に一役買っていた。スヌーカーが双方の代表団の友好を促進したのは間違いない。スヌーカーのおかげで緊張した空気がほぐれた。一緒にスヌーカーをしたおかげでわれわれは、エジプト人もわれわれと同じ人間で勝っている時は喜び負けている時は落胆するとわかった。バンチはゲームの最中、つねにスポーツマンらしく正々堂々と競技するよう主張していた。エジプト人たちもわれわれのなかに彼らと同じ人間らしい特性を認めたと信じている(27)」とローゼンヌは続けている。

一時帰国していた双方の代表たちが一月二七日に戻ってくると交渉は再開されたが、何の進展もなかった。バンチは双方にもっと柔軟になるよう求め、イスラエル側には雅量《がりょう》を見せるよう説得した。エイタンとの話し合いのなかでバンチは、「今の時点では打ち負かされた敵ということになっているエジプトに対して寛容を示すよう」要請した。「……わたしの個人的な考えでは、イスラエル側が優れた政治的識見を示すまたとない機会であり、のちのちのためになる(28)」。エイタンは、「体面を汚すことなく……パレスティナから撤退しなければならない」というエジプト側の事情をよく理解していたものの、エジプト政府を困難な立場から救い出すことと「休戦とは何の関係もないし、また自分たちの関知するところではない」と考えていた。シャレットはもっと端的に「エジプト側は不届きにもわが国に攻め込んできて敗れ、今その報いを受けているのであり、エジプト国民に対して自分たちの敗北を認める勇気がエジプト政府にないということで、エジプト政府がイスラエルに助力を期待するのは筋違いである(29)」とバンチに書き送っている。

バンチは妻のルースに、「ここでは双方［エジプト人とイスラエル人］のそれぞれとわたしは、堂々巡りをしています。わたしが交渉を打ち切り責任から解放してやれば、彼らは大喜びするるでしょう。だが、わたしはそんなことをして自分の責任でもないのに責任をとらされるつもりはありません。……クマの尻尾をつかんだはいいが手を離す勇気がない、そんな感じです」と手紙を書いている。(30)

交渉は袋小路に入ってしまった。エジプト代表団、イスラエル代表団双方とも方針を変えようとはせず、交渉打ち切りの責任を取ろうともしなかった。ついにバンチはエジプト側の一人に、「いいか、このままではあなた方かイスラエル側が交渉を打ち切り、その責任を取ってもらうことになる。国連の代表として、わたしはあなた方の僕だ。だからどちらか一方でもここに留まっているかぎりわたしも留まる。必要とあれば一〇年でもここにいる」と通告した。「そうですか」と相手は言いながら笑みを浮かべた。「どうぞそうしてください。しかし、なぜそんなに急ぐのですか？」(31)。バンチはリーに、「双方の代表団と個別に話し合った結果、休戦協定が成立する見通しはゼロとの結論を出さざるを得ません。双方とも頑なです。双方から譲歩を引き出すべくできるだけの努力をしてきましたが無駄でした」(32)と電報を打った。リーは「笑顔を絶やさず頑張ってもらいたい」(33)とバンチを激励し、アメリカのディーン・ラスク国務次官補はバンチにこれまでの方針を堅持するよう勧める電報を打った。「ロードス島交渉を進める貴下の見事な手腕を大変心強く思っています。たとえ今現在見通しが暗くても最後まで職務に力を尽くしていただきたい。あなたが帰国したいと思っていることはよくわかっていますが、今この難しい交渉を成功に導けるのはあなたを措《お》いて他にいません」(34)。

「バンチはタフだった」とローゼンヌは書いている。「無情になろうと思えばなれたのだが、脅してすかして魅了した。彼には強引なところがあり、相手の感情を害したこともあったが、それが必要だと彼が心底思っていたからそうしたのだ。しかし、彼は議論や説得に対して公平で偏見がなかった。わたしにとっての彼は、国連――頼りないイデオロギーという楽観的な色眼鏡を通して眺めた国際連合ではなくて、この核時代において人類が生き延びるために必要な国連――という組織が掲げる信念の権化であった。わたしがエジプト側に立っていたとしても、個人的には彼と妥協することができただろう。これまでに出会って一緒に仕事をし対立もする光栄にあずかった相手のなかでは特に傑出した人物だと思っている」[35]。

バンチは速度を上げた。彼の努力はさっぱり実らず、もっと思い切ったやり方が必要だと確信した。双方の虚勢にもかかわらず、両国の交渉担当者たちは、譲歩すること以上に、交渉をぶち壊したと非難されることを恐れている、とバンチは見抜いていた。一月三〇日日曜日、バンチは賭けに出た。代表団を個別に呼んでこの件に関する結論を急いでもらいたいと思っていると告げ、この先の日程の都合があるので協定を成立させるなら火曜日までに、双方の意見がまとまらないならまとまらないで水曜日には結論を出すよう求めた。そして明日の朝一番に内容の充実した草案を渡すと約束した。

バンチは新たな提案を組み立てた。それは、見解の相違を調整するための基本的な諸原則を示したものであった。いずれも重要な点に関する双方の最低限の要求よりも穏やかなものであったが道理にかなったものばかりで、これを拒絶するとなれば恥ずかしい思いをするのは確実だった。このような基本原則を提案することによって双方に決断を迫ったのである。この案は協定の概略を明確に示しており、ファルージャのエジプト軍軍隊の最終的解放が明記され、境界線や境界線付近の軍事力の削減と均衡については特別の勧告がなされていた。バンチは、この提案は双方とも気に入らないだろうが拒絶するわけにはいかないだろうと踏んでいた。「この取り決めがあれば双方とも逃げられない[36]」と書いている。

エジプト側は本国政府と協議するべく、この草案をもってカイロへ帰った。エジプト側が一時帰国するとイスラエル側は抱いている不安をバンチに打ち明けた。この草案はエジプト側が承服できる最低ラインを定めたものであるという感じをイスラエル側は受けていた。だが一方では、別のやり方でやれば、エジプト側にイスラエル側の立場を完全に認めさせるところまで持っていけるのではないかとも思っていた[37]。イスラエル側は、戦略上重要な道路に沿ったエジプトとの国境地帯にある南部の町エルアウジャの非武装化という条項に特に反対した。この町は停戦直前にイスラエルが占領していた。この条項は、エジプト側からのいくつかの要求に対する一つの譲歩としてバンチが含めたものであった。イスラエル側を代表してルーヴェン・シロアッフが、このような休戦協定を結べばいずれ「問題が起きる」と伝えると、バンチは「問題ならばもうじゅうぶん起きている。少しぐらい増えても差し障りはない[38]」と答えた。

バンチはエイタンに宛てて次のように書いている。

この草案がいくつかの重大な点において、双方の最低限の要求を下回るものであることはじゅうぶん認識しています。……しかし、双方の立場が犠牲になっているとしても、ある程度この線に沿った休戦条約であれば、それによって重要な国益が大きく損なわれることは双方ともにないでしょう。どちらの立場をも大きく侵害することなく、同時にほどほどに筋の通った公平な取っかかりを見つけようとこれまで力を尽くしてきました。……正直に言って、和平を求めている双方がここに略述された道筋に近い線で和平を見出せないとは、世界中の人々が信じないだろうとわたしは思っています。この道筋、あるいは他の道筋でもいいのですが、に沿って双方の合意が得られないというのであれば、世界中の人々は本当に困惑するでしょう。……和平を求めるのであれば、和平を求めている双方が重要なものをある程度犠牲にしなければならないということを、この交渉ははっきり示しているのです(39)。

一月三一日、エイタンはシャレットに、自分たちが頑なな態度をとり続ければ交渉は不調に終わり、イスラエルがその責任を負わされるのではないか心配していますと手紙を書いた。エジプト側は休戦協定を結びたいと考えていますが、イスラエルがこれまでどおり条件を緩和しなければ、彼らはすでに調印済みの停戦協定でよしとし、ロードス島交渉を打ち切って安保理に問題を持ち込むかもしれない。エイタンはシャレットに、イスラエル政府は交渉不調の責任を取るつもりがどの程度あるのか、またその結果がイスラエルのアメリカ政府や安保理との関係に与える影響を政府がじゅうぶん認識しているのかどうかを調べてほしいと頼んだ。

エジプト代表団の一時帰国中、バンチはロードス島の外で、より大きな影響力をもつものを始動させていた。バンチは話し合いにおいてつねに国連安保理の制裁措置という脅しをちらつかせていたが、話し合いがだらだらと長引くにつれてイスラエル代表団はその危険をひしひしと感じ始めていた。もしこの問題が安保理に持ち込まれたら、安保理は今エジプトが出している条件よりも過酷な条件を押しつけてくるのではないかと心配した。バンチは相変わらずアメリカ、イギリス両国政府との直接対話ルートを維持しており、代表団の頭越しにイスラエル、エジプト両国の指導層に圧力を及ぼしていた。このため本国政府からロードス島で交渉している担当者たちに対する指示があらためられることもしばしばだった。ハリー・トルーマン大統領はバンチに、必要ならばいつでも両国政府に圧力をかけると伝えてきていた。今こそその時期であった。バンチはイギリスとアメリカが自分の原案を支持することで、エジプト、イスラエル双方が交渉停滞の危機を乗り越えてくれればよいと願った。(40)

セフ・エル・ダイナはカイロで何とか政府に草案を承諾してもらおうと苦労していた。軍部は自分たちの災難に終止符を打ちたいと考えていたが、政治家たちは厄介な交渉をまだ続けるつもりでいた。交渉団に後押しされ、アメリカから圧力をかけられ、エジプト政府は最終的に草案に賛成した。エジプト代表団は二月三日の早朝にロードス島に戻ってきた。今度ばかりはエジプト側も巧妙な戦術をとったとバンチは思った――エジプト側はいくつか小さな修正を加えただけで妥協案を受け入れた。そうすることによって、イスラエル側に決断を迫ったのだ[41]。イスラエル側のとっさの反応はいつになく控え目だった。エイタンはバンチに、エジプト人の考え方は自分にとって「謎だ」とそっけなく告げた。だが、エジプト側が妥協案を受け入れたことで交渉が生き返り、会談の転換点となったのは明らかだった[42]。

翌二月四日、バンチは非公式の合同協議会を招集した。交渉はいくらか進展し見通しも上向いた。バンチはリー国連事務総長に、「イスラエル側は、妥協案が配布されて以降意味のある譲歩はしていませんが、エジプト側は大幅に譲歩し妥協案を受け入れました。妥協案のなかのエルアウジャに関する条項は、双方の安全保障上の利益を十二分に保障するというのがここにいるわれわれ全員の一致した見方です[43]」と電報を打った。セフ・エル・ダイナは、双方の軍首脳部が会合を開き境界線について細目を話し合ってはどうかと提案した。「この提案は事態を活性化するものとなり、ただちに受け入れられた」とバンチは書いている[44]。

情勢が微妙なためバンチは漸増主義的方法をとった。すなわち、問題を小さな実際的ことがらに分割し、双方が信念や主義の問題と切り離して取り組めるようにした。エイタンはのちに、バンチは「情勢を徹頭徹尾現実的にとらえていた。われわれのなかでおそらく彼がもっとも幻想を抱いていなかった。『一度に二つのことをしない』という信条を説き、さらにそれを自ら実践していた[45]」と述べている。話し合わなければならない問題は数多くあったが、バンチはそれらを個々の項目に分類した。そのなかには、ファルージャ問題／およそ二六〇〇平方キロの広さの砂漠沿いにのびる境界線／一〇万を超す軍勢の撤退対策／イスラエル、ガザ、ネゲヴにある一〇あまりの都市の取り扱い／その他におびただしい数の二次的な問題があった。バンチはそれぞれの項目を議論の対象として各代表団に示し、各項目に対する協議予定表をつくった。それから、双方を呼び集めてこの予定表を正式に承認する協定書に調印させた。この協議予定表について合意ができてしまえば、次は集まって各項目に取り上げられている問題そのものを論じることになるという段取りであった。[46]「これには二重の目的があった」とバンチは語っている。

まず第一に、双方が顔を合わせなければならないわけだが、わたしとしては双方に、正式な措置をとり何かに調印することに慣れてほしかった。そうすれば次の段階はそれほど難しくないのではないかと思った。……

彼らが顔を合わせるといつでも、その主張には相変わらず開きがあった。たいていはタイミングの問題だった。一つの項目について、話し合いを正式な書面の形にまとめて草案にする適切なタイミングをとらえることとの問題だった。最初に全体的な草案を彼らに見せるようなことはしなかった――そんなことをすれば彼らはひどく怯えただろう。話し合いがかなり進んでから、現に話し合っている項目についての完全な合意に関する最初の草案をつくって彼らに手渡した。これは何度も繰り返し修正されることになった。本国政府と協議するために持ち帰る問題や妥協を重ねて折り合いをつける必要のある問題については――個別にあるいは一緒に――あらかじめ彼らとじっくり話し合うのは当然だった。(47)

バンチによると、会議場の空気が非常に緊迫していたため「誰かが鼻をかむといつも誰かの機嫌を損ねるような状態だった。毎日、危機的な局面があった(48)」。交渉団の人たちは、相手よりも優位に立とうとあらゆる面を検討した。相手から譲歩を引き出そうとして、「二枚舌、約束、甘言、脅し、自分たちはロードス島を去るつもりだというほのめかし等ありとあらゆる策略(49)」を用いた。

バンチは双方の食い違いを回避するべく独創的な言い回しで書面を作成した。あるイスラエル代表は次のように書いている。「双方が合意に達しないとバンチは、双方がそれぞれ都合よく解釈できるような文面を起草してきた。そのやり方について疑問を呈すると、現時点での基本的な目的は戦闘を終わらせることだという答が返ってきた。あとになって双方が何らかの条項について自分たちの期待していたような結果にならないと気がついても、だからといって戦争を再開したりはしないだろう。そんなことはしないで、現実に見合った適切な取り決めをまとめていくだろう(50)」。バンチはまた時間を味方にしてうまく使っていた。双方を交えての会議を明け方三時、四時まで引き延ばし、疲労困憊している双方の代表者たちが疲れに負けてある細目について渋々認めて調印したこともあった。(51)二〇時間続いた会議もあった。午前一〇時に始まって以降、食事休憩もとらず（ドートンによると「バンチはオレンジジュースを飲んでいた」）居室から一歩も出ずに、双方のあいだを行ったり来たりして、ついに翌朝午前六時過ぎ、双方は論争中の問題点について合意に達した[52]。その粘り強さゆえに両国の代表たちは彼に敬意を払った。「バンチ博士は当面の目標を見失うようなことはけっしてなかった。たとえそれが些細なことであって本題と直接関係がないように見え、たぶん達成できないように思われるものであっても。しかし、その一方で休戦協定は一時的な戦闘停止から平和への移行において必要不可欠な段階であることを認識していた[53]」とエイタンは語っている。エイタンとは別のイスラエル代表も次のように書いている。「会議を処理するバンチ博士の手腕はたいしたものだった。……口を開くことはほとんどなく、もっぱら人の話に熱心に耳を傾けていた。相手の言葉を聞くだけでなく、その言葉の裏にある発言者の真意を見透かそうとしているかのようだった[54]」。

骨の折れる交渉を投げ出さずに続けた甲斐があり、エジプト側とイスラエル側の食い違いが狭まりだした。残った論点はベエルシェバの取り扱いだった。これはエルサレムとエジプトの中間点であるネゲヴの中央に位置する大きな町で、戦いが始まって間もなくエジプト軍が占領したのだが、その後一〇月にイスラエル軍が奪還していた。ここにイスラエル軍大部隊を置くことはガザ地区およびエジプト国境地帯に対する継続的な脅威となるため、エジプト側はベエルシェバを非武装地域にするよう主張していた。さらにベエルシェバにエジプトの民政官を置くよう求めていた。戦略上重要な交差道路があるがゆえにベエルシェバはネゲヴの要衝の地となっていた。

エイタンはベエルシェバの非武装化に抵抗した。イスラエルはネゲヴ東部に駐留するアラブ諸国の軍隊やアカバ近くに駐留するイギリスの軍隊を恐れており、ベエルシェバに軍を駐屯させておく必要があると思っていた。また、イスラエル側もエジプト側も、エジプトとの交渉が終わったのちイスラエルがその他のアラブ諸国と行う休戦交渉を見据えたうえでずっと交渉してきたのであり、イスラエル側はここでエジプトに譲歩すれば弱腰とみなされ他のアラブ諸国との交渉で不利な立場に陥るのではないかと心配していた。エジプトはアラブ世界での権威をめぐってヨルダンのアブドゥッラー国王とライヴァル関係にあり、ヨルダン国王がネゲヴの所有権を主張する可能性を減らそうと考えていた。ネゲヴについてはヨルダンも権利を主張していた。

二月五日、バンチは国連事務総長に「今朝の会議でエジプト側は本日、妥協案に調印すると明言しました(55)」と電報を打った。翌日には「イスラエル側の態度に変化はありません。今日、エイタンと腹を割ってよく話し合い、この情勢をわたしがどう見ているかくわしく記した手紙を渡しました。エジプト側は融和的ですが、イスラエル側からの譲歩がいっさいないままさらなる大幅譲歩をすることには抵抗しています(56)」と報告した。

二月七日、エイタンはシャレットに宛てて次のように書いている。

ここに到着して以降、われわれと話すバンチの言葉の背後には交渉がまとまらなければ国連安保理が措置をとるという脅しが当然の成り行きとしてひそんでいましたが、これほど明白に言ってきたのは今日が初めてです。イスラエル政府が自問しなければならない基本的な問題は、これらの件で安保理に立ち向かう覚悟があるのか否かということです。バンチ宛ての外相の電報内容から、答はイエスだと解釈しました。しかし、将来安保理——バンチにそそのかされ、イスラエル側が指示に従わないことに苛立っている——がイスラエル軍をアウジャから撤退させ、一一月三日の線に後退させようと強硬な措置をとったら、あるいは、イスラエルに停戦協定を破り国連を馬鹿にする国家という烙印《らくいん》を押したら、政府はどう対応するつもりなのか、わたしにはまったくわかりません。しかも、こういったことは近い将来、わが国が国連に加盟するチャンスに影響するでしょう。わがイスラエル軍の強さ——もちろんこのことがわれわれがずっと強気できている理由なのですが——にもかかわらず、国連安保理の決議によって指摘されている国際的な秩序の観点からわれわれ自身を正当化しようとするのは非常に難しいでしょう。……ここは何らかの手を打たないと論争の舞台がロードス島から［国連に］移るような気がしてきました。(57)

エイタンの推測では、エジプト側はイスラエルが戦闘を再開しないし、エジプトはたとえ休戦協定が成立しなくても安保理を通じてファルージャとエルアウジャについて自分たちの目的を達成できると確信しているようであった。イスラエル側はまた、エジプトとの交渉が決裂すれば他のアラブ諸国との休戦協定を結びにくくなると承知していた。イスラエル代表団はテルアヴィヴに、「イスラエル側がこれまでに行った譲歩はいずれも本当の意味での譲歩ではなく、過大な要求を引っ込めたようなものであり[58]」、休戦協定を成立させたいのならば大幅な譲歩をしなければならないと電報を打った。

バンチはリーに電報を打ち、ベエルシェバに対する圧力を緩和するためイギリス軍をアカバから移動させることについてイギリスと話をしてほしいと頼んだ。一方、バンチの要請を受けてトルーマンは、ディーン・アチソン国務長官にイスラエルのベン＝グリオン首相に対して妥協案支持を勧告するメッセージを送るよう指示した[59]。バンチとその首席補佐官であり軍事顧問でもある海兵隊のウイリアム・ライリー将軍は、エイタンとヤディン大佐を呼んでじっくり話し合った。ヤディンは「どう見てもこの休戦協定成立を遅らせようとしている」としか見えなかったのだが、本当のところは成立させたいと考えているのではないかとバンチは思った。バンチは彼に対して交渉というものはもどかしいものだと諭し、国家にとっても軍指導者にとっても真に偉大になれるかどうかの実際的基準は、勝利を優雅に受け取る力量があるかどうかだと告げた[60]。

エジプト側は新たに風変わりな要求を出してきた。ベエルシェバの非武装化にくわえて、エジプト国民に対して体面を保つため同地にあくまでも名目だけのエジプト人軍政長官を置きたいと求めてきたのだ。突っ込んだやり取りの末、イスラエル側はエジプト側にその要請は馬鹿げていると納得させた。そこでエジプト側は代案を出した。ベエルシェバとエジプト国境とのあいだにはビールアスルイという村があった。小さく戦略的価値もないためエジプト側はそこならエジプト人軍政長官を置くことをイスラエル側が認めるかもしれないと考えたのだ。ベエルシェバからエルアウジャを経てエジプトへ至る道路沿いにあって泥づくりの粗末な小屋が立ち並ぶビールアスルイを軍政長官が管理するという考えは奇想天外だったが、「ビールアスルイの軍政長官」という職をつくればエジプトで大きく取り上げられ、エジプト政府の顔はつぶれずにすむだろうと考えたのだ。「われわれはさんざん冷やかして、この案を思いとどまらせた(61)」とエイタンはのちに回想している。

仕方がないのでエジプト側はついにエジプト国境付近のエルアウジャに軍政長官を置く案を出してきた。エイタンはこれについても拒否し、イスラエルとしてはイスラエルの支配地域に――たとえどこであれ――エジプト人軍政長官を置くわけにはいかないと主張した。バンチは軍政長官を承認したくないイスラエル側の気持がわからないでもなかったが、国民に対して面子を立てなければまずいエジプト側の立場ももっともだと思った。バンチは軍政長官設置の代わりとして、イスラエルがアウジャへの軍駐留を差し控える旨の案を提示し、エジプト側からも同様の保証を取りつけ、その両方を最終協定に盛り込むことを提案した。イスラエル側は渋々ながらもこの案を検討すると答えた。

バンチは双方に受け入れられそうな妥協案の起草を続けた。二月一〇日には国連事務総長に「交渉が順調に運んでいるとは言えませんが、合意に向けて着実に進んでいます。毎日の話し合いと妥協案の草案作りで成果が出ているものの、あらゆる方面からの圧力をかけ続けることは依然として欠かせません(62)」と報告している。二月一〇日、サッソンはシャレットに電報を打った。エジプト側のベエルシェバをめぐる交渉を打ち切るという脅しの言葉は本気だと思いますし、交渉が不調に終わるのは残念だが必要ならば収穫なしで帰国するのもやむを得ないと彼らは考えているようです。二月一〇日、エイタンはシャレットに次のように報告している。

近いうちにこの行き詰まりを打開できるとは思えません。イスラエル政府が寛大な譲歩をする覚悟があれば話は別ですが、それはないと思っています。もう一カ月ほどここで交渉の席についていますが、景色が美しいにもかかわらず、これ以上ここにいても有意義な仕事ができるかどうか確信が持てません。わが国が譲歩しないとすれば選択肢は二つしかないと思います。交渉を打ち切る（あるいは「一時休止する」）か、このまま交渉に参加してエジプト側が来週、あるいは来月、あるいは来年に言ってくるかもしれない事項を何でも傾聴するべくここに本当に名目だけの交渉団を残すかです。……もっと正確に言えば、選択肢はさらなる譲歩をするか交渉を打ち切るかです。どのみちすぐに国連安保理は、バンチが提示しているこれらの譲歩（さらにそれ以上の譲歩）を迫ってくるでしょうから、わたしとしては今のうちに譲歩して休戦協定を成立させ、国連での評判をよくしておく方が望ましいと思っています。(63)

ベエルシェバに関する話し合いが行き詰まるとバンチは両国の代表団を自室に呼んだ。そして整理タンスを開け、「一九四九年、ロードス島　休戦交渉」と刻まれた二枚の見事な陶製のプレートを見せた。「さあ、この美しいプレートをよく見るんだ！　合意に達すればそれぞれ一枚ずつ国に持って帰ることができる。合意に達しなければ、諸君の頭に叩きつけてやる！(64)」と告げた。

二月一一日、イギリス政府は国連に対して、アカバに駐留するイギリス軍が攻撃目的に使われることはけっしてないという保証を与え、これはイスラエルに対する圧力を和らげるものとなった。その二日後、バンチはリーに「一三日の午後になって状況が好転し、イスラエル側はエルアウジャに関して態度を軟化させ、エルアウジャおよびその周辺からイスラエル軍を撤退させると言ってきました(65)」と報告した。

交渉がゆっくりとではあるが進み出すと――特に境界線問題について――双方から少数の人たちが選ばれて慎重に直接交渉を始めた。こうした一対一の話し合い――バンチの補佐官のなかにいた一人のエジプト人が後押しし、エジプトの政治顧問アブドゥル・ムスタファ（イスラエル側が「エジプト代表団の本当のボス」であると考えていた人物）、ヤディン大佐、サッソンも加わった――をすることで、イスラエル側はエジプト側がずっと柔軟になってきているとの印象を受けた。サッソンは「友好的な雰囲気のなかで率直に話し合い、見解の相違を取り除くために(66)」国連の人間を同席させず会議を開いてはどうかと提案した。

エイタンはエルアウジャおよびネゲヴの他の要地における非武装地帯について、テルアヴィヴの承認を得ている新たな妥協案を提示し、両交渉団はもう間もなく協定が成立するだろうと楽観的になった。二月一六日、バンチは国連事務総長に次のように電報を打った。他の問題は決着がつくか解決に向かっており、合意に向けて残っている障害はベエルシェバの非武装化だけになりました。エジプト側は相変わらずこれを強く求め、イスラエル側は依然として拒否しています。「アウジャの問題はほぼ解決し、これで全体の雰囲気が変わりました」と二月一六日、エイタンはシャレットに宛てて書いている。「あとはガザからラファフへ延びる前線沿いにわれわれがどんな前哨基地を設けるのかという問題、およびベエルシェバと東部地区に関する全般的な問題が残っているだけです。われわれはあらゆる手段を用いて関係者に、今回のエジプトとの休戦協定ではベエルシェバと東部地域に手をつけるつもりはないこと、またベエルシェバと東部地域におけるわれわれの完全な自由と権利を削ることには賛成できないと釘をさしています。わたしは昨日バンチにこのことをはっきり伝えましたし、今朝はエリヤ・サッソンがエジプト側に強く言いました。今日の午後にはヤディンがバンチに再度しつこく話しました(67)」。翌日、エイタンはシャレットに電報を打った。「今日はもっぱらベエルシェバ問題について話し合いました。これについてエジプト側は最後の抵抗をしています。……それはそうと、昨晩、イスラエル側の人間がバンチに『エジプト側はこの合意が成立したら大いに得るところがありそうだが、われわれは何を得るのだろうか?』と尋ねたところ、きっぱりと『ネゲヴ』という答が返ってきました。彼の言葉が当たるよう願っています。そうなればロードス島での六週間に及ぶ苦労と果てしない議論が報われます(68)」。

エジプト側がベエルシェバからのイスラエル軍の撤退――そんなことをしてもベエルシェバに対するイスラエルの軍事的優位には何の影響もないだろうことはわかっているのだが――について強硬な態度をとっている唯一の理由として主張していたものは、そのようなそぶりを見せることがエジプト政府内の何人かの閣僚にこの修正案を認めてもらうために必要なのだということであった。二月一九日、バンチはリーに次のように報告している。

イスラエル側は、特にアカバにイギリス軍が駐留している状態では撤退しないとの強硬な態度をとっています。彼らは今ここでベエルシェバから撤退すれば、将来立場が弱くなるのではないかと懸念しています。双方がこうした取るに足りない理由で協定成立を妨げているのであれば、これは大きな悲劇です。計画されていた手順では、日曜日までには、ベエルシェバに関する第七条を除いて、合意に達したすべての条項が記された修正協定案が用意できることになっています。エジプト側の首席代表はこの案をもって日曜日のうちにカイロに飛びます。……ベエルシェバ以外ならば何でもうまく処理できるのですが、これについては事務総長に助けていただく必要が大いにありそうです。(69)

翌日、バンチはエジプト代表団と明け方三時まで話し合い、それから朝八時までかかってベエルシェバの非武装化を含まない妥協案を起草した。イスラエル側はこの妥協案を是認した。エジプト側にとってベエルシェバは相変わらず障害だったが、月曜日に写しを持ち帰り本国政府と協議することには同意した。これは協定成立の最後のチャンスだった。「もし承認が得られなければ交渉は一時休止となるだろう。われわれはひたすら成功を祈った」[70]とバンチは書いている。

バンチはリーに、自分の見るところイスラエル側ははったりをかけているわけではなく、ベエルシェバに関して譲歩するぐらいならば交渉を打ち切った方がいいと本気で考えているようだと伝え、エジプト側に妥協案を受け入れるよう事務総長自ら要請していただきたいと頼んだ。二月二〇日、バンチはリーに次のような電報を打っている。

ファウジ・ベイに対して、わたしの見るところでは、イスラエル側はベエルシェバからイスラエル軍を撤退させる問題について、繰り返して言うがはったりをかけているわけではない、と伝えるのは当を得たことだと思うのですがいかがでしょうか。月曜日にエジプト代表団がカイロで政府と協議をすませてロードス島に戻り、ベエルシェバに関する交渉を続けようとしても、自分たちは会議場から出ていくとイスラエル側から伝えられています。……エジプト側にとってこの妥協案はどこから見ても恥ずかしくない協定であり、エジプトの軍事的な立場を考慮すればこれ以上のものはないでしょう。彼らが調印を拒めば彼らの失うものは大でしょう。[71]

リーはこの交渉を成功させようとして、エジプトのマフムード・ファウジ外相とはそれまでにも三度会っていた。バンチのこの要請を受けてリーは、イスラエル側はベエルシェバに関してははったりをかけているわけではないと説明し、今回和平協定が成立すれば、一九四八年一一月以来安保理が果たせなかったことをエジプトは達成できるとファウジに指摘した。「破滅的なエジプト軍の立場を考えれば、これは絶好の機会であり、じゅうぶんに面目が立つ協定である[72]」。

休戦協定に調印する（国連／UCLA図書館特別コレクション部）

二月二三日水曜日、エジプト代表団が戻ってきた。彼らはベエルシェバについて渋々ながら承認し、この妥協案に調印することを約束した。ヤディンはバンチのこれまでの骨折りに対して礼を述べ、「忍耐は報われる[73]」と語った。一九四九年二月二四日、ホテル・デ・ローズの冬季正餐室で調印式が荘厳に執り行われた。両国の代表団はバンチを真ん中に挟んで着席した。シンプルな白いテーブルクロスをかけた四角い大テーブルには生花が飾られていた。協定書は正一通、副四通の併せて五部作成された。そのすべてに署名が行われている最中にバンチはライリー将軍を見やった。将軍の目には涙が浮かんでいた。「人生でもっとも重要な瞬間だった」とライリーはのちにバンチに語っている。「戦争ではなく講和の力添えをしたのは初めてだった」[74]。
その晩、関係者たちは休戦協定成立を祝ってパーティを開き、エジプト側がカイロの老舗菓子店グロッピから空路運んだ焼き菓子を和やかにつまんだ。エイタンは隣に座っていたセフ・エル・ダイナから家族の写真を見せられ、次のように記している。

会談初日にホテルの廊下ですれ違いざま顔をそむけた姿とはまったく違う感じだった。……ホテル・デ・ローズで六週間、一緒に過ごすうちにわれわれはエジプト側とすっかり親しくなった。交渉が始まった頃の彼らの態度は、不安あるいは警戒心のなせるものだったのかもしれない。根深い敵意に基づくものではなかったと確信している。……あの晩、われわれは戦闘局面を正式に終わらせただけでなく、両国間の少なくとも正常な関係――たとえそれが愛や好意のこもったものでないとしても――の基礎を築いたのだと思った。エジプト側も同じように感じたとわたしは思っている[75]。

休戦協定により、両国がそれぞれ領有権を主張していた土地のうち三五一平方キロはエジプトに、およそ二六〇平方キロは中立地帯に、残りはイスラエルに割り当てられた。ファルージャで包囲されていたエジプト軍師団は無事エジプトに帰還し、同師団の副司令官ガマール・ナセルはのちにエジプト大統領になった。およそ三〇年後にキャンプ・デイヴィッド合意（一九七九年にエジプトとイスラエルのあいだで締結された平和条約）が締結されるまで、この休戦協定は非常に重要なものであり続けた。中東で達成された唯一意味のある重要な協定だったかもしれない。

イスラエル国内でこの休戦協定は熱狂的に受け入れられた。新聞はどのページを開いてもこのニュースしか載っていなかった。ベン＝グリオン首相はこの休戦協定を「軍事的勝利に優るとも劣らない歴史的勝利」(76)と評価した。しかし、カイロでの反応は控え目だった。驚いている国民にこの協定を納得させるという厄介な問題にエジプト政府が直面したためである。イブラヒム・アブデル＝ハディ首相は短い声明を出し、この休戦協定は「政治的性格を帯びたものではなく、軍事的問題」を処理しただけで、「パレスティナの政治的将来に何ら影響を与えるものではない」と強調した。政府の検閲官は「激しい反発」――結局起きなかった――を恐れエジプトの新聞社が協定書を掲載することを禁じた。(77)

予想どおりイスラエルと他のアラブ諸国との交渉は――バンチがすでにニューヨークに戻っていたにもかかわらず――比較的スムーズに運んだ。イスラエルはレバノンとの休戦協定を三月二三日に、ヨルダンとは四月三日に、シリアとは六月二〇日にそれぞれ結んだ。ウォルター・エイタンはイスラエル外務省事務次官の任期を満了したのちフランス大使に就任し、一九六〇年代をパリで過ごした。一九七〇年以降は一九七八年に退職するまで放送委員会の委員長を務めた。イガエル・ヤディンは一九五二年にイスラエル国防軍を退役するとエルサレム大学で考古学を学び、

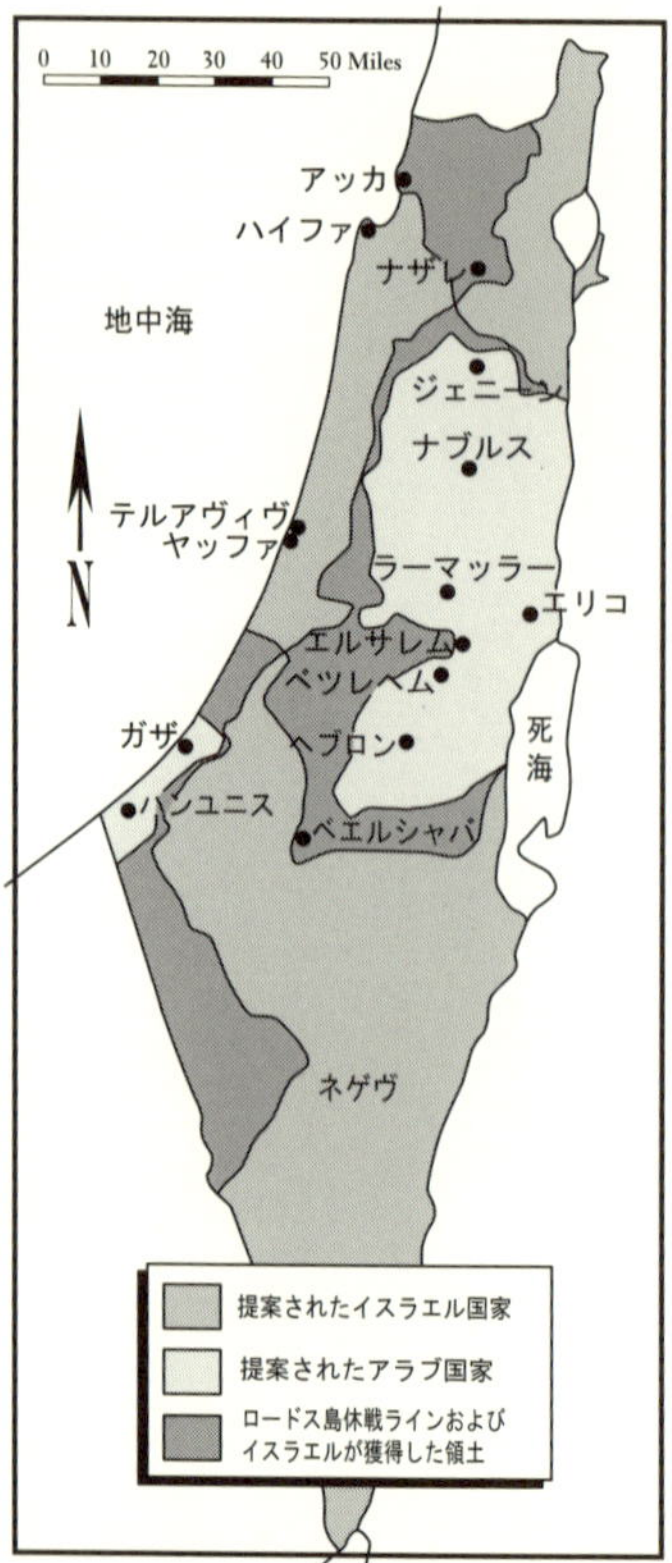

ロードス島休戦協定によりエジプト軍兵士はファルージャから安全に撤退できた。また、係争地についてはイスラエルが、エジプトが獲得した面積を上回る地域を獲得した。

一九五五年に博士号を取得した。その後はハツォール、マサダ、メギドで遺跡発掘を指揮し考古学者として名を上げ、また死海文書の解読にもあたった。一九七〇年にヘブライ大学考古学研究所所長に就任したが、その後短期間政治の世界に戻って一九七七年から一九八一年まで副首相を務めた。ルーヴェン・シロアッフはイスラエルの秘密諜報機関モサドを創設し、初代長官になった。イスラエルが譲歩することに抗議して休戦協定が成立する前に交渉の場を去ったイツハク・ラビンはのちにイスラエル首相となり、一九九四年にパレスティナ問題をめぐる交渉で指導的役割を果たした功績によってノーベル平和賞を受けた（パレスティナのアラファト議長およびラビン政権下の外相シモン・ペレスとともに）。しかし、一九九五年、パレスティナに和平を確立することに反対するユダヤ人に暗殺された。アブドゥル・ムスタファはアラブ連盟の事務総長、サウジアラビア国王の外交政策担当顧問となった。一九五二年、エジプトのファルーク国王はシェリーン大佐を陸軍大臣に任命したが、陸軍将校たち――政府高官の腐敗に憤り、一九四八年の戦争でのエジプト側の敗北をいまいましく思っていた――はシェリーンは陸軍大臣としての資質に欠けるとして反対した。これが導火線となってクーデターが起き、君主制は廃止され軍事独裁政権が誕生した。

ラルフ・バンチはロードス島での休戦交渉に尽力した功績により一九五〇年、ウィンストン・チャーチル卿やジョージ・マーシャル他の候補者を抑えてノーベル平和賞を受けた。この賞の受賞者としてはアフリカ系アメリカ人として初めてであり、また最年少での受賞だった。当初は辞退しようと考え、ノーベル委員会宛ての手紙のなかでその理由を「賞をいただくために［国連］事務局で働く人間はいません」と説明したが、リー国連事務総長にうながされ考えをあらためた。大統領自由勲章、六九あまりの名誉博士号の他にも多くの勲章や称号を与えられていたが国連にとどまり、特別政治問題担当の国連事務次長になった。(78) しかし、その名声を万人が知っているわけではなかった。彼はよくインタヴューを受けたが、ある時新聞記者が執務室でバンチの五歳になる息子に目をとめた。記者に「ボクはお父さんがどんなお仕事をしているか知ってるかい？」と尋ねられた子供は、「もちろん知ってるよ。パパは国連ラジエーターなんだ」と無邪気に答えた(79)（ラジエーターとコーディネイター（調停官）を混同している）。

バンチはアメリカ国内で黒人の公民権獲得運動にも関わり続け、一九六三年五月には友人のマルティン・ルーサー・キング・ジュニアとともにワシントン大行進に、一九六五年にはセルマ（アラバマ州中部の町）でのデモに参加した。ハーヴァード大学からは正教授としての招きを受け、またケネディ大統領からは国務長官のポストを打診されたが、一九七一年に亡くなるまで国連を離れなかった。ある時どのようにしてロードス島での交渉を成功させたのかと尋ねられたバンチは次のように答えている。

アメリカに暮らす黒人ならば誰でもそうだが、わたしも世間の波にさんざん翻弄されてきている。幻滅を感じるような経験もたくさんしている。当然のことながら偏見にはアレルギー反応を起こすようになった。その一方で、幼い頃から他人の見解や行為を容認することがどんなに大切かも教わってきた。恨みのためではなく権利のために戦う精神だ。また、社会科学者として昔から何があっても腹を立てない精神を養っている。つまり人間の微妙な感情や不合理な行為に対処する場合は客観的な態度で、ということだ。客観的な態度はどんな時も役立っている——パレスティナ交渉では非常に役に立った。何週間も続く交渉中ずっと楽観的でいられた。どういうわけか、この交渉を成功させねばならないと確信していたのだ。(80)

第7章 キューバ・ミサイル危機 1962年

キューバ・ミサイル危機の種は、一九五九年一月一日にフィデル・カストロ率いる反乱軍がフルヘンシオ・バティスタ独裁政権を倒してマルクス主義政府が誕生し、キューバがソ連寄りの国家となった時にまかれた。フロリダ海岸から一五〇キロ足らずのところに共産主義者の足場ができたことに衝撃を受けたアメリカは、カストロ政権打倒を目論み一九六一年四月、一二〇〇人の武装した亡命キューバ人をピッグス湾に上陸させた。反乱の口火を切ろうとしたのだがこの企ては失敗に終わり、部隊のほとんどは殺されるか捕虜となった。

ソ連の首相ニキータ・フルシチョフは、アメリカは時機を窺っていずれまたキューバに侵攻しようとするだろうと考え、アメリカの攻撃から脆弱なカリブ海の同盟国を守る道を一年一カ月あまり費やして探した。一九六二年五月、保養先のブルガリアで、今後アメリカを後ろ盾とするキューバ侵攻の可能性を一撃のもとに排除し、なおかつアメリカに対するソ連の核攻撃能力をほぼ倍加させそうな案を思いついた。「アメリカ政府《アンクル・サム》のズボンの中にハリネズミを投げ込んでやったら、

キューバに配備された核ミサイルの射程。この地図は機密指定を解除された（国立公文書館）

どうなると思う？」[1]とフルシチョフは尋ねた。ソ連のミサイルをキューバに配備することによって、一七対一と劣勢にある戦略核戦力不均衡を顧慮する必要はなくなり、進入ミサイルに対する警報時間を二〇分から三分以下に短縮できる、ということだ。「わたしの考えはこんな感じだ――ミサイルをひそかにキューバに据え付け攻撃態勢をととのえてしまえば、アメリカはミサイルを発見しても武力でこれを一掃しようとする前によく考えるだろう。アメリカはわれわれが据え付けたミサイルのいくつかは破壊できるだろうが、すべては無理だ。キューバに配備したミサイルの四分の一、いや一〇分の一でも破壊をまぬがれれば――一基か二基でも大型のものが残っていれば――ニューヨークを攻撃できる。ニューヨークの大部分はたちまち廃墟と化すだろう」[2]。

カストロの同意を得て、アナディルと名づけられた作戦がその年の夏に開始された。五カ月かけてソ連の全海上輸送能力に匹敵する八〇隻以上の貨物船でひそかに四二基の中距離ミサイル、四二機の長距離爆撃機、一六四発の核弾頭、五万人の兵士、顧問、技術者の他に戦闘機、地対空ミサイル（SAM）、支援車両、機材を大西洋の向こう側に送り込んだ。

すべてはフルシチョフの計画どおりに進んだが、それも一〇月一四日までだった。いつものようにアメリカのU2偵察機はキューバ西部上空を飛行して戻った。撮影した写真には、あらかた完成したミサイル発射台がくっきり写っていた。一〇月一六日、マクジョージ・バンディ国家安全保障問題担当大統領補佐官は、ジョン・F・ケネディ大統領と一緒に朝食をとりながらこの件を報告した。大統領はただちに、エクスコムとして知られることになる国家安全保障会議執行委

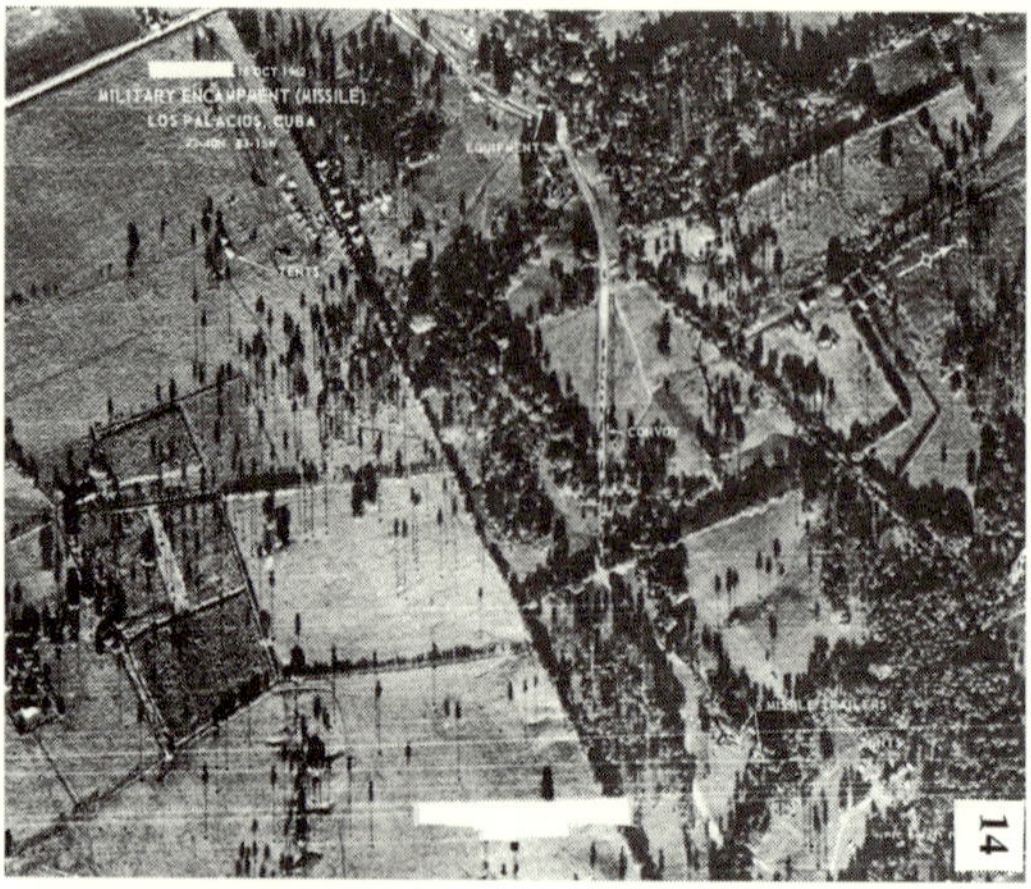

U2偵察機が撮影したキューバのロス・パラシオスのミサイル基地（国立公文書館）

員会を招集した。メンバーは一四人で、国家安全保障問題担当大統領補佐官、国務長官、国防長官、CIA長官、司法長官（大統領の実弟ロバート）のほか少数の高官だった。大統領は彼らの判断力と知性に敬意を払っていた。大統領補佐官のアーサー・シュレジンジャーは次のように書いている。「エクスコムでは自由闊達かつ集中的な意見交換が絶え間なく行われた。異例の緊急事態、これまでにない難しい事態であるため話し合いは多岐にわたった。……このミサイル設置を容認する、奇襲攻撃をかけてこれを破壊する、この問題をカストロやフルシチョフと話し合う等を含めてあらゆる選択肢が検討された。委員たちは、この問題をさまざまな角度から詳細に調べ、さまざまな観点から考察し、事実上すべての選択肢を検討した[3]」。

選択肢は空爆、侵攻、海上封鎖の三つに絞られた。空爆には明確な反応という利点があったが、フルシチョフが予想したように、当時の爆撃誘導技術ではアメリカ空軍が確実に破壊できるのは配備されているミサイルの六〇パーセントから九〇パーセントにすぎなかった。軍部は空爆してから侵攻したいと考えた。これならば脅威を取り除き、またキューバからカストロを永久に追放できるだろうというのだ。だが、情勢はきわめて不安定でそのような大々的攻撃は危険と思われた。また、ケネディは取り返しのつかない行動をとる前にソ連にミサイルを撤去する機会を与えたいと考えていた。この領域で圧倒的に優位なアメリカ海軍の力を利用しての海上封鎖であれば、段階的対応が可能であり、アメリカは柔軟性を失わずにすむ。バンディは次のように説明している。「海上封鎖ではミサイルを取り除けないだろう。ロシアがすでに必要な機材をすべて運び込んでいれば、据え付け完了を阻止することはできない。証拠は不十分だが、まだそこまではやられていないと決めてかかることもできなかった。海上封鎖は非常に厄介な報復的封鎖を引き起こすかもしれなかった。ベルリンがその対象となるのは間違いない。死闘になるかもしれない。しかし、このやり方であれば一発で終わりということにはならなかった。これはアメリカがとる最初の行動であり、最後の行動ではなかった(4)」。

ケネディと顧問たちは最悪の事態に備えた。大統領は海上封鎖の準備としてカリブ海と南大西洋に海軍の軍艦三〇〇隻を展開させ、キューバ侵攻の可能性に備えて一八万の兵員を動員し（これはDデイ以降召集された侵攻部隊としては最大規模だった）、ミサイル部隊には通知から数分以内に全面的な核攻撃を開始できるようにしておくよう命じた。さらに、非常用の食糧や水、医薬品をアメリカ各地の核シェルターに送るよう指示し、一〇月二二日月曜日の夜に国民に向けて、ミサイルを発見したことやキューバに対して海上封鎖を実行する決意を述べるテレビ演説用の原稿づくりに取りかかった。

テレビに釘付けになっている国民に対して、大統領は執務室の机の向こう側から穏やかに語りかけた。

先週、ソ連に囚われているあの島に複数の攻撃用ミサイル基地が建設されつつあることを示す、紛れもない証拠を発見しました。……ある国に対して実弾が発射された場合のみがその国家の安全保障に対する挑戦となり最大級の危機になる、というような世界にもはやわれわれは住んでいないのです。核兵器はあまりにも破壊的であり、弾道ミサイルはあまりにも速い。それゆえに、その使用可能性の大幅な増加や、その配備状況の突然の変更は、平和への明確な脅威とみなされて当然です。……一九三〇年代はわれわれに明確な教訓を与えています。すなわち、好戦的行為が、阻止されず問題にされることなく発展すれば、最後は戦争になるということです。……したがって、われわれの確固たる目標は、アメリカあるいは他のいかなる国に対しても、これらのミサイルの使用を阻止することであり、西半球からこれらのミサイルを確実に撤去、すなわち除去することであります。(5)

大統領は、全軍に対してあらゆる不測の事態に備えるよう命じたことを明らかにし、「こうした行動は、ことの始まりにすぎないかもしれません。……われわれは、早まって、あるいは不必要に世界規模の核戦争に踏み切ったりはしませんが、直面しなければならない時にはその危険から身を引くこともしないでしょう」と断言した。そのうえで、「キューバから、西半球のいかなる国に向けてのいかなる核ミサイルの発射も、わが国はそれをソ連からアメリカ合衆国への攻撃とみなし、全力をあげてソ連に対する報復措置をとることがこの国の政策です」と言明した。そしてフルシチョフに対し、「このような世界支配の方針を断念し、危険な軍備拡張競争を終結させ、人類の歴史を変える歴史的努力に協力するよう」求めた。「わが国はいつでもどんな公開討論の場でも――米州機構（ＯＡＳ）や国連その他の有益な会合の場で――ソ連の平和への脅しに対するアメリカの意見書、および平和な世界へ向けてのわれわれ自身の提案を提出する用意があり、このことに関してわれわれの行動の自由を束縛するものはない」と述べた。これは「ＪＦＫの大統領としての最高の演説ではなかったが、非常に重要な演説であったことは間違いない(6)」とケネディのスピーチライターを務めたシオドア・ソレンセンは書いている。

ソ連はただちに反応した。ケネディの演説を受けてフルシチョフは、戦略ミサイル部隊を臨戦態勢とし、キューバに向かっているソ連の全貨物船に対してはそのまま航行するよう命じた。また、クレムリンで最高会議幹部会――メンバーは一二人――を開き、幹部たちに「これは大きな戦争になるかもしれない(7)」と告げた。

フルシチョフはケネディに挑戦的な手紙を書き、「貴下が進めておられる行動を断念してはどうでしょうか。このままでは世界平和にとって悲劇的な結果を招くかもしれません」と忠告した。そしてケネディの行動を「キューバ共和国とソ連、その他の国々に対するあからさまな内政干渉であります」と断定し、キューバの海上封鎖は国連憲章に違反し、公海上での航行の自由を認める国際規範を犯していると非難し、キューバとソ連両国に対する「公然たる攻撃行為」であるとした。また、ケネディの主張をはねつけ、「また当然のことながらキューバ共和国が自国の防衛力を増強するのに必要な軍備に関して合衆国政府がそれを支配する権利などわが国としては認めることもできません。再度断言しますが、キューバの軍備はあくまでも防衛のみを目的としたものです」[8]とした。のちにフルシチョフはその夜のことを思い起こし、「執務室のソファで服を着たまま眠った。驚くようなニュースがいつ飛び込んできてもいいように心の準備をととのえていた。何かあったらすぐ対応したいと思っていた」[9]と述べている。

ケネディはフルシチョフの手紙に対して、簡潔な返事を書いた。

親愛なる議長閣下

一〇月二三日付の貴下の書簡を受け取りました。はっきり認識していただきたいのは、目下の一連の出来事を引き起こした原因は、貴国政府がキューバに攻撃用兵器を秘密裏に供したことであります。われわれは安全保障理事会でこの問題を話し合います。話は変わりますが、わたしとしてはお互いに慎重な態度をとり、事態を現在より制御困難なものにするようなことはいっさいしないようにしたいと考えています。本日午後ＯＡＳの票決によって確立されたキューバの封鎖隔離条項を尊重するよう、貴下が必要な指示をただちに出されるよう希望します。封鎖隔離は一〇月二四日、グリニッジ標準時で一四時に発効します。[10]

ケネディの宣言に続いて、関係者は主要同盟国、近隣諸国の支持を固めた。ＯＡＳ加盟国の大使たちへの状況説明のなかで、ディーン・ラスク国務長官は、「われわれは人類史上もっとも深刻な危機のなかにある、と言わなければみなさんに対して誠実とは言えないし、フェアでないだろう[11]」と語った。ＯＡＳは満場一致でキューバの隔離封鎖を支持し、加盟国は隔離封鎖を支援するべく海軍艦船を提供した。その夜、国際機関担当のハーラン・クリーヴランド国務次官補がラスク国務長官に何気なく「じゃあ、また明日の朝お会いしましょう」と声をかけると、悩み疲れ果てていたラスクは「わたしもそう願っている[12]」と応じた。

国民に向けて演説した翌日、大統領はいつもどおり偵察機にキューバ上空で低空偵察飛行を行わせ、隔離封鎖開始命令書に署名した。そしてホワイトハウスで顧問たちと、ソ連が次にどう出てくるかあれこれ考えた。大統領はバーバラ・タックマンの『八月の砲声』を読んだばかりで、その内容が頭にこびりついていた。第一次世界大戦を引き起こしたさまざまな思い違いや、一方がもう一方のシグナルを誤って解釈したことから大惨事が起きる危険について取り上げた本である。「われわれは判断を誤るわけにはいかないし、また相手を意図していない、あるいは予期していない行動に厳しく追い込むつもりもない」[13]とケネディは述べている。

アメリカ政府、ソ連政府双方とも、スピードと明快さと率直さを必要とするこの情勢に対応するのに従来のチャンネルでは不十分だと考え、即席の情報伝達ルートをいくつも開いた。なかには一風変わったものもあった。両国政府はともに無視界飛行をしているようなものだったため、最低でもお互いに相手の見解についての情報が必要であった。KGBはアメリカ政府の高官四人を情報源として抱えていたが、エクスコム会議の協議内容を入手できるものは一人もいなかった。数日前、KGBはオレグ・ペンコフスキー大佐を逮捕していた。彼はモスクワにおいてCIAが擁する唯一の高官だった。

首脳会談でのソ連のニキータ・フルシチョフ首相とジョン・F・ケネディ大統領。1961年6月、オーストリアのウィーンで（アメリカ議会図書館）

モスクワの反応を探るためロバート・ケネディは、チャールズ・バートレット──〈チャタヌーガ・タイムズ〉のワシントン支局長でピューリッツア賞を受賞。ケネディ家と昔から親しく、ジョンとジャッキーのブラインドデートをお膳立てした──にゲオルギー・ボルシャコフに会うよう依頼した。ボルシャコフはソ連のタス通信社に勤務する社交的な記者だが、実はソ連の軍情報部ワシントン支局の局長代理で、ケネディはおよそ一年前、ベルリンをめぐる危機（一九六一年八月、東ドイツが西ベルリンへの交通を遮断した。空中回廊の危機）を回避するために彼をクレムリンとの秘密のパイプ役として利用していた。バートレットとボルシャコフはワシントンのジャーナリズム協会を通じてお互いを知っており、二人はナショナル・プレスクラブ内にあるバートレットの事務所で会うことにした。ケネディ大統領は二人の会合を事前に認めており、バートレットはボルシャコフに「大統領はキューバで起きたことについて非常に腹を立てている。真珠湾に対する日本軍の騙し討ちのようだと言っている」が、それでも「キューバに侵攻しようとは考えていない。ただ、中距離弾道核ミサイル基地を取り除きたいだけだ」(14)と告げた。バートレットは国連を通じてこの問題を解決する方法があるかもしれないと考え、ソ連がその可能性を検討するつもりがあるか否かを知りたがった。ことを容易にするため、バートレットはキューバに向かっているソ連船および護衛艦を停止させるよう提案した。ボルシャコフはじっと耳を傾けていたが、反応を示さなかった。報告を受けたロバート・ケネディはバートレットに、その日のうちにもう一度ボルシャコフと会い、ミサイル基地の写真を渡すよう頼んだ。スパイ組織の責任者にこちらが本気であるしるしとして見せようというのだ。ロバート・ケネディの思惑どおり、この会合を受けてモスクワは、アメリカは腹を立てているがそれでもホワイトハウスとしてはソ連とともにこの危機を脱する道を探るつもりであることに気づいた。

アメリカは核攻撃部隊の警戒レベルをデフコン2（準最高度防衛準備）に引き上げた。デフコン2の発令はアメリカ軍史上初めてだった。これは全面戦争一歩手前の段階であり、この指示は暗号化されていないチャンネルで出されるためソ連側は通信内容を傍受し、アメリカが真剣であることを理解した。いたるところで緊張が高まっていた。「ひょっとするとこうやって話すのも最後になるかもしれないな」と国連に派遣されていたソ連の広報担当官はアメリカの新聞記者に語った。「明日、ニューヨークはソ連の核兵器で破壊されるだろうから」[15]。

その夜九時半、ロバート・ケネディはソ連大使館三階の執務室にアナトリー・ドブルイニン大使を訪ねた。ロバートはドブルイニンがフルシチョフとのあいだに強いパイプをもっていることを知っており、二人はこれまでも外交官僚抜きに内々で両国間の意見の食い違いを調整するべく慎重に協力していた。緊張し興奮した面持ちの司法長官は大使に、中間選挙前に挑発的な行動はとらないというドブルイニンを通じてのフルシチョフの保証やソ連はキューバに攻撃用核ミサイルを持ち込まないというフルシチョフの言葉を信じていた自分と兄がどれほど騙されたと感じているかを伝えたいと思い、ここへは自分の意志できたと告げた。大使を非難するだけ非難すると、ロバート・ケネディは立ち上がった。戸口まで来たところで足を止めて振り返り、「昨夜大統領が演説し、今日は隔離封鎖宣言書に署名したあとで、ソ連船の船長たちにはどのような指示が出されているのか?」と尋ねた。ドブルイニンは「公海の自由という国際規範を破るような公海上での違法な要求は無視せよ」と命じられているはずだと答えた。そして、自分の知るかぎりではその命令は変更されていないと言葉を足した。別れ際、ロバートは「どのような結末になるかはともかく、われわれは船を停めるつもりでいる」[16]と言った。

モスクワではフルシチョフが前日にケネディから送られた手紙に対して、落ち度はアメリカにあるのだと威勢のいい回答を口述していた。

このような状況をつくり出すことによって、大統領閣下はわれわれに挑戦状を突きつけられました。おかしな真似はしないでいただきたい。一体何の権利があってこんなことをされたのですか？　生じた事態を冷静にお考えになれば、ソ連がアメリカの勝手な要求に従えないことはおわかりいただけると思います。このような状況をつくりだす場合には、われわれの身になって考え、またアメリカがこのような状況を突きつけられたらどう反応するかよく考えていただきたい。誰かが貴下に――合衆国に――似たような状況を頭ごなしに押しつけようとしたら、貴下はきっと拒絶するでしょう。それはわれわれも同じで、ノーと言います。ソ連政府としては、国際水域と国際空域を利用する自由を妨害することは、人類を世界規模の核ミサイルの奈落の底に押しやる侵害行為であると考えます。したがってソ連政府は、キューバに向かっているソ連船の船長たちに対して、キューバを封鎖しているアメリカ海軍の指示に従うようにとは言えません。ソ連船に対するわれわれの命令は、広く一般に認められている国際水域での航行規範を遵守し、一歩も後退するなというものです。アメリカ側がこうした規範に違反すれば、その場合の責任はアメリカにあることを理解していただきたい。われわれとしては当然のことながら、公海上でのアメリカ船舶による海賊行為を傍観するわけにはいきません。権利を守るために必要かつ適当と思われる諸措置をとらざるを得なくなります。そのために必要なものはすべて保有しています。(17)

海上封鎖はその日の午前一〇時に効力を生じており、二五隻のソ連貨物船が封鎖線に近づいていた。必要な機材の大部分はすでにキューバに運び込まれていたため、この封鎖の軍事的価値はごくわずかだった。非常に深刻な状況ではあったが、今回の封鎖は主として外交的手段であり、ミサイルをめぐる交渉を開始しようという通告だった。アメリカ海軍は封鎖線を突破しようとする船に対して砲撃するようにとの命令を受けていたし、あらゆる情報はソ連が封鎖線を強行突破するつもりでいることを示していた。「戦争がすぐそこまで近づいており、われわれは戦争の危機に瀕していた。何が起きてもおかしくなかった。望む、望まないにかかわらず、一方が発砲したらもう一方も応戦していただろう(18)」とフルシチョフはのちに記している。

ホワイトハウスではケネディ大統領が上級顧問たちとともに、ソ連の船がキューバに接近するのを待ち受けていた。「これこそわれわれがそのために準備をしながら、しかしけっして到来しないことを願っていた瞬間であった」とロバート・ケネディは書いている。「危険と憂慮が雲のようにわれわれの頭上に立ちこめていた。……この数分間こそ大統領がもっとも悩んだ時間だった。大統領は顔に手をやって口をおおい、こぶしを固めた。目を見開き、顔はほとんど土色だった。われわれはテーブルをはさんで目を見交わした。世界は破局の瀬戸際にあるのだろうか？

われわれは何か間違ったことをやってしまったのだろうか？　最初の交戦相手がソ連潜水艦にならないような手はないだろうか――そのためにはたいていのことは我慢するがと大統領は言った。……最終決断をしなければならなかった――大統領がうなずいた。われわれは降り口のない絶壁の端にいるような感じだった[19]」

緊張感がただようなか、ジョン・マコーンCIA長官に海軍情報局からメッセージが届いた。キューバに向かっていたソ連船二〇隻（封鎖対象の軍需品を運んでいる公算が大きかった）が一部は停船し、一部は引き返したというのだ。ラスクはバンディの方を振り返り「睨み合いをしていたら、相手が先に瞬《まばた》いてしまったようだな[20]」と言った。

「誰もが人が変わったように見えた」とロバート・ケネディは回想している。「束の間世界が止まり、また動き出したようだった[21]」。ソ連船が引き返したことで海上での対決は一時中止となったが、ミサイル基地という中心問題は残っていたし、基地建設作業は続けられ、すでにキューバに運び込まれているミサイルはどんどん発射可能な状態になり、危険は増大していた。

モスクワではフルシチョフが、仕事で同地を訪れていたアメリカの実業家ウイリアム・ノックスを突然クレムリンに招いていた。ウェスティングハウス・インターナショナル社長のノックスは、フルシチョフのメッセージをアメリカ政府に伝えることになった。三時間ほどのノックスとの会見のなかでフルシチョフは、この危機について話し合うべく首脳会談を行ってはどうかと提案した。また、「違法な」封鎖に憤り、会見中に、ソ連船を停止させたり反転させるかもしれないが、ケネディが封鎖を続ければアメリカ船舶に対して行動を起こすかもしれないと何度も繰り返し、「いずれ潜水艦を出して封鎖を行っているアメリカ船舶を撃沈する」(22)と警告した。フルシチョフはこの会見で初めて、核を装備したソ連の弾道ミサイルがキューバに存在することを非公式に認めた。彼はワシントンかモスクワ、あるいは海上ないしそれ以外の地域でのケネディとの会談を強く求めた。そして、自分は世界の破局を避けたいと思っているが、「アメリカがどうしても戦争をしたいなら地獄で会うことになるだろう」(23)と警告した。

国連ではウ・タント事務総長(前任者が任期中に事故死したため、当時は暫定事務総長を務めていた。正式な事務総長就任は一九六二年一一月)が、ソ連によるキューバへの武器輸送とアメリカによる海上封鎖措置を二週間程度停止するよう求めた。この提案は、ソ連がこれをすぐに受け入れたことと相俟って、アメリカを不利な立場に置くことになった。アメリカからすると、この提案は攻撃的行為とそれに対する反応行為を同等なものとみなしており、すでにキューバに持ち込まれているミサイルについてはいっさい触れず、ミサイル基地で建設作業が推し進められるにまかせることを黙認するものであり、キューバにソ連核ミサイルが持ち込まれていることを検証するという項目がなかった。ジョージ・ボール国務次官は、この案は「何の役にも立たない。われわれがこの提案を受け入れることは、われわれがキューバからミサイルを撤去させることはおそらくできなくなることを意味し、フルシチョフを安心させるだけだ」(24)と述べた。彼の考えは正しかった。苛立ちを覚えたケネディ大統領は顧問たちに、「基地で作業が着々と進められているあいだに時間のかかる交渉をして身動きが取れなくなるわけにはいかない」(25)と語っている。

ケネディはソ連がいくつかの特定項目に同意しないかぎり国連が提案する一時停止措置を受け入れるわけにはいかないと思い、アドレイ・スティーヴンソン国連大使がその日の午後ウ・タントにその項目を提示した。ソ連はすべての武器輸送を一時停止する／ミサイル基地建設作業を停止する／四八時間以内にミサイルを移動不能にする／第三者による検証が行われてからアメリカは海上封鎖措置を解除する。ケネディ大統領はウ・タントの申し入れを拒否する手紙のなかで「現在の脅威はキューバに攻撃用の兵器がひそかに持ち込まれたことによってつくりだされたものであり、解決策はそのような兵器を取り除くことです[26]」と書いている。

モスクワではフルシチョフが哲学者バートランド・ラッセル宛ての手紙のなかで、この危機を解決するため首脳会談を行いたいと提案した。ケネディとフルシチョフは四カ月前にウィーンで会談していた。ケネディ本人の話では、会談でフルシチョフに言い負かされてばかりいた。「あんなに疲れたことはなかった[27]」とその時のことを語っている。大統領は「首脳会談をしても無駄だろう[28]」と言った。彼はこの提案を、ミサイルが発射可能な状態になるまでの時間を稼ごうとするフルシチョフの策略とみており、引っかかるつもりはなかった。

一〇月二五日木曜日午前、ソ連の〈ブカレスト〉が封鎖線に近づいていた。海上封鎖に対する最初の試練であった。ケネディ大統領は「今日のうちにソ連との対立を頂点にまでもっていくのがいいのだろうか？　それとも明日に延ばした方がいいだろうか？[29]」とあれこれ考えた。アメリカ側は、この船が封鎖対象品を運んでいないと見ていた。ケネディは、〈ブカレスト〉がアメリカ海軍艦船の呼びかけに応じればそのあと航行を許可し、時間を稼ぐことにした。「フルシチョフを追い詰めて無謀な行動に出られては困る――考える時間を与えよう」と大統領は語った。「逃れられないような窮地には追い込みたくない[30]」。

アメリカ側の努力はほとんど効果がないようで、アメリカはミサイルを取り除くには封鎖だけでは駄目だと認識した。「心身ともに疲れる徹底的な討議に明け暮れた一〇月の長い一週間が過ぎるにつれて、時間的余裕はいよいよ切迫してきた。建設中のミサイル基地が可動状態となり、一斉核攻撃をアメリカに対するあからさまな脅しや指図に使えるようになれば、大統領の選択肢は激変するだろう。われわれは全員わかっていた[31]」とケネディのスピーチライターを務めていたテッド・ソレンセンは書いている。

一〇月二五日、ケネディはフルシチョフに宛てて手紙を書いた。「一〇月二四日付の貴下の書簡を受け取りました。われわれがこのような行動をとるようになった原因を貴下が相変わらず理解していないように思われることは非常に遺憾であります」。フルシチョフの首脳会談を行いたいという申し出については触れず、きっぱりとした態度をとった。ミサイルをアメリカが発見する以前ソ連の指導者は攻撃用兵器はキューバへ送られていないと保証したがその保証が偽りであった、との観点から簡潔明瞭にアメリカの対応を擁護し、「議長閣下、この際はっきりと認識していただきたいのですが、この事件でまず挑戦状を発したのはわたしではありません。そしてこの証拠に照らすならば、キューバにおけるこういったさまざまな動きはわたしが発表したような反応を引き起こして当然なのです。これらの出来事が両国関係の悪化をもたらすことについて繰り返し遺憾の意を表明します。以前の状態に戻すことを可能とするために必要な措置を貴下の政府がとることを希望します[32]」と結んだ。

アメリカのアドレイ・スティーヴンソン国連大使（左）とソ連のワレリアン・ゾーリン国連大使（右）（アメリカ議会図書館）

スティーヴンソンは国連で演説し、アメリカの主張の正しさを証拠立てて述べ、世界の世論をソ連に不利なものにした。国連安全保障理事会では、ソ連のワレリアン・ゾーリン国連大使に挑み、「これらの兵器をキューバから撤去しなければなりません。……ソ連がこれらの兵器をキューバに持ち込んだのです。この新たな危機をつくりだしたのはソ連であってアメリカではありません」と断言した。この派手な対決のなかでスティーヴンソンはゾーリンに即答を迫り、その模様はテレビで生中継された。

「ゾーリン大使、あなたはソ連がキューバに準中距離ミサイルと中距離ミサイルを配備したこと、また現在も配備しつつあることを否定なさるのですか？

イエスですか、ノーですか？　通訳を待たずにお答えいただきたい。イエスですか、ノーですか？」

ゾーリンは冷ややかに答えた。「わたしはアメリカの法廷に出ているのではありません。それに、わたしを被告人扱いするような質問には答えたくありません。いずれお答えします」

「あなたは今、国際世論の法廷に立っておられるのです」とスティーヴンソンは言った。「質問にはイエスかノーでお答えいただけるでしょう。あなたはミサイルの存在を否定なさった。わたしはそう解釈しましたが、それが正しいのかどうか知りたいのです」

ゾーリンは「発言を続けてください。いずれお答えしますから」と言った。

スティーヴンソンは「あなたがそのつもりならば、地獄が凍りつくまで答を待つ覚悟はできています。そして、この議場で証拠を提出する準備もできています」と応じた。

スティーヴンソンは「われわれは事実を知っていますし、あなたもご存じです。ですから事実についてて話し合いましょう。われわれがやるべきことは、ここであいまいな受け答えをして相手をはぐらかすことではありません。ゾーリンさん、平和を守ることこそわれわれの仕事なのです。あなたが守るつもりがあるなら、われわれも守ります(33)」と述べて締めくくった。

一方、フルシチョフは一〇月二五日正午、モスクワで最高会議幹部会を開いた。集まった幹部たちにフルシチョフは、ケネディと「辛辣《しんらつ》な言葉(34)」をやり取りしても、大統領はこちらの脅しに怖気づく様子はないので無駄だと思うと告げた。それどころか、各方面からクレムリンに入ってくる情報によると、数日中にアメリカはキューバ侵攻に踏み切る公算が高い。「モスクワはフィデル・カストロを保護する別の方法を探さなければならなくなりそうだ[35]」。そして、「キューバを侵攻しないと約束せよ、そうすればわれわれもミサイルを撤去する[36]」とケネディに持ちかけてみてはどうかと提案し、「こうすればわれわれはキューバを強化し[37]」キューバの安全を確保できると同志たちに請け合った。最高会議幹部会は全員一致でフルシチョフの方針を支持した。何とか状況を落ち着かせたいと考えるフルシチョフは一同に「同志諸君、今夜はボリショイ劇場に行こう。外国人だけでなくわが国の人民もわれわれに気がつき、安心するだろう[38]」と言った。彼はのちに「われわれは強い不安を隠そうとしていた[39]」と認めている。

一〇月二六日午前、アメリカ海軍は初めて臨検を実施した。ソ連がチャーターしたパナマの貨物船を停船させ、船内を捜索したのだ。ジョージ・ボール国務次官は、「われわれは皆、海上封鎖に対するアメリカの決意を示すには、キューバに向かっている船を早いところ停めてみせる必要があるとわかっていた。そこでソ連がチャーターしたパナマ船主所有の貨物船〈マルクラ〉がもっとも挑発性が少ない船として選ばれた[40]」と書いている。臨検隊は特に抵抗されることもなく船内を捜索した。武器が積まれていないことがわかり、船は引き続き航行を許可された。一同はほっとしたが、ミサイル基地建設作業の速度が増しているとの情報に、その安堵感も薄らいだ。

その日の午後、ＫＧＢワシントン支部長のアレクサンドル・フェクリソフ（「フォミン」のコードネームで知られていた）は、友人でＡＢＣテレビの国務省担当記者ジョン・スカリに電話をかけ、昼食に誘った。ジュリアス・ローゼンバーグを使って原子爆弾に関する秘密情報をアメリカから盗んだこのソ連諜報員は、スカリに「戦争になりそうだ。事態を収拾するために何か手を打たなければならない[41]」と警告した。そんなことはキューバにミサイルを提供する前にソ連が考えるべきだったのだとスカリが応酬すると、フェクリソフは次のようなことをほのめかしてきた。「ソ連が国連の査察下においてキューバのミサイルを撤去することを約束し、またフルシチョフが今後二度とこのような攻撃用兵器をキューバに持ち込まないと約束する、という提案をどう思うか？　アメリカ大統領はキューバに侵攻しないと世界中の人々に誓うだろうか？[42]」。昼食をとりながら二人はこの危機を解決するべく三点からなる案をつくった。つまるところ、フルシチョフは国連の監督下でキューバからミサイルを引き揚げることに合意し、カストロは今後二度といかなる種類の攻撃用兵器も受け入れないと約束し、ケネディはキューバに侵攻しないと満天下に約束する、というものだ。「彼らがこのような連絡手段を選んだ理由は定かではなかったが、ソ連がこうした変則的な手段をとることは珍しくなかった[43]」とロバート・ケネディは書いている。スカリが国務省に赴きこの会合について伝えると、ラスクはソ連が探りを入れてきたのだと理解した。

アメリカ側はフェクリソフを連絡手段として使うことに警戒感が強かったが、スカリからの情報に勇気づけられ、この機会はそれだけの価値があると判断した。ラスクは「ＫＧＢと接触している場合、ＫＧＢが本当にモスクワの意向を受けて行動しているのか、それともゲームみたいなものをしているのか、ということに注意を払う必要がある[44]」と述べている。ラスクはこの提案を検討に値すると考え、スカリに夜もう一度フェクリソフと会って公式のメッセージを伝えるよう頼んだ。ワシントンのスタットラー・ホテルでフェクリソフと落ち合ったスカリは、「フェクリソフが示した提案には実現の見込みがあるということ」、そして、長い時間をかけるわけにはいかないが、「ソ連とアメリカの代表がニューヨークでウ・タントの立ち会いのもとでこの問題を協議できるということ」(45)を伝える権限を与えられていると語った。フェクリソフは大使館に戻るなりこの話し合いをモスクワに報告したが、クレムリンに届いたのはそれから数日後だった。しかし、アメリカ側においては、このフェクリソフ-スカリ会談のニュースは非常に大きな興奮をもたらし、この重大な時期におけるアメリカ側の判断に大きく影響した。

アメリカにうながされてウ・タントは二度目の提案を行った。これは最初のものにくらべて穏当で、ソ連に対しては「可能な合意の形式について検討するために」(46)キューバに向けて航行中のソ連船を二四時間停止させるよう求めた。ケネディに対しては、「面倒な軍事衝突が発生する危険を最小限に抑えるために、ここ数日間ソ連船との直接対決を回避するべく、あらゆる手段を尽くすようアメリカ艦船に対して」(47)指示を出すよう求めた。ケネディは、ソ連船が「予備的な討議に必要な一定期間、阻止水域に入らない」(48)ならば、アメリカ艦船は貴下の要請を受け入れると返答した。フルシチョフはウ・タントにソ連も貴下の提案を受け入れると伝えたが、自分たちの自制は長くは続かないだろうと釘を刺した。

ケネディの側近たちの動きに疲労の色が見え始めた。「この一三日間というもの毎日が緊迫し

封鎖実施期間中、ソ連がチャーターしたパナマの貨物船〈マルクラ〉を停船させるギアリング級駆逐艦〈ジョゼフ・P・ケネディ〉(米海軍歴史遺産コマンド)

た状態で過ぎていったおかげで、われわれは高ぶった気持で危機に対処できた。忙しすぎて怯えている暇なぞなかった。しかし、危機の大きさをじゅうぶんに理解した晩のことは今でも覚えている。夜空の星を見上げ、何年か前に見たプラネタリウムの丸天井に投影された星空を思い出し、そのなかには遠い昔のいつの頃かにすでに消滅した星、輝きを失った星、爆発して砕け散った星があることに思いを馳せた。地球も間もなくそうなるのだろうか?」[49]とソレンセンは書いている。

海上封鎖ではミサイルを取り除くことができず、基地の建設作業も続いている状況を受けて、ホワイトハウス内ではキューバを攻撃するしかないとの声が高まった。マクジョージ・バンディは「海上封鎖は効果がないとタカ派は主張した。海上封鎖をしてもミサイル発射台を完成させる時間をソ連に与えるだけだと」[50]と述べている。国防総省も侵攻を迫り、ケネディの顧問たちはミサイルをキューバから取り除くためには積極策をとる必要が高まっていると感じた。アメリカ側は、空爆、外交による解決、海上封鎖の強化という三つの選択肢を検討した。「キューバを攻撃したら、そのあとわれわれはどんな世界で生きていくことになるのかわからない。どの辺で、どうやってやめるのか？　わたしにはその答はわからない」[51]とロバート・マクナマラ国防長官は疑問を口にした。

木曜日の夜、フルシチョフのもとにはアメリカのキューバ侵攻が差し迫っているとの報告が続々と入っていた。また、キューバの指導者からも不穏な情報が届けられた。カストロは平然とした調子で、予想されている侵攻が行われた場合には核による全面的な先制攻撃をかけるようフルシチョフに迫った。カストロはハバナ駐在のソ連大使との私的なやり取りのなかでその論点を何度も繰り返し論じていた。カストロの電報内容にクレムリンは仰天した。「この電報を読むなり、われわれをはじめその場にいた全員がしばらく互いに顔を見つめ合った。フィデルがわれわれの意図をまったく理解していないことがその時点で明らかになった」[52]とフルシチョフは書いている。フルシチョフは衝突を回避するべく行動を起こす時がきたと判断した。そして、一二ページに及ぶとりとめのない、感情的な、呼びかけといってもよいような手紙をケネディに宛てて書いた。

貴下は戦いも辞さないとわれわれに脅しをかけています。しかし、よくご存じでしょう。

攻撃すれば、あなた方は少なくともわれわれに味わわせた痛みをそっくりそのまま経験することになります。われわれに権限、信頼、責任を付与しているのは国民であるということをわれわれはよく認識しなければなりません。どこかの国で選挙が迫っていようといまいと、軽率な考えやつまらない激情に駆られてはならないのです。選挙などは一時的なものですが、戦争はいったん始まれば、もうわれわれの力で止めることはできないのです。戦争の論理とはそういうものです。わたしは二つの戦争に参加したので知っています。戦争は、町や村をなめつくし、いたるところに死や破壊をもたらすまでは終わらないのです。……貴下はわれわれを不信の目で眺めているようですが、以下の点については安心していただきたい。われわれの精神状態は正常で、もし貴国を攻撃すれば同じような方法で貴国が反撃することをよく理解しています。しかし、貴国もまたわが国を攻撃するならば同じ返礼を受けるでしょう。貴下もこの点は理解しておられると思います。……人々が英知を示さなければ、やがては目が見えないモグラのように衝突し、殺し合いが始まります。ですから、ここはお互いに政治家として英知を示しましょう。わたしの提案は次のようなものです。わが国はキューバに向けて航行中のわが国の船舶にはいかなる兵器も積んでいないことをわたしが宣言する。アメリカはアメリカの軍隊をもってキューバに侵攻しないし、キューバに侵攻しようとする他のいかなる勢力も支援しないことを貴下が宣言する。そうすればキューバ国内にわが国の軍事専門家が存在する必要がなくなります。……もし貴下が自制心を失わず、この結果がどうなるかを明確に理解なさるならば、大統領閣下、貴下とわたしは、貴下が戦争という結び目をつけたロープの端を引き合うようなことはしてはならないのです。強く引けば引くほど結び目が固くなります。やがて結び目を切り落とさなければならなくなります。それが何を意味するかわたしから説明する必要はないでしょう。なぜなら、両国がどんなに恐ろしい兵器を保有しているか、ご自身がよく理解しておられるはずです。したがって、この結び目を固くし、世界を水爆戦争という破局に向かわせる意図がないのであれば、ロープの端を引っ張っている力を緩めるだけでなく、その結び目を解く措置をとりましょう。(53)

この手紙は金曜日の夜、国務省に届いた。メッセージを読んだケネディと顧問たちは希望の光が見えたように思ったが、「クレムリンでフルシチョフは冷静さを失っているのかもしれない」(54)とも考えた。マクナマラは「これは酒に酔っているか相当なストレスにさらされている人間が口述したものだ」と思った。しかし、一同はフルシチョフの姿勢が大きく変化したのだと結論をくだし、この変化を受けてまたもや楽観的な気分になった。「スカリの一件を背景として考えれば、議長の手紙はわれわれが待ち望んでいた雲の切れ間のように思われた」(55)とジョージ・ボール国務次官は書いている。手紙は「長ったらしくとりとめがなく論争に終始していたが、基本的には穏当な和解策の芽を含んでいるように思われた。すなわち、キューバにミサイルを持ち込んだのはキューバを侵攻から守るためだけであり、アメリカがキューバに侵攻しないと約束すれば国連の査察下でミサイルを撤去するというのだ。似たような話は同じ日に国連でゾーリンからウ・タントに、またきわめて非公式なルートを通してワシントンのソ連大使館参事官アレクサンドル・フェクリソフからABC放送の国務省担当記者ジョン・スカリにも伝えられた[56]。とソレンセンは書いている。ラスクは、これはアメリカを「話し合いに導く」罠ではないかと心配した。「いつまでも話し合いを続けているうちにミサイル基地の攻撃態勢が全面的にととのい、中距離ミサイルも発射できるようになる。そして、そうなればわれわれの負けだ[57]」。八時間以内にミサイルが発射可能状態になるとの情報が入っていた。

ホワイトハウスが安堵したのも束の間、モスクワの態度が硬化した。土曜日、フルシチョフはケネディに二度目の手紙を送った。これはきわめて激しい調子で書かれていた。前日の手紙の内容にはいっさい触れず、アメリカに対してキューバに侵攻しないと誓うことのほかに、アメリカがトルコに配備しているミサイルを撤去するよう要求していた。「貴下はキューバのことを心配しておられます。その理由は、アメリカの海岸から海を隔ててわずか一五〇キロ足らずのところにあるからとおっしゃる。しかし、トルコはわが国とは地続きの隣国です。双方が互いに歩哨を立たせ、互いに睨み合っているのです。アメリカは自国の安全と貴下が攻撃用だとみなしている兵器の撤去を求める権利を有するが、われわれには同様の権利を認めないとおっしゃるのでしょうか？　貴下は文字どおりわれわれのすぐ隣にあるトルコに、貴下が攻撃用とみなしている兵器を配備されたのです」とフルシチョフは書き、新たな提案の要点を述べている。「われわれは、貴下が攻撃用とみなしている兵器をキューバから撤去する気持をもっています。われわれはこの撤去を実行するつもりであり、このことを国連において誓約することを厭いません。その代わり、貴国の代表には、アメリカがソ連の懸念と憂慮に配慮し、同様の兵器をトルコから撤去するという趣旨での声明を発表していただきたい。これを完遂するまでにわが国と貴国がどれだけ時間を必要とするかについて、お互いに了解しておこうではありませんか。そして、しかるのち国連安全保障理事会から委託された人間が、この取り決めが間違いなく履行されたことを確認する現地査察を行うことができるでしょう[58]」。

要求の突然の変更にケネディの顧問たちは困惑した。調子や表現の変化から、ソ連指導部内が混乱し紛糾していることがうかがえた。バンディはトルコに関する要求のなかに「最後にもう一度駆け引きをして、交渉条件を有利にしようとするソ連のいつものやり方[59]」を見てとったが、ボールは土曜日の午前中に届いた手紙は「前日の書簡のなかでフルシチョフが求めた以上のものをソ連が獲得できるかどうか、たんに探りを入れてきた[60]」ものではないかと思った。フルシチョフの二度目の書簡は伝達時間を短縮するために放送によって行われ、これは相互通信に新しい要素を持ち込んだ。伝達速度は速くなったが、その代償は大きかった。書簡の内容を放送で公表することにより内密の交渉は不可能となり、危険度が増した。

ボールは土曜日午前中の状況を「ぼんやりとだが不吉なことが起こりそうだった[61]」と書いている。先の提案では自分たちの譲歩が大きすぎると考え、破棄することにしたのだろうか？「われわれに返事をする時間も与えず取引の条件を変え、またわれわれに取引条件を提示する前にそれを公表してしまうような相手と交渉などできない[62]」とマクナマラは疑問をはっきり口にした。ラスクは、フルシチョフは最初の書簡を「自分の一存だけで」送ったのだろうと考えたし、バンディと大統領顧問の多くは、金曜日の手紙を書いたのはフルシチョフだが、土曜日の朝に放送された手紙は「ソ連指導部内の強硬な幹部たちにフルシチョフが押し切られた結果であり……連中は、昨夜フルシチョフが大統領に提案した内容が気に食わなかったのだ」と考えた。そして「自分がソ連の実務的な幹部だったらやはり不満をもつだろう[63]」とバンディはつけくわえた。

ケネディ大統領は、「この土曜日朝の提案はたいていの人から見ればまあ五分五分の取引と考えられるし、われわれとしてもこれを利用しない手はないだろう[64]」と言った。そして、フルシチョフのやり方を「うまいものだ」と感心していた。「次から次に出してくる提案を相手にするのは、キューバのミサイル基地建設作業を停止させてからの話だ[65]」。

「それに、ソ連船に対して阻止水域に入らないよう命令するとフルシチョフはウ・タントに言ったにもかかわらず、ソ連船は相変わらず航行している[66]」とバンディはつけくわえた。

大統領はフルシチョフが「さまざまな提案についての交渉をもちかけてわれわれが行動に出られないようにして、その間に基地建設作業を推し進めるつもりではないか[67]」と心配していた。ケネディは以前から中距離弾道ミサイル・ジュピターをトルコ、イタリアから撤去するつもりでいた。トルコに配備している一五基の脆弱で時代遅れの液体燃料ミサイルはソ連を苛立たせたが、軍事的価値はほとんどなかった。その単純な設計はドイツのV2ロケットをモデルにしていた。発射台は地上に露出されており、燃料注入に時間がかかるため（発射前にトラックがケロシンを主体とするロケット燃料六〇〇〇ガロン、液体酸素一万二〇〇〇ガロンを注入しなければならなかった）、攻撃されやすくその有効性は乏しかった。「トルコに配備しているほとんど軍事的価値のないミサイルをめぐって、キューバとベルリンで戦争が起きる危険がある。政治的な見地から言えば、キューバのミサイルをソ連に撤去させるために、アメリカもトルコからミサイルを撤去すると提案すれば、これは妥当な取引と国際社会は考えてくれるだろうが、それをせずにキューバに対して空爆を行うことは国際社会の支持を得られないだろう。役に立たないミサイルをトルコに配備し続けるためにキューバを攻撃しているように思われれば、われわれの立場は悪くなる[69]」とケネディは顧問たちに語った。

そこへ新たな情報が飛び込んできて状況は一段と暗くなった。キューバ上空でU2偵察機がソ連が配備した対空砲列に撃墜され、パイロットが死亡したのだ。同日、さらにキューバ上空で二機の偵察機が砲撃を受けたことで、顧問たちはソ連が敵対的状況の拡大を決めたのだと確信した。「どうやらソ連とキューバはアメリカと一戦を交える準備をしているようだという認識があった。そして、われわれの、アメリカの、いや、全人類の首に巻きつけられた縄が肌に食い込もうとしており、逃げ道の橋は崩れようとしていた[70]」とロバート・ケネディは書いている。ジョン・マコーンCIA長官もミサイル基地建設作業が急ピッチで進められていると報告していた。「われわれは、ソ連政府あるいはそのなかの一部の者がわれわれには払えないような値段を吹っかけようとしているのではないか、あるいはお互いの軍事力の優劣試験を挑んできているのではないか、という可能性に向き合わざるを得なくなった。ひょっとすると両方かもしれなかった[71]」とバンディは書いている。

ところが、案に相違してフルシチョフは激怒していた。現地司令官は、クレムリンからのアメリカ軍機に対して砲撃を禁じるとの明確な命令を無視して行動を起こしていたのだ。指揮権を握っているのは自分だということを再度はっきりさせるべくフルシチョフは、キューバ駐留ソ連軍総司令官に対して、「現地指揮官の自主的判断による行動を禁止する。現在、すべてがきわめて危うい状態にある[72]」との命令を出した。

軍事行動を起こすべきとの圧力が高まり、統合参謀本部や議会指導者たちは空爆攻撃をかけるなり侵攻を開始するなりするよう迫ってきた。U2が撃墜されてから統合参謀本部はケネディ大統領に対して、「海上封鎖は消極的すぎる策だとかねてから考えており、ソ連にわからせるためには軍事的行動しかない[73]」と繰り返し言ってくるようになった。準備はほぼ完了し、攻撃部隊はフロリダに待機していた。少なくともエクスコムはその週のはじめに、U2が一機撃墜されたらアメリカはキューバの地対空ミサイル基地を一カ所爆撃して報復する、U2が二機攻撃されたら空軍がキューバ内の地対空ミサイル基地すべてを破壊すると申し合わせていた。

スカリとフェクリソフは再度、午後四時過ぎに会った。バンディは次のように書いている。「スカリとフォミンの土曜日午後の会談はフルシチョフに対して特に説得力をもっていたのかもしれない。スカリは土曜日の提案のなかのトルコとキューバの組み合わせ取引にショックを受けていた。自分の仲立ちが原因でまずい結果になったと思っていた。ラスクはスカリを呼び出し、一〇月二六日金曜日の夜にフェクリソフと二度目に会った時の様子を静かに尋ね、もう一度フォミンと会って事情を聞き出すよう依頼した[74]。腹を立てていたスカリは、ソ連が持ちだしてきたジュピター・ミサイルとの交換要求を「卑劣な裏切り行為」と呼び、フェクリソフにミサイル交換の取引はどうあっても受け入れがたいと言った。「アメリカがはったりをかけていると思っているのなら、あなたも、過去の歴史が示しているアメリカの意志の強さを大きく見誤っている連中と同類だ。われわれは何としてもキューバからミサイルを取り除くつもりでいる。アメリカのキューバ侵攻は数時間後に迫っている」。フェクリソフは「自分の金曜日の提案はまだ有効だ」と繰り返し主張し、何かの手違いでモスクワへの電信の遅れが生じているせいだと言った。だが、スカリはその返事に納得せず、二人は「冷ややかに」別れた。

エクスコム会議が開かれていた午後四時過ぎ、ワシントンにニュースが飛び込んできた。高高度で大気試料採取任務を行っていたＵ２がベーリング海峡を越えてソ連の領空に迷い込んだという。その後、所在が確認されたＵ２を警護するべく、核弾頭装着の空対空ミサイルを搭載したＦ１０２戦闘機が緊急発進した。Ｕ２が国際空域に何とか達した頃、侵入機を迎撃するべく飛び立っていたソ連のミグ戦闘機は数分ほどの距離に迫っていた。報告を受けたケネディ大統領は「い

1962年10月29日の国家安全保障会議執行委員会（エクスコム）の会議（国立公文書館）

つだって指示を守らない間抜けな奴がいるものだ」[75]と穏やかな顔で辛辣な言葉を吐いた。

　アメリカ、ソ連双方とも、事態が自分たちに制御しきれない速さで動いているのではないかと気を揉み、ここ四八時間のうちに事件が次々に起きたことから双方とも相手が自国の政府をコントロールできなくなったのではないかと心配し始めた。「あの土曜日、会議は切れ目なく続き、閣議室でテーブルについているわれわれは、この核時代のいかなる時よりもその日、核戦争が迫っていると感じていた」[76]とソレンセンはのちに述べている。

　ソレンセンとロバート・ケネディは大統領に、フルシチョフからの期待外れの二度目の書簡に対する応答は少し考えてからの方がよいのではないかと進言した。二度目の書簡の提案を無視し、最初の書簡に盛られた建設的な提案についてのみ回答すればいいではないか？　その回答が何らかの好結果をもたらす確率はわずかしかないと大統領は思っていたが、フルシチョフの二度目の書簡に対する回答を二四時間遅らせるという価値はあった。「大統領の回答の最終草案は、金曜日の夜に国務省に届いたフルシチョフの書簡の内容のすべてに触れたものであり、これがわれわれの望んでいたものであった[77]」とソレンセンは書いている。

回答がタイプされると、大統領とロバートは大統領執務室の椅子にかけた。「大統領は戦争を引き起こすさまざまな誤算について語った。戦争が意図的に行われることは稀だ。われわれが戦いたくないのと同様、ソ連も戦いたいとは思っていない。彼らはわれわれとの戦争を望まないし、われわれも彼らとの戦争を望まない。それでもここ数日中に起きたような事件が今後も起きれば、戦いが――誰も望んでいないし、何が成し遂げられるわけでもない――全人類を巻き込み、破滅させるだろう。そのような大惨事を防ぐために大統領はできるかぎりのこと、考え得るありとあらゆることをしておきたいと思っていた。ソ連には、彼らの国家の安全を低下させることなく国際的に面子がつぶれることのない形で平和的な解決策が見出せるよう、あらゆる機会が与えられなければならない[78]」とロバート・ケネディは回想している。「今回のことについて今後書こうとする人がいればその人は、平和を見出すために、また相手に行動する余地を与えるために、われわれがあらゆる努力をしたことを理解するだろう。わたしはソ連を一インチたりとも必要以上に押すつもりはない[79]」と大統領は弟に語っている。

ケネディはモスクワに回答書を送り、その日の夕方報道関係者に発表した。「一〇月二六日付の貴下の書簡を慎重に読み、問題のすみやかな解決を望むお言葉に共感しました。しかしながら、まず最初になされなければならないことは、国連の実効的な取り決めのもとで、キューバにおける攻撃用ミサイル基地に関わる活動の停止と、キューバに存在する攻撃的使用が可能なすべての兵器の無効化です。この作業がすみやかに実行されるものとして、わたしはニューヨークにいるわが国の国連代表に対してこの週末――国連事務総長と貴国代表のご協力を得て――、一〇月二六日に貴下が書簡で提案された線に沿って、キューバ問題を永久に解決する取り決めをまとめるよう指示しました」。ケネディは「この脅威が続けば、あるいはこの問題をヨーロッパおよび世界の平和というもっと広範な問題と結びつけることによってこの議論が長引けば、キューバ危機は確実に緊迫し、世界平和は重大な危機に陥るでしょう」(80)と警告して手紙を締めくくった。

大統領はこの策がうまくいくとは思っていなかった。「われわれはまだ希望を捨ててはいなかったが、残された希望はフルシチョフが二、三時間以内に方針を修正することにかかっていた。それは希望であって、期待はしていなかった。予期していたものは、火曜日（一〇月三〇日）までには、ことによると明日にも軍事衝突が起きるということだ」(81)とロバート・ケネディは書いている。マクナマラ国防長官は、「土曜日の晩、ホワイトハウスを出た時のことは覚えている。美しい秋の日だったが、生きて次の土曜日を迎えることはないだろうと思っていた」(82)と回想している。

午後のエクスコム会議が終了してから間もなく大統領は、ラスク、バンディ、ロバート・ケネディその他二、三人の側近を集めて次に打つ手を話し合った。時間はなくなりつつあった。月曜日にキューバに空爆攻撃をかけ、その後侵攻する準備が進められていた。ケネディは弟とソレンセンが起草したフルシチョフ宛ての書簡にすでに署名し公表していた。だが、土曜日の午前中に放送によって伝達されたフルシチョフからの二度目の書簡に盛られていた新たな要求を考えると、キューバに侵攻しないと約束するだけではクレムリンを満足させられないのではないかと思った。そこで弟に、内々でドブルイニンと会い、クレムリン内部でフルシチョフの顔が立つよう追加の提案をするように頼んだ。公然と見返りを提供するわけにはいかないが、大統領はキューバの事態が収束したらトルコからミサイルを撤去するつもりでいるとドブルイニンに伝えるということで話がまとまった。ロバートは、自分の方から先にミサイル交換のような申し入れをしてはならないが、ドブルイニンの方から切り出してきたら四、五カ月もすればトルコからミサイルは撤去されるだろうと言ってよいと指示された。バンディは次のように書いている。

この提案はすぐにわたしたちに支持され大統領は正式に認可した。また、この確約については いっさい口外しないということも決まった。圧力をかけられて、一見したところトルコを犠牲にしたように見える取引が公になることの［政治的な］損失をわれわれは皆心配していた。また、この日のエクスコム会議の雰囲気からすれば、会議のメンバーも含めて一部の人たちにとっては、このアメリカ単独の内密の確約でさえ同盟国を裏切っているように見えるだろうと思われた。したがって、迷うことなく、この部屋にいない者にはこの追加メッセージの件を知らせないことにした。(83)

土曜日の夜七時一五分、ロバート・ケネディはドブルイニンに電話を入れ、司法省の長官室に来てもらいたいと告げた。ドブルイニンは七時四五分に到着した。「ロバート・ケネディは疲れ切っているようだった」とドブルイニンはクレムリンに報告している。「目を見て何日も寝ていないとわかった。本人も六日間自宅に戻っていないと言っていた」(84)。大統領の弟は、キューバ危機が急速に悪化していると切り出した。「ホワイトハウスは、ミサイル基地建設作業が続いている事実を知っている。また、キューバ上空を偵察飛行していたアメリカの非武装機が撃墜され、パイロットが死亡したとの報告をつい二時間ほど前に受けたばかりだ。アメリカ軍は大統領に対して、報復を求め砲撃に対しては砲撃で応じるよう要求している。これはきわめて危険をはらんだ事態の変化だ」とロバート・ケネディはソ連大使に告げた。「われわれはこれから一二時間、あるいは二四時間以内に何らかの決断をくださなければならない。残された時間はごくわずかだ。キューバ側がアメリカの航空機を撃ったから、アメリカは撃ち返そうとしているということだ。そうなれば、さらなる偶発事件が発生するのは間違いなく、大統領はこの問題が及ぼす影響を誰よりもよく理解している」(85)。「そこでわたしは大統領が見ているとおりに、現在の憂慮すべき事態を説明したい。大統領はフルシチョフにこれから話すことを知ってもらいたいと考えている。これが今あなたに来ていただいている真意だ。……本格的な戦争が始まり、何百万というアメリカ人、ソ連人が死ぬだろう。われわれは何としてもそれは避けたいと思っているし、ソ連政府も同じだと思う。しかしながら、問題解決の道を探るために時間をとることは非常に危険だ[86]」と強調した。ホワイトハウス内にもペンタゴンのなかにも「戦争をしたくてうずうずしている[87]」大物たちがいるのだ。「大統領は容易ならぬ立場にあり、どう切り抜ければいいのかわからなくなっている。われわれはひどい重圧にさらされている。実際、大統領は軍部からキューバに対して武力を行使するよう圧力をかけられている。……大統領自身はキューバをめぐって戦争を始めることに強く反対しているが、大統領の意志に反して取り返しのつかない事件が次々に起きる可能性がある。だから大統領はこの衝突を一掃するにあたり、フルシチョフ議長に直接支援を求めているのだ[88]」とロバート・ケネディは訴えた。

「事態は収拾がつかなくなり、取り返しのつかない結果を招くかもしれない[89]」とケネディは続けた。「キューバのミサイルは処分しなければならない。今すぐ、撤去しなければならない。こちらとしては少なくとも明日にはキューバのミサイル基地を撤去するという確約を得たい。これは最後通牒ではなく、ただ事実を説明しているだけだ。ソ連がミサイル基地を撤去しなければ、われわれが撤去することをフルシチョフ議長に理解してもらいたい[90]」。

ドブルイニンは、アメリカはどのような申し出をしようとしているのかと尋ねた。「この点について大統領は一〇月二六日付のフルシチョフの書簡、それに返答した大統領の書簡がキューバ問題全体を調整するための適切な土台となると考えている。大統領からの返書は、今日、モスクワのアメリカ大使館を通じてフルシチョフに送られた」と司法長官は答えた。「われわれとしては、キューバのミサイル基地建設作業中止について、および、国際的な管理のもとでミサイル使用を不可能にする措置を取ることについて、できるだけ早くソ連政府の同意を取りつけたい。それと引き換えにアメリカ政府は海上封鎖に関するあらゆる措置を解除し、キューバに侵攻しないことを確約する[91]」と強調した。ここまで聞いたドブルイニンは続いて、トルコのミサイルはどうなるのかと尋ねた。「大統領はこの問題を解決するにあたって、克服できない壁はないと考えている[92]」とケネディは答えたが、いかなる取り決めも公にするわけにはいかなかった。「見返りとして行われることはあり得ないが、四、五カ月たてば、この問題は満足のいく解決がなされるものと確信している[93]」と言い足した。そして、トルコに関する公然の取り決めはあり得ないと繰り返したが、非公式な取り決めは可能であること、また、フルシチョフがキューバからミサイルを撤去し、そしてこの取り決めの秘密が守られていれば、トルコのミサイルは数カ月後には存在しなくなることをはっきりさせた。フルシチョフが一言でも口外したら、この取り決めは無効となる。ワシントンでこれについて知っているのは自分たち兄弟の他二、三人だけだ、と司法長官は言った。この提案は無言の脅しを伴っていた。局面を打開する時間はほとんどなかった。事態が急速に進んでおり、大統領は明日には明確な回答を必要としていた。本当にもう時間がないという大統領実弟の訴えをソ連指導部は、大統領がアメリカ軍を制御しきれなくなるのではないかと心配しており、フルシチョフがこの危機を早急に解決しなければ将官たちが権力を奪取し、キューバに対して行動に出るということだろうと解釈した。ドブルイニンが報告したロバート・ケネディの最後の言葉は、「時間は待ってはくれない。この機会を逃してはならない[94]」というものだった。

ドブルイニンが帰ってから司法長官はホワイトハウスに戻った。大統領は、いざ侵攻となった場合に兵員をキューバに運べるよう、空軍予備役の兵員輸送飛行大隊二四個に現役勤務を命じた。バンディは二七日の晩をチェスのきわどい勝負になぞらえた。アメリカが一手指し、今度はフルシチョフの手番だった。それまでは、アメリカは希望を捨てずに待つ以外なかった。ロバート・ケネディはのちに「もしソ連がキューバをめぐって核戦争を始めるつもりならば、彼らは核戦争を始める覚悟はできているのだ、そういうことだ、とわれわれの意見は一致した。であれば、決着がつくのは半年後だな[95]」と書いている。

ロバートがドブルイニンに持ちかけた申し入れが失敗した場合に備えて、ケネディ大統領はひそかにもう一つの道を用意した。ラスクに、コロンビア大学国際関係学部の学部長で前国連副事務総長のアンドルー・コーディアに電話するよう指示した。アメリカがトルコに配備しているミサイルを撤去することと交換の形でソ連がキューバに配備しているミサイルを撤去するよう国連がソ連に対して公式に要請することを、もし必要になればコーディアからウ・タントに提案してほしいと頼んだ。ソ連としてもアメリカが公然と受け入れた申し出を拒むわけにはいかないだろうとケネディは考えたのだ。ケネディは最終的に、どうしても必要ということになれば、ジュピターの公然撤去という代償を払うつもりでいたが、その場合はウ・タントを利用する必要があった。ケネディは、このコーディア予備計画に関与する人たちに対して、これがアメリカの発案であることが暴露されることを避けるべく秘密厳守を誓わせた。

土曜日の午前中、フルシチョフは複数の筋から二、三日中にキューバ侵攻が実施されるとの情報を受け取った。「わが国の諜報機関は、陸海空軍連携の上陸に向けた準備がなされており、われわれがケネディ大統領と合意に達しないかぎり侵攻は避けられないだろうと知らせてきた」[96]とフルシチョフは書いている。モスクワ時間一〇月二八日、日曜日午前、フルシチョフは側近たちを招集した。出席者の前には、一〇月二七日付のケネディからの書簡が置かれていた。それには、アメリカがトルコに配備したミサイルを撤去するようにとのソ連側の要求を無視したケネディの指し手が書かれていた。緊張した面持ちで互いに顔を見合わせる側近たちを前に、フルシチョフは口を開いた。「一九一七年一〇月のようにわれわれが前進した時期もあった。しかし、一九一八年三月にはわれわれは後退しなければならなくなり、ドイツとブレスト・リトフスク条約を結んだ。ソヴィエトの力を保存しておかねばならない、との見地からこの決断をしたのだ。今われわれは人類を滅亡させる恐れのある戦争と核災害の危険に直面している。世界を救うためにわれわれは撤退しなければならない。集まってもらったのは、諸君がこのような決断に賛成かどうか話し合ってもらうためだ」[97]。会議中、ドブルイニンからロバート・ケネディとの会見に関する報告が入り、読み上げられた。出席者は報告書をもってきた高官に、もう一度大きな声で読み上げてくれと頼んだ。「皆黙っていたが、広い部屋にただよっていた緊迫の度合いがかなり高まった[98]」とフルシチョフは回想している。

「ケネディが若い大統領であること、アメリカの安全保障が本当に脅かされていることをわれわれは知っていた。しばらく前からわれわれは、大統領が軍を抑えきれなくなる恐れがあると感じていたが、今や大統領自身がわれわれにそのことを認めたのだ。ケネディのメッセージは、キューバからミサイルと爆撃機を撤去するようにとのアメリカ側の要求を執拗に繰り返していた。メッセージの調子からアメリカ国内の緊張が急速に臨界点に達しようとしていると思った[99]」とフルシチョフは書いている。

「同志諸君、われわれはこの争いから堂々と撤退する道を探らなければならない。もちろんキューバを危険にさらすようなことがあってはならない[100]」とフルシチョフは述べ、アンドレイ・グロムイコ外相に「グロムイコ同志、われわれに危険を冒す権利はない。大統領がいったん侵攻すると宣言したら、翻すことはできないだろう[101]」と言った。それからキューバ駐留ソ連軍の総司令官に、「何人たりともミサイルに近づくことは許さない。ミサイル発射命令に従ってはならないし、いかなる状況でも核弾頭をミサイルに取り付けてはならない[102]」との命令を出した。

フルシチョフはのちにミサイル撤去を決断させたやり取りを次のように回想している。

軍事顧問たちにキューバからミサイルを撤去しなくても五億の人間が死ぬようなことにはならないと断言できるかと尋ねると、彼らは狂人か裏切り者でも眺めるような目でわたしを見た。彼らにとっての最大の悲劇は、わが国が破壊されすべてを失うかもしれないということではなく、中国人やアルバニア人から融和政策をとったとか弱腰だとか非難されるだろうということだった。無謀な連中なんぞ知ったことか、とわたしは腹のなかで毒づいた。キューバ政府転覆を謀らないとアメリカに約束させられれば、ミサイルを撤去しよう(103)。

モスクワ時間の午後四時（東部時間の午前八時）、フルシチョフがケネディの申し入れを受諾する旨をモスクワ放送が世界に向けて発表する一時間前、ソ連のロジオン・マリノフスキー国防相はミサイル基地を解体するよう命令を出した。「ただちにミサイル基地を撤去せよ。大変なことが起きてからでは遅い(104)」。

大統領が出した条件を受け入れるというフルシチョフのメッセージは、現地時間午前九時にワシントンに届いた。「親愛なる大統領閣下、わたしは一九六二年一〇月二七日付の貴下のメッセージを受け取りました。……平和の大義を脅かしているこの衝突の清算をすみやかに完了させるべく……ソ連政府は……先頃、兵器のために建設中の基地におけるすべての作業の停止を指示しましたが、それにくわえて、貴下が『攻撃用』と表現された兵器を解体し、それを木箱に詰めてソ連に送り返すよう新たな命令をくだしました(105)」。

フルシチョフ議長の書簡に対するケネディの回答がV　O　A《ヴォイス・オブ・アメリカ》で放送されてキューバ危機は終結した。「わたしは、キューバにおける基地建設作業を中止し、攻撃用兵器を解体してソ連に送り返すというフルシチョフ議長の政治家らしい英断を歓迎します。……わたしと議長は、平和維持に重い責任があるがゆえに、事態が制御不可能な地点にさしかかっていることに気がついていたのだと思います。ですからわたしはこのメッセージを歓迎し、また、これは平和への重要な貢献であると考えています」(106)。

ケネディ大統領は、この結末がソ連にとっての公然たる屈辱にならぬよう細心の注意を払った。「エクスコム委員および閣僚全員に対して、どんな形であれ勝利を主張するような会見には応じないように、声明も発表しないよう指示した。大統領は、何が自国の利益で何が人類の利益かを適切に判断したフルシチョフに敬意を払ったのだ。これが一つの勝利であるならば、それは次の世代にとっての勝利であって特定の政府や特定の国民にとっての勝利ではなかった」(107)とロバート・ケネディは書いている。

キューバに配備されていたミサイルは平穏に解体され、爆撃機とともにソ連に送り返された。ラジオ放送で事態を知ったカストロは、ソ連の降伏に激怒し鏡を叩き割った。危機のあいだ脇に押しやられて面目をつぶされ、また、駒として利用され、自分に何の相談もなくミサイルがおっぴらに撤去されると決まったことを不快に思うカストロは、ミサイル撤去というケネディとフルシチョフのあいだで決まった協定に従うことを拒否し、ミサイル撤去確認にあたる国連査察官を受け入れようとしなかった。このため、ケネディ大統領はキューバに侵攻しないという約束を公式には明言しなかったが、この取り決めを守った。ケネディ後の政権も守った。トルコに配備されていたジュピター・ミサイルは翌月淡々と撤去され、代わって精度の高い最新のポラリス潜水艦発射弾道ミサイルが地中海に配備された。ジュピター・ミサイル取引の件は、それから七年後にロバート・ケネディの回想録がロバートの死去後に出版されるまで、アメリカ政府は極秘にしていた。

この危機を経験してアメリカ、ソ連両国は、世界があと一歩で破滅というような事態を二度と起こしてはならないと考えるようになった。危機のさなかケネディ大統領はアメリカ駐在のイギリス大使オームスビィ＝ゴア卿に「国家がお互いを核兵器で脅すとは、本当に耐えがたい事態だ。まったくもって馬鹿げている。核兵器が大量に存在する世界は手に負えない世界だ。この危機を脱したら、本気で軍縮を進めなくてはならない……こんなことはもうたくさんだ(108)」と語っている。核戦争という危機感がケネディとフルシチョフにその瀬戸際から退く決断をさせたのだ。両国の指導者は、将来睨み合いが起きた場合首脳同士がただちに直接対話できるよう、ホワイトハウスとクレムリンのあいだにホットラインを設置した。アメリカとソ連はその後間もなく軍備縮小への第一歩を踏み出し、一九六三年の夏には部分核実験停止条約に調印した。

この危機を経験してソ連は、自分たちが核兵器に関してアメリカに後れをとっていることを痛感した。危機当時、アメリカはソ連に対して一七対一で優位に立っていた。それから一〇年のうちにソ連の核戦力はアメリカと同等になった。

両国の指導者はどちらもキューバ危機終結から間もなく権力の座を降りた。ケネディ大統領はおよそ一年後の一九六三年一一月二二日に遊説先のダラスで暗殺された。フルシチョフは危機から二年後の一九六四年一〇月に起きた無血クーデターで政権の座を追われた。最高会議幹部会はフルシチョフを「楽観的予測に基づいて無謀な計画を立て、早まった決断をくだし、軽率な決定をして行動に移った」[109]として非難した。フルシチョフの名前が公的場面に登場することはまったくなくなり、彼はKGBの厳重な監視のもとモスクワで年金生活者として余生を送り、一九七一年九月一一日に死去した。

「キューバ・ミサイル危機の究極的な教訓は、他国の立場になって考えることの重要さである。危機のあいだケネディ大統領は、特定の行動方針が、自分がなしつつあることのどんな側面に与える影響よりも、フルシチョフやソ連に与える影響をはっきりさせることに多くの時間を費やした。フルシチョフを侮辱したりソ連に恥をかかせたりしないようにとの思いから、また、彼らが付託されているソ連の安全保障や国益のために、対アメリカ対応策をエスカレートしなければならないと考えないようにとの思いから、大統領は熟慮し慎重に行動した[110]」とロバート・ケネディは書いている。

当時アメリカ人は知らなかったが、キューバ駐留ソ連軍の司令官たちは、アメリカがキューバに侵攻した場合は自分たちの判断で核兵器を使用する権限を与えられていた。ケネディが軍事的な選択肢を選んでいたら「核戦争が起きていただろう。当時準備していたような空爆と侵攻を開始すれば、アメリカ軍はたちまちキューバ駐留ソ連軍の核ミサイルを使った反撃を受けていただろう。彼らは戦術核兵器を用意し、自分たちの判断で使用する権限を与えられていたのだ。その結果、世界で初となる核の撃ち合いとなっていただろう。はじめは戦術核兵器レベルにとどまるだろうが、急激に全面的な戦略核兵器レベルの撃ち合いになっていただろう。これはあとになって知ったことである[111]」とシオドア・ソレンセンは書いている。

マクジョージ・バンディは「その究極の意味でこうした大事件の教えるところは、重大な危機をどう『管理するか』ではなく重大な危機を招かないことが重要だということだった。関係者たちはそのことを学んだし、他の人たちも学びつつある。われわれは二度とこの道を通らないように努力しなければならない[112]」と述べている。

第8章 レイキャヴィク首脳会談 1986年

キューバ・ミサイル危機以降の二五年間でソ連とアメリカの戦略核兵器保有量は二〇倍に増え、また両国とも通告から数分以内に核ミサイルを発射できるため、世界は核による全人類破滅の脅威の下で生きていた。長年にわたり軍縮会議を行い、また核実験禁止（ＮＴＢ）条約や弾道弾迎撃ミサイル制限（ＡＢＭ）条約、戦略兵器制限協定（ＳＡＬＴ）等の条約によって、核実験、ミサイル迎撃システム、いくつかの型の核兵器運搬手段等に関しての制限を設けたにもかかわらず両超大国の軍縮は進まず、保有するミサイルや弾頭の増加を抑制できずにいた。一九八五年には戦略兵器削減に関してジュネーヴで開かれた外相会談が行き詰まり、ソ連のエドアルド・シュワルナゼ外相は従来の軍縮プロセスを「どこにも通じていない人通りの多い道」[1]と呼んだ。ソ連のミハイル・ゴルバチョフ書記長は、「世界の国々は手詰まり状態だ。東西の対立は永久に続くだろう」[2]と述べた。シュワルナゼは、「ゴルディアスの結び目を切断するように、このようなやり方をしている世界を打ち壊す以外解決策はないように思われた」[3]と書いている。

両国は巨額の国防費にあえいでいた。アメリカではロナルド・レーガン大統領が三兆ドル規模の軍事力増強に乗り出したため、国家財政は未曽有の赤字を招いていた。ソ連では軍事費がGNPの三〇パーセントを超え、この国の指導部の目には軍拡競争によりソヴィエト連邦という体制が破綻しかけているのが明らかだった。「書記長になった時、この国がどこかおかしくなっていることはすでにはっきりしていた。……共産主義に仕え軍拡競争の重荷を担うように運命づけられていたソ連は、極端なまでの無理をしていたのだ」(4)とゴルバチョフは書いている。ソ連はもっぱら原油輸出で交換可能通貨を獲得していたが、原油価格の暴落により交換可能通貨による支払いを一時停止せざるを得ない破目になった。ソ連の乳児死亡率はアメリカにくらべて三倍も高く、世界で五〇番目の高さにまでなっていた。平均寿命はメキシコ、ブラジル、コスタリカ並みだった。ソ連共産党政治局からソ連社会主義連邦共和国書記長に指名される前夜、ゴルバチョフは妻に「このような生き方はもうやめなければいけない」(5)と語っている。「奈落の底へ向かって突進するような真似はもうやめにしなければならない」(6)とも書いている。

一九八五年一一月、レーガンとゴルバチョフはジュネーヴで短時間の会談を行った。この会談は、「核戦争は勝つことができず、けっして戦われてはならない」(7)という共同声明と、再度首脳会談を行うという合意を生み出しただけであったが、ソ連指導部はレーガンの誠実さに感銘を受け、意義のある話し合いをする機会が到来していると感じた。「レーガンをこちらの味方に引き入れたりこちらの考え方を納得させたりすることは非常に難しかったが、取引のできる相手だと思った。すなわち、彼は約束を守る男であり、取引や交渉によって意見をすり合わせることが可能な相手だという印象をわれわれはもった(8)」とシュワルナゼは書いている。

一九八六年九月一五日、ゴルバチョフはレーガン大統領に宛てて四ページにのぼる手紙を書いた。ワシントンを訪問中のシュワルナゼから大統領に渡されたその手紙は、両国間の関係が悪化していると訴え、状況のさらなる悪化を阻止するために自分たち指導者二人が両国の関係を安定化させる影響力を行使する必要があると強調していた。ゴルバチョフは「われわれの意見交換で大切なものは誠実さである」と語り、「アメリカ指導部はそもそも軍拡競争の終結と、本物の軍縮につながるような協定を求めるつもりがあるのでしょうか？」と問いかけていた。継続しているジュネーヴでの協議にもかかわらず「われわれはまだ軍縮協定に少しも近づいていません」と指摘した。そして「この交渉には大きな弾みが必要だという結論に達しました。さもなければ交渉は足踏みを続けることになるでしょう。……あなたとわたしがじきじきに介入しないかぎり交渉は無駄に終わるでしょう。……大統領であるあなたに提案したい考えが浮かんだのですが、近いうちに……アイスランドかロンド

ロナルド・レーガン大統領と話し合うジョージ・シュルツ国務長官（国立公文書館）

ンで一日かけて一対一の会談をしませんか。側近を交えず二人だけで率直な話し合いをするのです（お互いの外相だけは同席するかもしれませんが）。細目にわたる話し合いにはならないでしょう。なぜならこの会談の目的と意義は、政治的決意を示すことにあるのですから。会談の結果は、二、三の具体的な問題について双方のしかるべき政府省庁に協定案を起草せよとの指示になるでしょう。そしてわたしがアメリカを訪問する際に、われわれは調印できるでしょう[9]」。

レーガンはこの提案を受諾した。レーガン政権の国務長官だったジョージ・シュルツは、「そのような会談を行うのであれば、開催場所は大陸から離れた静かなレイキャヴィクの方が望ましいと大統領に内々で話した。ホスト役がアイスランド政府であれば、緊迫した雰囲気のなかで行われる長時間の交渉に干渉しないだろうし、儀式も最小限ですむだろうから[10]」とレイキャヴィクが開催地に決定した理由を説明している。レーガンは、投獄されている反体制派の人々のうち四、五名の釈放と、先日スパイ行為を働いたとしてKGBに逮捕された〈USニュース・アンド・ワールド・リポート誌〉のモスクワ支局長ニコラス・ダニロフの解放を条件にした。九月二九日にダニロフが解放され、その翌日、大統領は一〇月一一、一二日にアイスランドでゴルバチョフと会談すると発表した。記者会見のなかでレーガンは、これは「ソ連共産党書記長のアメリカ訪問に向けた地ならしという枠組み[11]」における予備会談であると表現した。

一〇月四日、ゴルバチョフはレイキャヴィク会談に向けて準備をしているソ連チームに自分の目標を説明した。新たな軍拡競争が始まれば「わが国の経済に対する圧力は想像もつかないほどものになるだろう[12]」と語り、永続性のある軍縮を確かなものとするためアメリカ側にとっても同じように好都合なものでなければならないと強調した。「われわれの提案がアメリカの安全保障弱体化につながれば、会談をしても何の成果も出ないだろう[13]」。レイキャヴィクに向かう数日前、ゴルバチョフはソ連共産党政治局で演説し、「当面の」解決策では駄目だと語った。「アメリカに軍拡競争第二ラウンドを押しつけられたら、われわれは負けるだろう[14]」。

レーガンは会談を楽しみにしていた。俳優組合委員長としての経験を思い起こし、次のように語っている。「昔のことだがハリウッドの映画会社経営陣と向かい合って交渉テーブルに着き、交渉についていくつか学んだ。ほしいものがすべて手に入ることはまずあり得ない。最後通牒を突きつけたりせず相手が駆け引きする余地を残しておけば、たぶん望んでいる以上のものを得られるだろう。相手を追い詰めたり困らせたり恥をかかせたりしてはいけない。トップ同士が非公式に話し合うことで物事がうまく解決することも時にはある[15]」。

一〇月九日木曜日の夜、レーガン大統領は専用機でアイスランドに入った。翌日空路到着したゴルバチョフとソ連チームは、レイキャヴィク沖に停泊しているソ連の巡航客船に落ち着いた。全長一〇八メートルのこの船が会談中の彼らの宿舎だった。土曜日午前、ソ連とアメリカのチームは土砂降りの雨のなか、それぞれ車を連ねてレイキャヴィク中心部から一・六キロのところにあるホフティハウスへ向かった。それは風にさらされ土がむき出しの土地に建つ、白い下見板を張った二階家で、眼下に大西洋を一望できた。ここには幽霊が出るともっぱらの噂だった。もともとはフランス領事館、イギリス大使公邸として使われていたのだが、妙な音がしたり壁にかかっていた絵がどうしたわけか落下したり、ドアが勝手に開いたりするため、イギリス政府は大使公邸をよそに求めてここを売却したのだ。ホフティハウスを買い取ったアイスランド政府は手を入れて会議場として使用したり、外国高官をもてなす際に利用していた。このような曰《いわ》くがあるにもかかわらず、ソ連、アメリカ両国の先遣隊《せんけんたい》がここを会談場として選んだのは、辺鄙な場所にあるのと港を見晴らす景観ゆえだった。

レーガンとゴルバチョフは一〇時半ちょうどに到着した。短い挨拶を交わし、前庭に詰めかけた三五〇〇人を超す報道関係者に写真を撮らせたのち、二人の指導者は建物のなかに消えた。一階の小さな部屋で二人にシュルツとシュワルナゼが加わった。ゴルバチョフはまずレーガンに、両国が戦略核戦力をそれぞれ五〇パーセント削減するとの提案書を渡した。ゴルバチョフはのちに次のように書いている。

戦略核兵器を削減しようというソ連側の提案は、煎じ詰めれば以下のようなものだった。交渉は果てしのない議論にはまり込み、議論はいつまでも堂々巡りしていっこうに埒《らち》が明かない状態であった。必要なのはこれまでとは違う取り組み方だった。このためわれわれは三つのグループの兵器（地上配備型大陸間弾道ミサイル、潜水艦発射弾道ミサイル、戦略爆撃機）をそれぞれ五〇パーセント削減することを提案した。地上配備型大陸間弾道ミサイル兵器について、ソ連がこれほどの大幅削減に同意したのはこれが初めてだった。大陸間弾道ミサイルはわが国が保有するもっとも強力な戦略兵器であり、アメリカ側はこれを主要な脅威とみなしていた。ソ連側の提案は不公平なものではなかった。というのもアメリカも保有する主要な攻撃手段――原子力潜水艦や戦略爆撃機――を五〇パーセント削減することになっていたからだ。これらの分野ではアメリカがわが国より優れていた。ソ連側の提案の論理は単純で、核戦争の抑止を保証している戦略核兵器の保有量を大幅に削減するということであった。(16)

ゴルバチョフは、また、ソ連とアメリカがヨーロッパに配備している中距離核戦力（ＩＮＦ）を撤去することも提案した。ただし、フランスとイギリスの、正式にはＮＡＴＯの命令系統に属さぬ一九四基の核弾頭ミサイルには手をつけず両国がこれらを維持することを認める、というものであった。ヨーロッパに配備されている射程一〇〇〇キロ以下の核ミサイル（短射程ＩＮＦミサイルとして知られているもの）については、現状の数で凍結することも提案されており、ソ連がこの型のミサイルをヨーロッパに一二〇基配備しているのに対して、ＮＡＴＯはまったく配備していないことを考えると、ゴルバチョフの提案は見かけほどには高潔なものではなかった。これらの見返りとしてゴルバチョフは、アメリカが弾道弾迎撃ミサイル制限（ＡＢＭ）条約を最低一〇年は順守することを求めた。ゴルバチョフは最後に核実験の全面禁止を提案した。「ゴルバ

ホフティハウスで話し合うソ連のミハイル・ゴルバチョフ書記長とアメリカのロナルド・レーガン大統領（国立公文書館）

チョフは威勢がよくせっかちで自信に満ちており、協議事項を設定しこの会議を仕切っているのは自分だと言わんばかりの態度だった。ロナルド・レーガンはくつろいだ表情と傾聴している態度で相手の気持を和らげ、悠然としていた。ゴルバチョフの提案がいずれも重要な点でアメリカの立場に歩み寄っていたため、そのような態度をとれたのだ[17]」とシュルツは回想している。

ソ連側の最大の関心事はヨーロッパにあるNATOの中距離ミサイルだった。ゴルバチョフはこれを「ソ連の頭に突きつけられたピストル[18]」と呼んでいた。ソ連が東ヨーロッパにSS20INFミサイルを配備したことを受けてアメリカがヨーロッパに配備したパーシングⅡ弾道ミサイルは、ソ連の人口密集地域の大半を攻撃目標としていた。ソ連は、命中精度が高くソ連までの飛行時間が短いこの最新式パーシングⅡが先制攻撃兵器として使用される事態を恐れていた。「アメリカのミサイルは五分以内で目標に到達するだろうから、攻撃されればわれわれは実質的に無防備だ[19]」とゴルバチョフは述べている。

ミサイル迎撃システム構築を目指すアメリカの研究を牽制することがソ連のもう一つの重要事項だった。ソ連の脅威に対抗するべくレーガンは一九八三年三月、飛来する弾道ミサイルをその飛行中に探知し、破壊する宇宙配備のミサイル迎撃システム構築に乗り出していた。戦略防衛構想（ＳＤＩ）である。ソ連における宇宙研究の第一人者をはじめとして多くの人はＳＤＩが機能するのか懐疑的だったが、ソ連の政治家たちは、ＳＤＩが宇宙空間に軍事設備を配置するものでありアメリカは報復攻撃を受ける恐れなしに先制攻撃を加えられるようになるのではないかという恐怖に駆られていた。

レーガンはソ連の提案内容を知ってこの会談に希望を抱いたが、重要な見解の相違がまだ残されたままであることに気づいていた。ソ連がアジアに配備している五〇〇基以上の中距離ミサイルは、太平洋地域のアメリカ同盟諸国を脅かしていたし、これらは可動システムなので、ソ連はその中距離ミサイルをヨーロッパに容易に戻すこともできた。「ヨーロッパのＩＮＦをゼロにすることはすばらしいが、アジアに配備されているこれらのＩＮＦミサイルの削減も必要である[20]」とゴルバチョフに話した。レーガンはＡＢＭ条約の一〇年間順守という要求に難色を示した。たとえ核ミサイルがすべて廃絶されても両国にはまだ核兵器をつくる能力があるので、将来アドルフ・ヒトラーのような狂人が出現し核兵器をふたたび導入することのないようにしなければならないのだ。第一次大戦終結後に毒ガスの使用が禁止されたにもかかわらず、いずれの国もガスマスクを保持し続けたことをレーガンはゴルバチョフに指摘した。

一二時半過ぎに一同は休憩をとり、レーガンは上級顧問たちと昼食をとりにアメリカ大使館に戻った。「ゴルバチョフは新しい非常に重要な協議材料をもちだしてきた」とシュルツは彼らに状況を説明した。「われわれは、広範囲にわたるソ連の譲歩をうまく捕らえわれわれの立場から見ての欠陥と難点を明確に指摘できるよう細心の注意を払って準備しこれに対応せねばならない、とわたしは思った。われわれが必要とする専門知識をすべて備えた専門家チームを連れてきていたのでほっとした。彼らならば、休憩時間中に、大統領がゴルバチョフに指摘した問題点を練り直せるだろう。わたしも含めて皆が興奮していた。ひょっとしたらジュネーヴ会談以降行き詰まっていた交渉が進展しようとしている瞬間に自分たちは立ち会っているのではないか」[21]。アメリカ大使館内の狭苦しい、盗聴防止がなされている小部屋で国務省の軍備管理問題担当上級顧問ポール・ニッツェは「これはこの二五年間にわれわれが受け取ったソ連の提案のなかで最良のものだ」[22]と述べた。

午後に会談が再開されると、レーガンはアメリカ側の条件を簡潔に述べた。ソ連側の提案を歓迎するとしたものの、大型大陸間弾道ミサイルの五〇パーセント削減を迫り、また、中距離核戦力については全地球規模で論じる必要があると主張した。大統領は、中距離核兵器を全地球規模で廃絶するのであればそれはすばらしいことであり、それならば自分は大賛成であると応じたのだ。そして会談中に出たさまざまな提案について夜のあいだに合同の作業グループが話し合ってはどうかと提案した。「何とかなりそうだった。合意の基盤となるものが手の届くところにあった[23]」とレーガンは語っている。

この二人の指導者たちのあいだには、もっと個人的なレベルでのある種の相互理解も生まれ始めていた。「今思えば、ゴルバチョフとわたしのあいだには友情に近いものを生み出す何か不思議な力が働いていたように思う。彼はしたたかな交渉相手だった。祖国を愛するロシアの愛国者だった。われわれはイデオロギー的に正反対の立場から議論を交わす形となった。しかし、われわれのあいだには憎悪や敵意なしに人間対人間の基盤に立って会話を続けさせる不思議な力が働いていた。ゴルバチョフが献身的な共産主義者で、わたしが確固たる資本主義者だったにせよ、わたしは彼が好きだった[24]」とレーガンはのちに回想している。

会談はあと一日残っているので、二人は両国の見解の相違を狭めるべく夜を徹して作業するメンバーを指名した。「専門家たちに自由にやらせましょう」とゴルバチョフは言った。「われわれはずいぶんいろいろな話をしました。あとは彼らにやってもらいましょう[25]」。「そうして会談初日が終わった。われわれはいっさい譲歩していなかったが、ソ連側が思っていた以上に歩み寄ってきていた。アメリカ出発前に想定していたこの会談の性格は、レイキャヴィクにおいてすっかり変貌してしまった。作業グループが編成されたことは、両国の交渉が始まったということを意味していた[26]」とシュルツは書いている。

レーガンはアメリカ大使館に戻り、ゴルバチョフはレイキャヴィク港に係留されているソ連の巡航客船〈ゲオルグ・オッツ〉に向かった。両指導者が就寝中、両国の専門家たちは隔たりを埋めるべく夜を徹して会合を開き、問題を検討した。アメリカチームの団長となったのはポール・ニッツェだった。七九歳になるアメリカの軍備管理集団の陰の実力者で、アメリカがソ連と戦略兵器制限協定（ＳＡＬＴＩ）およびＡＢＭ条約を締結する際交渉にあたっていた。対するソ連チームは、三軍の参謀総長セルゲイ・アフロメーエフ元帥に率いられていた。両チームは一〇時間半にわたって話し合った。

　ニッツェとアフロメーエフは戦略兵器を削減するための処方箋を見出すことに焦点を合わせた。ソ連はアメリカよりも多くの核兵器を保有し、またその運搬手段のほとんどの部門においても優位を保っていたため、双方が一律に五〇パーセント削減するという提案であれば、ソ連の核の優位が続くことになり、アメリカ大統領はこの提案に同意するわけにはいかなかった。ニッツェは核兵器の種類ごとに平等な結果が出るような方式を主張した。彼は次のように述べている。

　会合が始まってから最初の六時間の大部分は、「五〇パーセント削減」が必然的にもたらす結果を明確化することに費やされた。アフロメーエフは、ソ連の提案は双方の戦略兵器保有量を「種類ごとに」半分にすることだと説明した。わたしは即座にその考え方に反対した。

そのような考え方は、どちらかが現在優位に立っている種類の戦略兵器において不公平な結果がもたらされる。例えば、ＩＣＢＭ弾頭においてはソ連の大幅な優位は残ったままになるだろう。双方は最終的に公平な結果が得られるよう努めるべきだ。この考え方では、現在どちらかが優位に立っている種類の戦略兵器の場合、双方が同じ割合で削減するのではないことを意味していた[27]。

何時間にも及ぶ押し問答の末、日曜日の朝六時半過ぎにニッツェとアフロメーエフは核弾頭と運搬手段（ＩＣＢＭ、潜水艦発射ミサイル、重爆撃機）の上限数をそれぞれ六〇〇〇と一六〇〇にすることで合意し、会合を終了した。これはソ連がより多く削減するものの、双方とも戦略兵器を削減して数のうえで等しくするというアメリカ側の要求に配慮していた。アメリカの軍備管理・軍縮局長でレーガンの軍備管理担当上級顧問のケネス・エーデルマンはこれを「ここ五年間で何百回も開かれ、討議時間が何千時間にもなる会合で達成された合意を上回る進展[28]」と評価した。

日曜日、それぞれの代表団と一緒に朝食をすませたレーガン、シュルツとゴルバチョフ、シュワルナゼはホフティハウスにやってきて、最後の会談に臨んだ。予定では一二時半に終了し、その後両指導者たちも代表団も空路帰国することになっていた。ゴルバチョフとレーガンは昨夜の結果に目を通した。双方の作業グループが成し遂げた進捗を評価したものの、自分たちならばも

会談中に休憩するゴルバチョフ書記長とレーガン大統領（国立公文書館）

っとうまくやれたのではないかとどちらの指導者も思った。「米ソ軍縮交渉における驚くべき躍進がこの結果のなかにあることは二人とも認めていたのだが、二人とも物足りなく感じたのだ。しかしわたしは、交渉者たちがジュネーヴの従来の枠組みに戻る前にできるだけ多くのものをこの会談から引き出すべく、今こそゴルバチョフに迫る時だという点で大統領と意見が一致していた[29]」とシュルツは書いている。

保有している戦略兵器における五〇パーセント削減に関して、彼らは中距離ミサイルの問題に立ち返った。レーガンは全地球規模での廃棄を迫ったが、最低でもヨーロッパからの中距離ミサイル全廃には、アジアに配備されている中距離ミサイルの削減が必須であると主張した。「ヨーロッパの中距離ミサイルを廃絶しておきながら、アジアに配備されている同様のソ連のミサイルについてはこれに見合った削減をしないという事態を認めるわけにはいきません」とレーガンは主張した。「ＳＳ20ミサイルは移動式でかんたんに動かせる。その存在はアジアにおけるわが国の同盟諸国に影響を及ぼしています。ヨーロッパにおける同盟諸国にはもちろんですが」[30]。ゴルバチョフが中距離ミサイルの全地球規模での廃絶に賛成できないとしても、レーガンは中間的措置として、双方がヨーロッパに配備している中距離ミサイルの数をそれぞれ一〇〇にまで削減することを提案した。ゴルバチョフはこの一時しのぎの解決策を拒否し、ヨーロッパからの中距離ミサイル全廃に焦点を絞った。「アジアに配備されている中距離ミサイルについての解決策が見つかれば、ヨーロッパにおける中距離ミサイルをゼロにすることを受け入れますか？」とレーガンに尋ね、「イエス」とレーガンは答えた[31]。

妥協案として、ゴルバチョフはヨーロッパにおけるＩＮＦミサイルを全廃し、双方がアジアに配備するＩＮＦミサイルの上限数を一〇〇とする提案をした。レーガンはためらい、問いかけるようにシュルツに目をやった。シュルツは「これまでどおり全廃を求めるべきですが、これは悪くない取引だ。ここへ来る前に応じるつもりでいたものよりましです[32]」とささやいた。レーガンはこの提案を受け入れ、ゴルバチョフに自分はこれを核兵器廃絶という目標に向けての中間的な措置と考えている旨を伝えた。双方は、核兵器保有量削減と併せて核実験禁止を目指すことで合意し、またソ連は今後の会談では人権も正式議題とすることに同意した。アメリカ側はこれを大躍進とみなした。「ジョージとわたしは、起こりつつあることが信じられない思いだった」とレーガンはのちに回想している。「われわれは驚くべき合意を取りつけようとしているのだ。時間がたつにつれ、何かとてつもなく大きなことが起こりつつあるように感じた。刻限の一二時半はあっという間だった。海を見下ろす部屋に陣取っていたわれわれ四人と通訳は、時計を無視して作業を続けた[33]」。

「このような機会は一度かぎりかもしれない。二年前、三年前にはもちろんのこと、一年前であればわたしは、今わたしがしているような提案はできなかった。一年もすれば同じ提案はできないかもしれない。時がたてば状況も変わります[34]」とゴルバチョフは戒めるように言った。そして、これまで自分が一方的に大幅に譲歩してきたのだから、今度はレーガンに譲歩してもらいたいと語った。「核兵器を削減するのであれば、アメリカもソ連も相手の目を盗んで相手の利益を脅かしたり協定を破ったり、困難な事態をつくりだすような真似はいっさいしないとお互いに確信できなければなりません。そうなるとＡＢＭ管理体制を強化する必要があります[35]」と強調した。そのためには双方が一〇年間はＡＢＭ条約から脱退しないという約束を今回の協定のなかに含めることが必要不可欠だった。レーガン大統領がこの件で譲歩する気がないことは、承知していた。「しかし、タンゴは一人では踊れません。相手がいなくては話にならないのです。軍備管理と核軍縮という二つの大きな問題については、米ソ両国の指導者二人が考えられる唯一のパートナーなのです。大統領は踊るつもりがおありですか?[36]」と尋ねた。「両国が核兵器の大幅削減に着手するのであれば、そこには相手を信頼できる環境がなければならないし、そのような環境をつくるにはＡＢＭ条約の諸条件を強化しなければなりません」と続け、「もしＡＢＭ条約の行く末がはっきりしないのであれば構想全体が崩れ、われわれはレイキャヴィク以前に戻ることになります」[37]と警告を与えた。

二人は二時間休憩することにした。レーガン大統領は昼食をとりにアメリカ大使館に戻り、すでに車に乗り込んでいたアメリカチームはホフティハウスに呼び戻された。シュワルナゼはシュルツに、ソ連側がこれまで一方的に譲歩してきたのだから今度はアメリカの番だと告げていた。戦略兵器と防衛に関して「われわれは非常に深刻な行き詰まりに直面しており」[38]、米ソ間の見解の相違を克服するためには新しい構想が必要だとシュルツは作業グループに説明した。安全保障問題担当大統領補佐官のジョン・ポインデクスター海軍大将は、「アメリカ側が何か非常に効果的な提案をしなければ、アメリカは、ソ連側の大規模な譲歩が提供されているのに、ＳＤＩに関してソ連が出している条件を飲めないためにこれらの譲歩をことごとく拒絶しているだけだという困った立場に置かれるかもしれない」[39]と感じた。奥に座っていた国家安全保障委員会の軍備管理専門家ロバート・リンハート大佐は、メモ紙にアイデアを書きなぐりアメリカチームに回した。メンバーはメモを読むといずれも同意してうなずいた。最後にメモを渡されたシュルツはじっくり読んでから向かい側に座っているソ連側に顔を向けた。「まだ大統領と話し合っていない考え方をあなた方と検討したいのですが、最後まで聞いていただきたい。これは行き詰まりを打開するために、ここにいるアメリカチームの一人が考えついたものです。大統領がどう反応するかはわかりません。休憩時間終了後にわれわれの席の方でどんどんという音がしたら、大統領がわたしの頭を壁に叩きつける音だと思ってください[40]」。

リンハートの提案はソ連側の要求に譲歩するもので、双方とも一〇年間はＡＢＭ条約が許容する研究・開発・実験だけに限定することを約束するものであった。そして、この譲歩に対する代償も著しく増大していた。すなわち、双方は最初の五年間で戦略攻撃戦力を五〇パーセント削減する。次の五年間で双方は残存している戦略ミサイルをすべて廃絶するというものであった。アメリカは保有する一六五〇基の戦略ミサイルと七八〇〇発の核弾頭のすべてを破壊することになり、ソ連は二三〇〇基の長距離ミサイルと九二〇〇発の核弾頭を廃絶することになる。核爆撃機、巡航ミサイル、戦場兵器については双方ともこれまでどおり保持するが、この削減・廃絶が行われていれば、もっとも危険で両国の関係を不安定にする兵器は両国の兵器庫から除去されていることになる。一〇年後、すべての攻撃的弾道ミサイルが廃絶された状況下で、双方は防衛計画を自由に展開できる。シュワルナゼは、この提案は検討する価値があると認めた。二時半に戻ってきたレーガン大統領は、午後の会談に備えた専門家チームとの話し合いの場でこの新しい提案を聞かされた。将来弾道ミサイルすべてを禁止するという可能性をもつこの提案によって話し合いは新たな段階に入った。当時はまだ秘密にされていたステルス爆撃機計画も含めアメリカの爆撃機に関する技術はソ連より優れていたので、この提案はアメリカに有利だろうということで、アメリカチームはこの提案に満足していた。レーガンもこの提案を気に入り、創意に富んでいると思った。「ゴルバチョフは、彼にとって大事なABM条約を得る。そしてわれわれはソ連の弾道ミサイルすべてを得る。そのあとでわれわれは宇宙にSDIを展開できる。そういうことであれば、これはまったく新しい事態だ[41]」。

「レーガンとゴルバチョフが会談を再開する前にアメリカチームは現状を再検討した。残っている意見の相違を何とかして克服するか、あるいは、争点については交渉を続けるがそれまでに合意に達していた削減を達成するために条約を締結する決心をするか、のどちらかによって、合意に達するのはほぼ間違いないように思われた[42]」とホワイトハウスの軍備管理担当上級顧問ジャック・マトロックはのちに回想している。ソ連チームも感情を高ぶらせていた。「誰もが意気揚々としていたがその一方で成り行きにいささか驚いていた」とソ連代表団の一人は書いている。「われわれは賭け金の高いゲームをしておりその賭け金は五分ごとに上がっていった[43]」。ゴルバチョフは「交渉にあたっている両チームともこれが核軍備競争という悪循環から抜け出すまたとない機会であることを承知していた[44]」と述べている。

会談は午後三時半に再開された。リンハートとシュルツが考えた処方箋をレーガンがゴルバチョフに示し、ABM条約の一〇年間順守というソ連の要求を満たしたと指摘すると、ソ連側は追加要求を出してきた。ABM条約を順守する一〇年間は、ミサイル防衛システムの実験を研究所内に留めるよう主張したのだ。ABM条約が成立した一九七二年の時点ではアメリカが現在計画しているような技術は存在していなかったので、ABM条約の文言にはあいまいなところがあった。ゴルバチョフは合意の一環として、戦略防衛関連の研究はすべて研究所内に留めるとの厳密な解釈を双方が守るよう主張し、次のように強調している。

あなたが提案する処方箋は、われわれの考え方に中途半端にしか応じていません。今後一〇年間にソ連、アメリカ両国は戦略核戦力を廃絶するというのがわれわれの考え方です。その間に、ソ連とアメリカは兵器の大幅削減を進める一方で、ABM条約を空文化するのではなく強化しなければなりません。だからこそこの重大な時期にABM管理体制を強化しようと提案しているのです。確信のない、影響がはっきりしない他の問題と絡めて事態を複雑にするのはなぜなのですか？　どうしてそのような重圧をかけて合意を妨げようとするのです？重荷をわれわれに押しつけるのであれば、戦略核戦力廃絶という目標に向けてのわれわれの協力が一層難しくなることをあなたはおわかりのはずだ。だからこちらは一〇年間のABM条約不脱退について合意することをあなたは提案しているのです。すなわち、その一〇年間は研究を研究所内でのみ行い、また、その一〇年のあいだに戦略兵器は廃絶されてしまっていることになり、そのあとでわれわれは次にどうすべきかを話し合うことになるのです。[45]

ゴルバチョフはレーガンに自分のこの要求をよく考えるよう求め、二人はあと一息で合意できそうだと思った。「少しおかしな状況だ」とレーガンは気づいた。「われわれはお互いに具体的な要求を出し合った。あなたはＡＢＭ条約順守の一〇年間という期間を主張している。わたしはＡＢＭ条約の範囲内でのＳＤＩを放棄するつもりはないと言いました。しかし、何よりも重要なことは保有している核兵器を廃絶することだと二人ともよくわかっているのです[46]」。一〇年もたてば自分はずいぶん年をとっているでしょうとレーガンはこのソヴィエト指導者に言った。お互いにそれぞれの国が保有する最後の核ミサイルを持ってアイスランドに戻ってくるのです。その頃にはずいぶん老けているから、あなたはわたしに気づかないでしょう。そんなあなたに「やあ、ミハイル」と声をかけると、「ロン、あなたか？」という返事が返ってくる。そして二人で最後のミサイル二基を破壊し、全世界の人々のためにすばらしいパーティを開くのです[47]。

レーガンは研究所での実験問題は一時棚上げにして、いずれゴルバチョフがワシントンを訪問する際に行われる首脳会談で取り上げればいいと提案した。「『ＡＢＭ条約は研究、開発そして実験を許容している』と言ってまずいことがありますか？　それなら夏にワシントンで会う時に、ＡＢＭ条約の規定のもとで実験が許されるのかどうかを話し合えばいいじゃないですか[48]」。しかしゴルバチョフは、「ＳＤＩの実験を研究所の外でも行うことを許容するのであれば、この交渉は成立しません。すべての要素は相互に関連しているのです。われわれが核兵器の大幅な削減について合意するならば、この決定的な一〇年の期間にＡＢＭ条約を順守するだけでなくこれを強化するという保証が必要です。繰り返しますが、この期間はきわめて重要で、行き当たりばったりにこの期間を過ごすことは危険です[49]」ときっぱり答えた。

シュルツは休憩にしてはどうかと提案し、二人の指導者はそれぞれの顧問たちと一緒に二階に集まった。ゴルバチョフは落ち着かない様子で行きつ戻りつしていた。「すべてはすぐに解決され得るだろう」[50]とソ連チームに語っていた。同じ部屋の反対側ではレーガンがアメリカチームと顔を合わせていた。マトロックは両チームのあいだにただよっていた「緊張感と期待感」を次のように描写している。「激しい感情の下には隠しきれない高揚感がひそんでいた。アメリカチームもソ連チームも、人類が有するもっとも破壊力の強い兵器を削減するために、史上もっとも包括的な誓約をする寸前まで来ているように思われた」[51]。大統領首席補佐官のドナルド・リーガンはこの時の話し合いを「活気に満ちており、執拗で、打ち解けながらも、張りつめたものだった」とのちに回想している。「ロシア語と英語がそれぞれに飛び交い、室内はかなりうるさかった。誰も彼もひどく深刻な顔をして、椅子にかけている者は一人もいなかった。大統領はわたしを手招きし、『ドン、時間がかかりすぎる』と小声でこぼした。ワシントンに戻りたがっていた。日曜日の夕食を自宅で取るつもりでいたのだ。苛々し、憮然としていた。『大統領、あとどのぐらいかかるかはわかりません。しかし、われわれは頑張り通してきたのです。この包括的な交渉を成立させられるならば、それだけの価値はあります』とわたしは答えた。……レーガンは溜息をついてうなずいた。われわれの最終提案がまとまる頃には、どちらの指導者も疲労困憊の極にあった」[52]。大統領は本質的な変更はいっさいせず提案の文言を修正しただけで、それをソ連側の書式に合うようにまとめた。レーガンは、ＡＢＭ条約に対する一〇年間の順守に関するゴルバチョフの見解、および、その一〇年が終わる頃には核兵器を廃絶することを含む他のすべてのソ連側の主張を受け入れるつもりでいた。レーガンにとって合意成立を妨げる唯一の障害は、ＳＤＩ研究を研究所に閉じ込めろというゴルバチョフの主張だった。アメリカチームは相手を追い詰めていると感じていた。ソ連側は「ＳＤＩについて合意を得ようと躍起になっていた。彼らは揉めており、われわれにはそれがわかっていた」[53]とリーガンは述べている。

指導者たちは一階に戻った。レーガンはゴルバチョフの前でアメリカ側の修正提案を読み上げ、「提示できる最終的な案です」[54]と言った。ゴルバチョフは、アメリカ側は最初の五年間に「戦略的攻撃兵器」を削減することを提案しているが、次の五年間では弾道ミサイルの廃絶しか提案していないと指摘した。そして、弾道ミサイルにとどまらず巡航ミサイルや空中発射システム、戦術核兵器も同じように廃絶してはどうかと言った。「そのことについて質問させてください」とレーガンは言った。「二回目の五年間が終わる頃には、核爆弾、戦場用核兵器、巡航ミサイル、潜水艦搭載ミサイル、中距離ミサイル等々も含むすべての核兵器の廃絶を考えているのですか？そうであれば、大変すばらしいことだと思います。われわれがすべての核兵器を廃絶するならば、わたしの方はそれで結構です」とあえて言った。「われわれの側はできますよ。今挙げたすべての兵器を含めようじゃないですか。それを廃絶しましょう」[55]とゴルバチョフは答えた。シュルツも「やりましょう」[56]と言った。レーガンはゴルバチョフに「これでわれわれはすべてをジュネーヴの人たちに引き渡し、彼らは協定書の起草に取りかかれる。あなたはアメリカを訪問して、調印すればいい[57]」と言った。

ゴルバチョフはミサイル防衛に話を戻し、やはりＳＤＩは研究所に閉じ込めることが必要だと主張した。シュルツは、ゴルバチョフがソ連共産党政治局からＳＤＩについて譲歩を引き出せと命じられているのではないかと疑ったが、そのとおりだった。「すべてはＳＤＩの取り扱い方に関する合意にかかっている。一〇年間のＡＢＭ条約からの不脱退と、その期間中の条約諸条項の厳守である。それが彼らの本音だ[58]」とシュルツははっきり理解した。だが、レーガンはＳＤＩについて譲歩するつもりは毛頭なかった。「よく聞いていただきたい。これまでの立場を捨てて妥協するわけにはいきません。アメリカ国民に対して約束したものを断念するわけにはいかないのです[59]」。

「ＡＢＭ管理体制が不思議な力をもった重要なものだということは、わたしにはわかりかねます」と主張し、次のように続けた。「この管理体制が有する核攻撃抑止力は相互確証破壊（ＭＡＤ）だけです。われわれは核ミサイルの廃絶について話し合っているのです。すなわち、いつか誰かが核のボタンを押してすべてが破壊されるという危険にこれ以上脅かされぬようにする方法について話し合っているのです。しかし、アメリカおよびソ連の核ミサイルをすべて破壊したとしても、両国以外の核ミサイルに対する防衛手段をもつ必要はあるのです。核兵器という悪魔はすでに瓶の外に出てしまっているのです[60]」。

レーガンは、この先誰かがまた核兵器をつくらないともかぎらないと指摘した。「われわれが表舞台を去ったあと、どんな狂人が出てこないともかぎりません。われわれが住んでいるのは、各国の政府が次々と変わる世界なのです。あなた自身の国でも、わたしの在任中、すでに四人の指導者交代が行われています。あなたが平和を望むというのは本心からだと思います。しかし、変化は起こり得るのです。アメリカについても同じです。わたしが平和を望んでいることはあなたもご承知のとおりだ。しかし、あなたにした約束をわたしがじきじきに守り続けられる立場にないこともご存じでしょう。だからこそ核兵器を廃絶するというわれわれの合意が将来も守り続けられるようにする保険が必要なのです[61]」。

「われわれは情報資料から、ソ連がひそかにＳＤＩに似たミサイル防衛システムの研究を進めていることを摑んでいた。彼らの技術はアメリカよりも劣っていたが、われわれがＳＤＩに関する研究を中止し、ソ連が新システムの研究を続けた場合、ある朝起きてみたらソ連だけがミサイル防御システムの保有国だったということになりかねない。そんなことは許容できない。ＳＤＩは、レイキャヴィクでゴルバチョフとわたしがまとめている約束を確実にソ連に守らせるための保険証書であった。ソ連の条約違反はもうじゅうぶん経験済みで、この種の保険が必要なことはわかっていた[62]」とレーガンはのちに認めている。

ゴルバチョフはレーガンに、研究所での研究は続けてかまわないと告げたが、二人ともその言葉はＳＤＩ研究に終止符を打つことを意味するとわかっていた。研究を研究所に閉じ込めれば、アメリカが予定しているＳＤＩ研究の二分の一から四分の三を中止することになるし、野外実験による有効性の証明抜きであれば議会はこの計画に予算を認めないだろう。「はっきりとは言わないものの、ＳＤＩ研究に制限をくわえればこの戦略防衛システムの開発成功は極端に遠のくとゴルバチョフがわかっているのは間違いない」とシュルツは思った。「近い将来ＳＤＩ研究が成功すれば、アメリカは一〇年間のＡＢＭ条約順守期間が切れるのを待たずにＳＤＩシステムを配備できるようになるのではないかとゴルバチョフが心配しているのは明らかだった。アメリカのＳＤＩ研究がソ連の譲歩を大きく引き出しているのだと感じた。これは一つには技術面での開きが今以上に大きくなることを懸念しているからだろう(63)」。「われわれはソ連のはったりに開き直っていた」とドナルド・リーガンは述べている。「もしソ連側がわれわれの提案を受け入れれば、核兵器は地球上から消えるだろう。合意の鍵はＳＤＩだった。ＳＤＩが与えてくれる保険証書がなければ、大統領は議会とアメリカ国民にソ連を信頼するよう頼めないだろうし、条約の批准を勝ち取ることもできないだろう(64)」。

シュワルナゼは二人の指導者に次のように言った、「一つだけ言わせていただきます。双方は歴史に足跡を残すような合意の成立まで、歴史的に非常に重要な決定をするまであと一歩のところに来ています。後世の人々は会議録を読んでわれわれが合意寸前までいったとわかるでしょう。われわれがこの機会を逃せば、その人たちはけっしてわれわれを許してくれないでしょう(65)」。「暗くなったかと思うと横殴りの雨が降ってきて、そうかと思うとさっと太陽が顔を出すという具合にレイキャヴィクの天候は三〇分ぐらいの間隔でめまぐるしく変化していた。会談もこの天候を反映しているようだった。いつまでも堂々巡りをしていた」とシュルツは書いている。

レーガンは次のように思い出を語っている。「日暮れが近づくにつれて、わたしはひそかに考えていた。われわれは成し遂げたのだ――史上最大の兵器削減を交渉でまとめ上げたのだ。完全に意見が一致しており、すばらしいことを成就しようとしているのだとわたしは思っていた。ところが、すべてが決まった――とわたしは思った――あとでゴルバチョフがくせ球を投げてきた。笑みを浮かべてこう言ったのだ。『もちろんこれはすべてあなたがSDIを放棄すればの話ですがね』。わたしは耳を疑い、怒りを爆発させた。『SDIは取引材料にはならないと何度も言ったじゃないですか。せっかくここまで合意に達した今になって無理な要求を吹っかけて、何もかもぶち壊しにするつもりですか』」。

大統領はゴルバチョフに、自分たちはどちらも誇り得る成果を出したと思っていると語った。第一段階である最初の五年間における戦略核兵器の五〇パーセント削減、第二段階である二回目の五年間におけるその全廃である。ゴルバチョフは当初の目的であったABM条約の順守期限を一〇年とするという成果をもって帰国できるだろう。レーガンはこの一〇年間順守に同意することによってABMシステムの開発が遅れるという譲歩をしたけれどもSDIを損なうことはしないというアメリカ国民に対する堅い約束を守った。双方がそれぞれ望んでいるもの――攻撃用ミサイルの廃絶――を手に入れるのになぜ一〇年間の順守期間の他に制約が必要なのかとレーガンは尋ねた。「あなたはソ連国民に一〇年というABM条約順守期間を約束し、それを得た。わたしはアメリカ国民にSDIを放棄しないと約束しました。だから手放さずに帰国しなければならないのです」[68]とレーガンは論じた。ゴルバチョフは反論した。「研究所でこれまでどおり実験できるのだから別にSDIを捨てる必要はありません。あなたを批判している人たちも何も言えないでしょう。核兵器保有量を大幅に削減しようとしている時ならばなおさらです。とにかく、この会談からは一方が勝者で一方が敗者という事態は生まれません。どちらも勝つか、どちらも負けるかです。そうでなければ条約に調印後、負けた方は合意を台無しにしようとするでしょう」[69]。

レーガンはアメリカ国内での政治的圧力に触れた。「わたしはアメリカ国民にSDIを放棄しないと約束したんです」と言い、「この一事だけ」[70]了承してくれるよう求めた。これに対してゴルバチョフは次のように返答した。

これは些細なことではありません――これがすべてなのです。わたしの言っていることの意味はおわかりのはずだ。われわれにとってこの研究所問題は、強情とかわからずやといったことがらではありません。われわれは核兵器の大幅削減、最終的には全廃することに合意しかけています。それと同時にアメリカ側は、宇宙兵器をつくる権利をアメリカ人に認めるようわれわれに迫っています。はっきり言っておきます。「研究所」という言葉抜きには認められません。SDIに関する研究や実験は研究所内でという制限を課さない協定をモスクワに持ち帰ることはできません。あなたがこれに同意すれば、すべてを書き留め今すぐにで

も署名できます。それができないのであればお別れして、話し合ってきたことすべてを忘れましょう。(71)

大統領は一歩も引かなかった。「あなたはわたしにSDIを手放せと言っている。しかし、わたしはSDIを放棄しないとアメリカ国民に約束しています。SDI研究を研究所に閉じ込めることはできません」。ゴルバチョフはそれが最終的な見解なのかと尋ねた。「そうであればここで会談は終わりですね」。レーガンはそっけなく「そうですね」と答えた。(72)

「わかりました」とゴルバチョフ。「研究所に閉じ込められないのであれば、ここでおしまいにしましょう。お互い帰国してレイキャヴィクのことは忘れましょう。われわれはあなたの提案を受け入れるわけにはいきません。言うべきことはみな言いました。他に可能性はありません。いずれにしてもわたしはこうするしかありません」(73)。

レーガンは「合意内容にはあなたの要求がすべて入っているではないですか」と言った。「ABM条約から一〇年間は脱退する権利を行使しないこと、ABM条約の諸条項を厳守すること、ABM条約が許容する研究・開発・実験のみを行うこと。『研究所』という言葉以外すべてです。一語の問題です」(74)と食い下がった。そして信じられぬ思いで尋ねた。「あなたはこの一語のためにこの歴史的な機会を台無しにするつもりなんですか？」(75)。

「たった一語の問題と言われるが、われわれにとってはそうではありません」とゴルバチョフは

レイキャヴィク会談を終えたレーガン大統領とゴルバチョフ書記長（国立公文書館）

答えた。「原則の問題です。核兵器の削減が行われているさなかに、あなた方がＳＤＩを発展させ宇宙に配備するような事態を容認するわけにはいきません。宇宙での実験を禁止することにあなたが賛成するなら、二分後には文書に署名しますよ。もしそうでなければ、あなたの提案には賛成できません。会談はこんな結末で終わろうとしていますが、良心に恥じるところはありません。わたしはできるかぎりの努力はしたのですから（76）」。

レーガンが「いつまたこのような機会があるのかも、また、近いうちに会えるかどうかもわからない」と言うと、ゴルバチョフは「わたしにもわかりません（77）」と答えた。

レーガンは「わたしが間違っているのか？」とメモ紙に書きなぐり、シュルツの方に押しやった。国務長官は大統領に目を向け、ささやき返した。「いいえ、間違ってなんかいません」。ここは大統領をしっかり支えることが大事だとシュルツは思った。「われわれがずっと前からしている提案にソ連側が同意したとばかり思っていた。彼らがそうしたのはＳＤＩのためだったのだ。もしレーガン大統領がここで妥協してＳＤＩを葬っていたら、われわれは、ソ連をわれわれの方に歩み寄らせ続ける影響力を失っていただろう。しぶとく粘る大統領には敬服した。大統領がＳＤＩに関して折れていたら、それまでにソ連とのあいだで進展していた事項はすべてあやふやなものになっていただろう。ゴルバチョフが譲歩する覚悟を決めてレイキャヴィクに来たのは、ＳＤＩという圧力があったからだが、ＳＤＩを葬るためでもあったのだ。そして、調子に乗りすぎて失敗したのだ(78)」。

あきらめと失望の表情でレーガンは書類を集めて立ち上がった。「さあ行こうジョージ、ここを出よう(79)」と言いながら書類カバンを閉じた。「わたしは非常にがっかりしたし、本当に腹を立てていた(80)」とのちに認めている。ゴルバチョフも立ち上がり、会談は終わった。

「思い出すのは彼らの憔悴しきった顔としゃがれた声だ」とドナルド・リーガンはのちに回想している。狭い廊下に出たところでゴルバチョフが声をかけた。「大統領閣下、まだ時間はあります。交渉の席に戻ろうと思えば戻れます」。だが、レーガンはそっけなく「わたしはそうは思いませんね(81)」と答えた。外に設置されているクリーグ灯の光が北極圏の薄明かりのなかに霧雨を浮かび上がらせていた。レーガンはリムジンに向かって歩き出した。「われわれは打ちひしがれ顔も青ざめていた(82)」とシュルツは認めている。

「大統領閣下、あなたは核軍縮への道を開いた偉大な大統領として歴史に名を残すまたとない機会を逃したんですよ」と後方からゴルバチョフの声が追いかけてきた。「それはわたしたち二人ともです」[83]とレーガンは答えた。

ホフティハウスの玄関前階段を降りて砂利道に立ちながら「われわれは何らかの合意を見つけることができると今でも思っています」とレーガンはゴルバチョフに告げた。「あなたが合意を望んでいるとは思えません。わたしにこれ以上どんなことができたか、わたしにはわかりません」[84]とゴルバチョフは答えた。「わたしにはわかります。あなたはイエスと言えたはずです」とレーガンが応じた。

大統領、ドナルド・リーガン、シュルツはリムジンに乗り込み、近くのアメリカ大使邸に戻った。「車のなかでレーガンは暗く沈んでいた。大統領が心底落胆している場に居合わせるのはこれが初めてだった。……レーガンはしばらく黙りこくっていた。やがて口を開き、ドン、あともうちょっとのところだったのに、本当に残念だと言った。親指と人差し指を触れるか触れないかぎりぎりに寄せて言葉を足した。合意までこれぐらい、い、い、いだったんだ[85]」。

「それでもレイキャヴィクで得られたものの広がりは並はずれたものだった」とシュルツは書いている。

二日間にわたってゴルバチョフは、アメリカの立場への広範囲に及ぶ譲歩をお膳立てし推し進めた。それはチェスの指し手を思わせるような入念なやり方であった。土壇場でゴルバチョフはぶち壊してしまった。……彼のやり方はすばらしかったが、次の二点に気づいていなかった。ＳＤＩという防衛を主体にした新しい核抑止構想に対してレーガン大統領がもっている強い執着、そしてソ連が軍縮に関して譲歩してきた動機の脆弱性である。ＳＤＩという目下開発中の推進剤がなければ、こうした譲歩は今後一〇年のうちにしぼんでしまいかねなかった。瓶のなかに閉じ込められていた魔神は外に出たのだとわたしは思った。レイキャヴィクでゴルバチョフが示した譲歩が撤回されることはけっしてないだろう。ソ連の本音はわかったのだ。……レイキャヴィクでわれわれは、ＩＮＦについて実質的な合意に達していたし、ＳＴＡＲＴ（戦略兵器削減条約）で考慮すべき要素も話し合った。さらに人権問題を正式にこの交渉の席で討議した。……いろいろ言われているが実際のところは、レイキャヴィクは大成功だったのだ。(86)

記者会見の席でゴルバチョフもレイキャヴィク会談は失敗ではなかったとの立場を貫いた。「気がつくと、広々とした記者会見場についていた。そこには一〇〇〇人ほどの記者たちが待ち受けていた。わたしが入っていくと、残酷で往々にして冷笑的で厚かましい記者たちが黙って立ち上がった。不安な空気が立ちこめていた。突然感情が込み上げてきた、身震いさえ覚えた。目の前に立っているこの記者たちは、その運命が決定されるのを待つ人類を代表しているように思えたのだ。その瞬間、レイキャヴィク会談の意義に気づき、今後われわれがどのような行動を取るべきかを理解した」とゴルバチョフはのちに回想している。「緊迫する場面は多々あったが、レイキャヴィクは失敗ではなく突破口である。われわれは初めて水平線の彼方を見た」とこのソヴィエト指導者は明言した。「レイキャヴィクでの会談は両国の合意が可能であることを示した。……この会談により、われわれが選んだ道が正しいという確信が強められた(87)」とゴルバチョフは強く思っていた。「アメリカ大統領とわたしは、今回の会談において最終的に導き出されたものの全容をよく考えなければならない。そして、われわれを隔てているものを踏み越えるために次なる一歩を踏み出さなければならないだろう(88)」と彼は明言した。ソ連は「公表した提案を取り下げずに待つことになるだろう(89)」。

夜半前、空港エプロンにおいてゴルバチョフは、一つ傘の下にいたアイスランド首相に、「首相閣下、あなたが失望されるお気持はよくわかります。ですが、この会談から大変多くのものが生まれるでしょう。四〇年ぶりに両超大国がすべての核兵器を廃絶しようとしたのです。これは冷戦の終わりの始まりです(90)」と打ち明けてからモスクワへ向かう専用機に乗り込んだ。

アメリカも、その失望・落胆にもかかわらず、レイキャヴィク会談は大変な成功だったと認識していた。「いや、失敗ではない。われわれはかなりいい線までいったのだ。九九ヤードまで行って最後の一ヤードで失敗したような感じだ(91)」とドナルド・リーガンは大統領と一緒に専用機に乗り込みながら、集まっていた取材陣に語った。残されたのは最後の一ヤードだった。

火曜日の朝ワシントンに戻ったところで、シュルツは大統領に自分の考えを伝えた。「クリストファー・コロンブスのことをあれこれ考えていました。いくつかの島に到達しただけで黄金をスペインに持ち帰れなかったので、当時、彼の航海は失敗だったと言われていました。しかし、しばらくすると人々は彼が実は新世界に到達していたのだと気づきました。『ある意味でこの週末、大統領は新世界を発見したんです』とわたしは大統領に告げた。批判する連中のなかには、大統領の立場は非常に難しかったのだと言う者もいれば大統領たちは非現実的だったのだと言う者もいます。しかし、レイキャヴィクで大統領はソ連をいぶり出し、彼らは譲歩したのです。ですからわれわれはすばやく立ち回り、彼らを閉じ込めなければなりません(92)』」。

ソ連側は自分たちがレイキャヴィクでした提案はまだ有効だと確信しており、レーガンも自分の提案を撤回せずにいた。「扉は開いているし、核の脅威除去に取りかかる機会は手の届くところにある。……われわれは前回の続きから交渉を始めるつもりでいるし、ソ連側さえよければいつでもどこへでも前進する用意がある(93)」と大統領執務室からの国民向けテレビ演説のなかで明言した。ＩＮＦ条約および戦略兵器削減条約の重要な要素はととのっており、三週間もしないうちにシュルツとシュワルナゼはレイキャヴィクで合意した内容を整理しレーガンとゴルバチョフが調印できるようまとめる作業を開始した。

ゴルバチョフは、ＳＤＩ中止を主張しているかぎりはレーガンとの話し合いが進まないこと、また、技術的障害が思いのほか大きいためアメリカ側はＳＤＩ配備を結局実行できないかもしれないこと、そして、ソ連との関係が改善されれば議会がＳＤＩ研究に予算を認める可能性は少なくなりそうだということをはっきり理解するようになっていた。一九八七年二月、ゴルバチョフはアメリカがＳＤＩ研究を研究所に閉じ込めると譲歩しなければＩＮＦについて合意しないとの主張を取り下げた。いくつかの提案をひとまとめにして提出していたものをばらばらにし、ＳＤＩとＩＮＦを関連させることをやめ、『ＩＮＦについてただちに単独協定を結ぶこと』を公的に提案した[94]。一九八七年四月一四日、ゴルバチョフはシュルツに、ソ連は短射程中距離ミサイルの廃絶についても賛成すると伝えた。それから数カ月のうちにゴルバチョフは、アジアに配備しているＩＮＦミサイルに関する主張も取り下げた。七月二九日、ホワイトハウスは正式にソ連の提案を受け入れた。

その年の暮れ（一九八七年一二月八日）、レーガン大統領とゴルバチョフ書記長は中距離核戦力全廃条約に調印した。中距離核戦力と定義された一つのクラスの核兵器をすべて廃棄するという史上初の協定であった。調印式はホワイトハウス二階の東の間で厳粛に行われた。ソ連は配備済みの核弾頭一五〇〇発以上を撤去、破壊し、アメリカもおよそ四〇〇発の核弾頭を撤去、破壊した。合計で二〇〇〇発近い核弾頭が削減された。アメリカよりも多くの核弾頭を配備していたソ連は、アメリカ側の四倍の核弾頭を破壊することに合意していた。キューバ・ミサイル危機の際に世界を破滅寸前に追いやったＳＳ４ミサイルやその改良型ミサイルも廃棄された。検証条項はそれ以前に結ばれていた条約にくらべてはるかに範囲が広く、全兵器の完全な一覧表、現地査察、抜き打ち査察、ミサイル製造現場の継続的監視などが含まれていた。調印後ゴルバチョフは、「われわれが達成したのは希望の復活です」(95)と明言した。

それから四年後、戦略兵器を削減する条約が結ばれた。一九九一年七月三一日、ジョージ・H・W・ブッシュ大統領とゴルバチョフは戦略兵器削減条約（ＳＴＡＲＴ）に調印した。レイキャヴィクで規定された枠組みに倣ったＳＴＡＲＴにより、アメリカとソ連は保有する戦略核兵器を五〇パーセント削減した。両国とも、保有する核弾頭の上限数を六〇〇〇とし、それらを搭載するミサイルあるいは重爆撃機の総数も一六〇〇以下に削減した。ＳＴＡＲＴ調印から五カ月後の一二月二五日、ソヴィエト連邦は崩壊して一二の独立国が平和裏に誕生し、東西を隔てていた鉄のカーテンが取り払われた。

87 Gorbachev, *Memoirs*, 419-420,
88 Oberdorfer, *From the Cold War to a New Era*, 206.
89 Ibid.
90 Morris, *Dutch*, 599.
91 Oberdorfer, *From the Cold War to a New Era*, 207.
92 Shultz, *Turmoil and Triumph*, 775.
93 Michael Mandelbaum and Strobe Talbott, *Reagan and Gorbachev* (New York: Random House, 1987), 180-181.
94 Oberdorfer, *From the Cold War to a New Era*, 217.
95 Gorbachev, *Memoirs*, 449.

49 U.S. and Soviet Meeting Notes, October 12, 1986, National Security Archive.
50 Oberdorfer, *From the Cold War to a New Era*, 201.
51 Matlock, *Reagan and Gorbachev*, 232.
52 Donald T. Regan, *For the Record: From Wall Street to Washington* (New York: Harcourt Brace Jovanovich, 1988), 349-350.
53 Peter Schweizer, *Victory: The Reagan Administration's Secret Strategy That Hastened the Collapse of the Soviet Union* (New York: Atlantic Monthly Press, 1994), 276.
54 Soviet Meeting Notes, October 12, 1986, National Security Archive.
55 U.S. and Soviet Meeting Notes, October 12, 1986, National Security Archive.
56 Ibid.
57 Oberdorfer, *From the Cold War to a New Era*, 203.
58 Shultz, *Turmoil and Triumph*, 768.
59 Soviet Meeting Notes, October 12, 1986, National Security Archive.
60 Ibid.
61 Reagan, *An American Life*, 678.
62 Ibid., 677.
63 Shultz, *Turmoil and Triumph*, 770.
64 Regan, *For the Record*, 348.
65 U.S. and Soviet Meeting Notes, October 12, 1986, National Security Archive.
66 Shultz, *Turmoil and Triumph*, 765.
67 Reagan, *An American Life*, 677.
68 Shultz, *Turmoil and Triumph*, 771.
69 U.S. and Soviet Meeting Notes, October 12, 1986, National Security Archive.
70 Oberdorfer, *From the Cold War to a New Era*, 203.
71 Oberdorfer, *From the Cold War to a New Era*, 203-204; also U.S. and Soviet Meeting Notes, October 12, 1986, National Security Archive.
72 U.S. and Soviet Meeting Notes, October 12, 1986, National Security Archive.
73 Matlock, *Reagan and Gorbachev*, 234.
74 Shultz, *Turmoil and Triumph*, 772.
75 Matlock, *Reagan and Gorbachev*, 235.
76 U.S. and Soviet Meeting Notes, October 12, 1986, National Security Archive.
77 Ibid.
78 Shultz, *Turmoil and Triumph*, 773.
79 Morris, *Dutch*, 599.
80 Reagan, *An American Life*, 679.
81 Morris, *Dutch*, 599.
82 Shultz, *Turmoil and Triumph*, 773.
83 Morris, *Dutch*, 599.
84 Reagan, *An American Life*, 679.
85 Regan, *For the Record*, 351.
86 Shultz, *Turmoil and Triumph*, 775.

12 Anatoly Chernyaev Meeting Notes, October 4, 1986, National Security Archive.
13 Ibid.
14 Chernyaev Notes from the Politburo Session, October 8, 1986, National Security Archive.
15 Ronald Reagan, *An American Life* (New York: Simon & Schuster, 1990), 637.
16 Gorbachev, *Memoirs*, 417.
17 Shultz, *Turmoil and Triumph*, 758.
18 Gorbachev, *Memoirs*, 444.
19 Ibid.
20 U.S. Meeting Notes, October 11, 1986 (White House Memorandum of Conversation: Reagan-Gorbachev Meetings in Reykjavik.), National Security Archive.
21 Shultz, *Turmoil and Triumph*, 760.
22 Ibid., 761.
23 U.S. and Soviet Meeting Notes, October 11, 1986, National Security Archive.
24 Reagan, *An American Life*, 707.
25 U.S. and Soviet Meeting Notes, October 11, 1986, National Security Archive.
26 Shultz, *Turmoil and Triumph*, 762.
27 Paul Nitze, *From Hiroshima to Glasnost: At the Center of Decision* (New York: Grove Weidenfeld, 1989), 430.
28 Kenneth L. Adelman, *The Great Universal Embrace: Arms Summitry–A Skeptic's Account* (New York: Simon and Schuster, 1989), 53.
29 Shultz, *Turmoil and Triumph*, 765.
30 U.S. and Soviet Meeting Notes, October 12, 1986, National Security Archive.
31 Ibid.
32 Shultz, *Turmoil and Triumph*, 766.
33 Reagan, *An American Life*, 677.
34 U.S. and Soviet Meeting Notes, October 12, 1986, National Security Archive.
35 Soviet Meeting Notes, October 12, 1986, National Security Archive.
36 Ibid.
37 Matlock, *Reagan and Gorbachev*, 224.
38 Oberdorfer, *From the Cold War to a New Era*, 196.
39 Ibid., 197.
40 Shultz, *Turmoil and Triumph*, 768.
41 Oberdorfer, *From the Cold War to a New Era*, 199.
42 Matlock, *Reagan and Gorbachev*, 228.
43 William C. Wohlforth, *Witnesses to the End of the Cold War* (Baltimore: Johns Hopkins University Press, 1996), 179.
44 Gorbachev, *Memoirs*, 418.
45 Soviet Meeting Notes, October 12, 1986, National Security Archive.
46 U.S. and Soviet Meeting Notes, October 12, 1986, National Security Archive.
47 Ibid.
48 Shultz, *Turmoil and Triumph*, 772.

95 Kennedy, *Thousand Days*, 829.
96 Khrushchev, *Memoirs of Nikita Khrushchev*, vol. 3, 340.
97 Fursenko, *One Hell of a Gamble*, 284.
98 Ibid, 285.
99 Khrushchev, *Khrushchev Remembers*, 498.
100 Ibid.
101 Stern, *Averting the Final Failure*, 384.
102 Ibid.
103 Bundy, *Danger and Survival*, 444; also Schlesinger, *Robert Kennedy and His Times*, n529 (originally from Norman Cousins, "The Cuban Missile Crisis: An Anniversary," *Saturday Review*, October 15, 1977).
104 Stern, *Averting the Final Failure*, 384.
105 Khrushchev communiqué to Kennedy, October 28, 1962, National Security Archive.
106 Statement by President Kennedy, October 28, 1962, National Security Archive.
107 Kennedy, *Thirteen Days*, 98.
108 Schlesinger, *Robert Kennedy and His Times*, 530.
109 Ibid, 530.
110 Kennedy, *Thirteen Days*, 95.
111 Sorensen, *Counselor*, 296.
112 Bundy, *Danger and Survival*, 462.

第８章　レイキャヴィク首脳会談

1 Eduard Shevardnadze, *The Future Belongs to Freedom* (London: Sinclair- Stevenson, 1991), 81.
2 Mikhail Gorbachev, *On My Country and the World* (New York: Columbia University Press, 2000), 171.
3 Shevardnadze, *Future Belongs to Freedom*, 81.
4 Jack Matlock Jr., *Reagan and Gorbachev: How the Cold War Ended* (New York: Random House, 2005), 106.
5 Mikhail Gorbachev, *Memoirs* (New York: Doubleday, 1995), 165.
6 Gorbachev, *On My Country and the World*, 172.
7 Gorbachev, *Memoirs*, 411.
8 Don Oberdorfer, *From the Cold War to a New Era: The United States and the Soviet Union, 1983-1991* (Baltimore: Johns Hopkins University Press, 1998), 154.
9 Gorbachev to Reagan, September 15, 1986, National Security Archive.
10 George Shultz, *Turmoil and Triumph: Diplomacy, Power and the Victory of the American Ideal* (New York: MacMillan, 1993), 743.
11 Edmund Morris, *Dutch: A Memoir of Ronald Reagan* (New York: Random House, 1999), 591.

62 Stern, *Averting the Final Failure*, 300.
63 Ibid.
64 Ibid, 303.
65 Ibid, 304.
66 Ibid.
67 Ibid.
68 Ibid, 305.
69 Ibid, 306.
70 Kennedy, *Thirteen Days*, 73.
71 Bundy, *Danger and Survival*, 405.
72 Stern, *Averting the Final Failure*, 371.
73 Schlesinger, *Robert Kennedy and His Times*, 520.
74 This and the following quotations from the Scali-Fomin meeting are from Bundy, *Danger and Survival*, 438-439.
75 Kurt Wiersma and Ben Larson. *Fourteen Days in October: The Cuban Missile Crisis* (http://library.thinkquest.org/11046/media/fourteen_days_in_october.pdf), 16.
76 Sorensen, *Kennedy*, 714.
77 Ibid.
78 Kennedy, *Thirteen Days*, 81.
79 Ibid, 97.
80 Kennedy to Khrushchev, October 27, 1962, National Security Archive.
81 Kennedy, *Thirteen Days*, 83.
82 White, *Missiles in Cuba*, 140.
83 Stern, *Averting the Final Failure*, 369.
84 Khrushchev, *Khrushchev Remembers*, 551-552.
85 Memorandum for the Secretary of State from the Attorney General October 30, 1962, National Security Archive.
86 Dobrynin Cable to the USSR Foreign Ministry, 27 October 1962, National Security Archive.
87 Ibid.
88 Khrushchev, *Khrushchev Remembers*, 497.
89 Dobrynin Cable to the USSR Foreign Ministry, 27 October 1962, National Security Archive.
90 Memorandum for the Secretary of State from the Attorney General. October 30, 1962, National Security Archive.
91 Dobrynin Cable to the USSR Foreign Ministry, 27 October 1962, National Security Archive.
92 Ibid.
93 Memorandum for the Secretary of State from the Attorney General. October 30, 1962, National Security Archive.
94 Schlesinger, *Robert Kennedy and His Times*, 522.

25 Fursenko, *One Hell of a Gamble*, 279; also Stern, *Averting the Final Failure*, 303.
26 Theodore C. Sorensen, *Kennedy* (New York: Konecky & Konecky, 1965), 710.
27 "Kennedy talked Khrushchev triumphed," *New York Times*, May 22, 2008.
28 Stern, *Averting the Final Failure*, 225.
29 Ibid, 241.
30 Kennedy, *Thirteen Days*, 59.
31 Theodore C. Sorensen, *Decision-Making in the White House: The Olive Branch or the Arrows* (New York: Columbia University Press, 2005), 31.
32 Kennedy to Khrushchev, October 25, 1962, National Security Archive.
33 U.S. Ambassador Adlai Stevenson United Nations Security Council Address Exchange with Soviet Ambassador Valerian Zorin delivered October 25, 1962, United Nations Archives.
34 Fursenko, *One Hell of a Gamble*, 259.
35 Stern, *Averting the Final Failure*, 236.
36 Fursenko, *One Hell of a Gamble*, 259.
37 Ibid, 260.
38 Khrushchev, *Khrushchev Remembers*, 497.
39 Ibid.
40 Ball, *Past Has Another Pattern*, 302.
41 Schlesinger, *Thousand Days*, 826.
42 Michael Tatu, *Power in the Kremlin: From Khrushchev to Kosygin* (New York: Viking Press, 1970), 266-267.
43 Kennedy, *Thirteen Days*, 69.
44 Fursenko, *One Hell of a Gamble*, 270.
45 Ibid.
46 Ball, *Past Has Another Pattern*, 302.
47 Ibid.
48 Ibid.
49 Sorensen, *Counselor*, 288.
50 Ball, *Past Has Another Pattern*, 306.
51 Stern, *Averting the Final Failure*, 84.
52 Khrushchev, *Memoirs of Nikita Khrushchev*, vol. 3, 341.
53 Khrushchev to Kennedy, October 26, 1962, National Security Archive.
54 Dean Rusk, *As I Saw It* (New York: Penguin Books, 1991), 239.
55 Ball, *Past Has Another Pattern*, 304.
56 Sorensen, *Kennedy*, 712.
57 Stern, *Averting the Final Failure*, 266.
58 Khrushchev to Kennedy, October 27, 1962, National Security Archive.
59 Bundy, *Danger and Survival*, 445.
60 Stern, *Averting the Final Failure*, 319.
61 Ball, *Past Has Another Pattern*, 306.

2 Nikita Khrushchev, *Khrushchev Remembers*, trans. and ed. Strobe Talbott (Boston: Little, Brown, 1970), 494.
3 Arthur M. Schlesinger Jr., *A Thousand Days: John F. Kennedy in the White House* (New York: Mariner Books, 2002), 802-803.
4 McGeorge Bundy, *Danger and Survival: Choices About the Bomb in the First Fifty Years* (New York: Vintage Books, 1990), 398.
5 This and the following quotations from President John F. Kennedy "Radio-TV Address of the President to the Nation from the White House," October 22, 1962, National Security Archive.
6 Theodore C. Sorensen, *Counselor: A Life at the Edge of History* (New York: HarperCollins, 2008), 298.
7 Aleksandr Fursenko and Timothy Naftali, *Khrushchev's Cold War: The Inside Story of an American Adversary* (New York: Norton, 2006), 470.
8 Khrushchev to Kennedy, October 23, 1962, National Security Archive.
9 Khrushchev, *Khrushchev Remembers*, 497.
10 Kennedy to Khrushchev, October 23, 1962, National Security Archive.
11 David L. Larson, ed., *The "Cuban Crisis" of 1962: Selected Documents and Chronology* (Boston: Houghton Mifflin, 1963), 108-109; also Elie Abel, *The Missile Crisis* (Philadelphia: J.B. Lippincott, 1966), 125.
12 Sheldon M. Stern, *Averting "The Final Failure": John F. Kennedy and the Secret Cuban Missile Crisis Meetings* (Stanford, CA: Stanford University Press, 2003), 176.
13 Mark J. White, *Missiles in Cuba: Kennedy, Khrushchev, Castro and the 1962 Crisis* (Chicago: Ivan R. Dee, 1997), 115; also Robert F. Kennedy, *Thirteen Days: A Memoir of the Cuban Missile Crisis* (New York: Norton, 1999), 49.
14 Aleksandr Fursenko and Timothy Naftali, *One Hell of a Gamble: Khrushchev, Castro, and Kennedy 1958-1964* (New York: Norton, 1997), 251.
15 White, *Missiles in Cuba*, 118.
16 Fursenko, *One Hell of a Gamble*, 253.
17 Khrushchev to Kennedy, October 24, 1962, National Security Archive.
18 Nikita Khrushchev, *Memoirs of Nikita Khrushchev*, vol. 3, *Statesman (1953-1964)*, ed. Sergei Khrushchev (University Park: Pennsylvania State University Press, 2007), 350.
19 Arthur M. Schlesinger Jr., *Robert Kennedy and His Times* (New York: Houghton Mifflin, 1978), 514.
20 White, *Missiles in Cuba*, 120.
21 Kennedy, *Thirteen Days*, 55.
22 Internal State Department Correspondence. Roger Hilsman to Secretary Rusk, October 26, 1962, National Security Archive.
23 Fursenko, *One Hell of a Gamble*, 256.
24 George W. Ball, *The Past Has Another Pattern: Memoirs* (New York: Norton, 1982), 300.

56 Bunche to Secretary General, February 6, 1949, UN Archives.
57 Eytan to Sharett, February 7, 1949, in *Documents on the Foreign Policy of Israel, vol. 3*, 216.
58 *Documents on the Foreign Policy of Israel, vol. 3: Armistice Negotiations with the Arab States December 1948-July 1949 Companion Volume*, 136.
59 Urquhart, *Ralph Bunche*, 207.
60 Bunche's notes, 21-22, UCLA Archives.
61 Eytan, *First Ten Years*, 35.
62 Bunche to Secretary General, February 10, 1949, UN Archives.
63 Eytan to Sharett, February 10, 1949, in *Documents on the Foreign Policy of Israel, vol. 3*, 234.
64 Eytan, *First Ten Years*, 33.
65 Bunche to Secretary General, February 13, 1949, UN Archives.
66 Caplan, *A Tale of Two Cities*, 10.
67 Eytan to Sharett, February 16, 1949, in *Documents on the Foreign Policy of Israel, vol. 3*, 252.
68 Eytan to Sharett, February 17, 1949, in *Documents on the Foreign Policy of Israel, vol. 3*, 254.
69 Bunche to Secretary General, February 19, 1949, UN Archives.
70 Bunche to Secretary General, February 20, 1949, UN Archives.
71 Ibid.
72 Ibid.
73 Bunche's notes, 34, UCLA Archives.
74 Mann, *Ralph Bunche*, 255.
75 Eytan, *First Ten Years*, 31.
76 *Documents on the Foreign Policy of Israel, vol. 3, Armistice Negotiations with the Arab States December 1948-July 1949. Companion Volume*, 133.
77 Caplan, *A Tale of Two Cities*, 11.
78 Nuchhi R. Currier, "'Nation shall not rise up against nation . . .,'" *UN Chronicle* 40, no. 3 (2003), http://www.un.org/Pubs/chronicle/2003/issue3/0303p37.asp; Harry Kreisler, "A Life in Peace and War: Conversation With Sir Brian Urquhart," Conversations with History series, Institute of International Studies, University of California, Berkeley (March 19, 1996), http://globetrotter. berkeley.edu/UN/Urquhart/urquhart5.html.
79 Mann, *Ralph Bunche*, 257.
80 Nobel Peace Prize Presentation Speech by Gunnar Jahn, chairman of the Nobel Committee, 1950.

第７章　キューバ・ミサイル危機

1 John Lewis Gaddis, *The Cold War: A New History* (New York: Penguin, 2005), 75.

20 Ibid.
21 Eytan to Sharett, January 24, 1949, in *Documents on the Foreign Policy of Israel, vol. 3*, 67.
22 Bunche to Secretary General, January 23, 1949, UN Archives.
23 Bunche's notes, 9-10, UCLA Archives.
24 Ibid., 12.
25 Mann, *Ralph Bunche*, 252.
26 Benjamin Rivlin, ed., *Ralph Bunche: The Man and His Times* (New York: Holmes & Meier, 1990), 177-178.
27 Ibid., 178.
28 Caplan, *A Tale of Two Cities*, 8.
29 Sharett to Eytan, January 24, 1949, in *Documents on the Foreign Policy of Israel, vol. 3: Armistice Negotiations with the Arab States December 1948- July 1949 Companion Volume* (Jerusalem: Israel State Archives, 1983), 15.
30 Brian Urquhart, *Ralph Bunche: An American Life* (New York: Norton, 1993), 206.
31 Mann, *Ralph Bunche*, 253.
32 Bunche to Secretary General, January 27, 1949, UN Archives.
33 Lie to Bunche, January 30, 1949, UN Archives.
34 Urquhart, *Ralph Bunche*, 204.
35 Rivlin, *Ralph Bunche*, 185.
36 Bunche's notes, 15, UCLA Archives.
37 Ibid.
38 Ibid.
39 Bunche to Eytan, January 31, 1949, in *Documents on the Foreign Policy of Israel, vol. 3*, 96-97.
40 Caplan, *A Tale of Two Cities*, 9.
41 Bunche's notes, 18, UCLA Archives.
42 Ibid.
43 Bunche to Secretary General, February 4, 1949, UN Archives.
44 Bunche's notes, 20, UCLA Archives.
45 Eytan, *First Ten Years*, 31.
46 Mann, *Ralph Bunche*, 248.
47 Ibid., 250.
48 Ibid., 247.
49 Bunche's notes, 27, UCLA Archives.
50 Urquhart, *Ralph Bunche*, 224.
51 Mann, *Ralph Bunche*, 253.
52 Ibid., 253-254.
53 Eytan, *First Ten Years*, 32.
54 Urquhart, *Ralph Bunche*, 224.
55 Bunche to Secretary General, February 5, 1949, UN Archives.

102 Ibid., 266.

第6章　エジプト・イスラエル休戦協定

1 J. C. Hurewitz, "The United Nations Conciliation Commission for Palestine: Establishment and Definition of Functions." *International Organization* 7, no. 4 (Nov. 1953), 485.
2 Ibid., 486.
3 Jon and David Kimche, *A Clash of Destinies: The Arab-Jewish War and the Founding of the State of Israel* (New York: Praeger Publishers, 1960), 265.
4 Nobel Peace Prize Presentation Speech by Gunnar Jahn, chairman of the Nobel Committee, 1950, http://nobelprize.org/nobel_prizes/peace/laureates/1950/press.html; also Ralph J. Bunche, *Selected Speeches and Writings*, ed. Charles P. Henry (Ann Arbor: University of Michigan Press, 1995), 269.
5 Nobel Peace Prize Presentation Speech by Gunnar Jahn, chairman of the Nobel Committee, 1950.
6 Walter Eytan, *The First Ten Years: A Diplomatic History of Israel* (New York: Simon and Schuster, 1958), 29-30.
7 Statement by Acting Mediator at Opening Meeting of Egyptian-Israeli Negotiations, Rhodes, January 13, 1949, UN Archives.
8 Draft Declaration on Assurances as Regards Action by Armed Forces and Security, January 14, 1949, in *Documents on the Foreign Policy of Israel, vol. 3: Armistice Negotiations with the Arab States December 1948-July 1949* (Jerusalem: Israel State Archives, 1983), 21-22; and Tentative Draft Agenda (Revised Version), UN Archives.
9 Eytan to Sharett, January 13, 1949, in *Documents on the Foreign Policy of Israel, vol. 3*, 18.
10 Eytan, *First Ten Years*, 30; also Dan Kurzman, *Genesis 1948: The First Arab-Israeli War* (New York: World Publishing, 1970), 681.
11 Peggy Mann, *Ralph Bunche, UN Peacemaker* (New York: Coward, McCann & Geoghegan, 1975), 248.
12 Neil Caplan, "A Tale of Two Cities: The Rhodes and Lausanne Conferences, 1949." *Journal of Palestine Studies* 21, no. 3 (Spring 1992), 8; also Mann, *Ralph Bunche*, 246.
13 Eytan to Sharett, January 16, 1949, in *Documents on the Foreign Policy of Israel, vol. 3*, 28.
14 Ibid.
15 Eytan, *First Ten Years*, 39.
16 Bunche's notes, 6, UCLA Archives.
17 Bunche to Secretary General, January 20, 1949, UN Archives.
18 Bunche's notes, 7, UCLA Archives.
19 Ibid., 9.

60 Ibid., 201.
61 MacMillan, *Paris 1919*, 212.
62 Philip Bobbitt, *The Shield of Achilles* (New York: Knopf, 2002), 408.
63 Nicolson, *Peacemaking 1919*, 288.
64 Winston Churchill, *The Great War* (London: George Newnes, 1933), 1415.
65 Ibid., 1413.
66 House, *Intimate Papers of Colonel House*, 384.
67 Ibid., 389.
68 Ibid., 377.
69 Nicolson, *Peacemaking 1919*, 291.
70 Ibid.
71 House, *Intimate Papers of Colonel House*, 395.
72 Ibid.
73 Ibid., 396.
74 Ibid., 399-400.
75 Ibid., 402-3.
76 Ibid., 400-402.
77 Ibid., 405.
78 Ibid., 406-7.
79 Nicolson, *Peacemaking 1919*, 198.
80 Ibid., 92.
81 Ibid., 68.
82 Lloyd George, *Memoirs of the Peace Conference*, 538.
83 House, *Intimate Papers of Colonel House*, 446.
84 MacMillan, *Paris 1919*, 465.
85 Lansing, *Peace Negotiations*, 97.
86 Lloyd George, *Memoirs of the Peace Conference*, 200.
87 Nicolson, *Peacemaking 1919*, 115.
88 Ibid., 329.
89 Lloyd George, *Memoirs of the Peace Conference*, 647.
90 MacMillan, *Paris 1919*, 466.
91 Ibid., 470.
92 Ibid.
93 Ibid., 471.
94 Ibid., 474.
95 Lansing, *Peace Negotiations*, 272-273.
96 Ibid., 273.
97 Winston Churchill, *The Gathering Storm* (New York: Mariner Books, 1948), 6.
98 House, *Intimate Papers of Colonel House*, 488-9.
99 Lloyd George, *Memoirs of the Peace Conference*, 491.
100 Kissinger, *Diplomacy*, 229.
101 Lloyd George, *Memoirs of the Peace Conference*, 284.

21 Lansing, *Peace Negotiations*, 43.
22 House, *Intimate Papers of Colonel House*, 479-480.
23 MacMillan, *Paris 1919*, 91.
24 Lloyd George, *Memoirs of the Peace Conference*, 181.
25 House, *Intimate Papers of Colonel House*, 300.
26 Ibid., 303.
27 MacMillan, *Paris 1919*, 94.
28 Ibid., 92.
29 Ibid., 93.
30 House, *Intimate Papers of Colonel House*, 314.
31 MacMillan, *Paris 1919*, 95.
32 *New York Herald*, February 23, 1919 (Paris ed.).
33 Lansing, *Peace Negotiations*, 81.
34 Ibid., 172.
35 Elmer Bendiner, *A Time for Angels: The Tragicomic History of the League of Nations* (New York: Knopf, 1975), 106.
36 Lloyd George, *Memoirs of the Peace Conference*, 200.
37 Nicolson, *Peacemaking 1919*, 270. (Old newspapers fact from Seymour, Letters from the Paris Peace Conference, 164.)
38 MacMillan, *Paris 1919*, 169.
39 Ibid., 180.
40 Woodrow Wilson, *The Papers of Woodrow Wilson*, vol. 61, ed. Arthur S. Link (Princeton, NJ: Princeton University Press, 1994), 191.
41 MacMillan, *Paris 1919*, 187.
42 Lloyd George, *Memoirs of the Peace Conference*, 331.
43 MacMillan, *Paris 1919*, 184.
44 Nicolson, *Peacemaking 1919*, 203.
45 MacMillan, *Paris 1919*, 189.
46 Ibid., 189.
47 Ibid., 185.
48 Lloyd George, *Memoirs of the Peace Conference*, 294.
49 Seymour, *Letters from the Paris Peace Conference*, 45.
50 Lansing, *Peace Negotiations*, 235.
51 Seymour, *Letters from the Paris Peace Conference*, 135.
52 Ibid., 155.
53 Ibid.
54 Ibid., 137.
55 House, *Intimate Papers of Colonel House*, 337.
56 Ibid., 271, 274.
57 Lloyd George, *Memoirs of the Peace Conference*, 260.
58 House, *Intimate Papers of Colonel House*, 345.
59 Lloyd George, *Memoirs of the Peace Conference*, 203.

Current Literature Publishing, 1906), 357.
71 Bishop, *Theodore Roosevelt*, 422.
72 *Advocate of Peace*, May 1909, 111.
73 Theodore Roosevelt to Kermit Roosevelt, December 5, 1906, in Theodore Roosevelt, *Letters to Kermit from Theodore Roosevelt 1902-1908*, ed. Will Irwin (New York: Charles Scribner's Sons, 1946), 174.
74 Edward Wagenknecht, *The Seven Worlds of Theodore Roosevelt* (New York: Longman's Green, 1958), 308.

第５章　パリ講和会議

1 Henry Kissinger, *Diplomacy* (New York: Simon & Schuster, 1994), 218.
2 Robert Lansing, *The Peace Negotiations: A Personal Narrative* (Boston: Houghton Mifflin, 1921), 22.
3 Ibid., 23.
4 Charles Seymour, *Letters from the Paris Peace Conference* (New Haven, CT: Yale University Press, 1965), xxxii.
5 Ibid., xxi.
6 Ibid., 78.
7 Alfred F. Havighurst, *Britain in Transition: The Twentieth Century* (Chicago: University of Chicago Press, 1985), 149.
8 J. W. Schulte Nordholt, *Woodrow Wilson: A Life for World Peace* (Berkeley: University of California Press, 1991), 287.
9 Robert Lansing, *The Big Four and Others of the Peace Conference* (New York: Houghton Mifflin, 1921), 10.
10 Ibid., 85.
11 Seymour, *Letters from the Paris Peace Conference*, 55.
12 Billy Hughes to Governor General Ronald Munro Ferguson, January 17, 1919, in Papers of Ronald Craufurd Munro Ferguson, 1912-1935, National Library of Australia Collections.
13 Harold Nicolson, *Peacemaking 1919* (London: Constable, 1933), 77.
14 John Maynard Keynes, *The End of Laissez-Faire: The Economic Consequences of the Peace* (Amherst, NY: Prometheus Books, 2004), 38.
15 David Lloyd George, *Memoirs of the Peace Conference* (New Haven, CT: Yale University Press, 1939), 139.
16 Ibid., 140.
17 Margaret MacMillan, *Paris 1919* (New York: Random House, 2001), 97.
18 Ray Stannard Baker and Woodrow Wilson, *Woodrow Wilson and World Settlement* (New York: Doubleday, 1922), 235.
19 Edward House, *The Intimate Papers of Colonel House*, ed. Charles Seymour (Boston: Houghton Mifflin, 1928), 280.
20 MacMillan, *Paris 1919*, 86.

44 Kajima, *Diplomacy of Japan*, 325-326.
45 Roosevelt to Kaneko, August 22, 1905, in Roosevelt, *Letters of Theodore Roosevelt*, vol. 4, 1308.
46 Bishop, *Theodore Roosevelt*, 407; also Sergei Witte, *Memoirs of Count Witte*, ed. and trans. Abraham Yarmolinsky (Garden City, NY: Doubleday, Page, 1921), 157; also Tyler Dennett, *Roosevelt and the Russo-Japanese War* (Garden City, NY: Doubleday, Page, 1925), 269.
47 Henry Pringle, *Theodore Roosevelt: A Biography* (New York: Harcourt, Brace, 1931), 271; also Jules Jusserand, *What Me Befell* (Boston: Houghton Mifflin, 1933), 304; also, Beale, *Theodore Roosevelt*, 304.
48 Temperley, *British Documents*, 106; also Roosevelt, *Letters of Theodore Roosevelt*, vol. 4, 4; also Dennett, *Roosevelt and the Russo-Japanese War*, 275; also Morris, Theodore Rex, 413.
49 Bishop, *Theodore Roosevelt*, 407.
50 Roosevelt to Nicholas II, August 21, 1905, in Roosevelt, *Letters of Theodore Roosevelt*, vol. 4, 1307.
51 Morris, *Theodore Rex*, 413; also Dennett, *Roosevelt and the Russo-Japanese War*, 270.
52 Morris, *Theodore Rex*, 413.
53 Korostovetz, *Pre-War Diplomacy*, 98.
54 Esthus, *Double Eagle and Rising Sun*, 100.
55 Ibid., 110.
56 Roosevelt to Meyer, August 25, 1905, in Roosevelt, *Letters of Theodore Roosevelt*, vol. 4, 1314.
57 Korostovetz, *Pre-War Diplomacy*, 99.
58 Esthus, *Double Eagle and Rising Sun*, 148.
59 Komura to Katsura, August 28, 1905, in Kajima, *Diplomacy of Japan*, 344.
60 Esthus, *Double Eagle and Rising Sun*, 158.
61 Foreign Ministry to Komura, August 28, 1905, in Kajima, *Diplomacy of Japan*, 349.
62 Ibid.
63 Witte (Harcave), *Memoirs of Count Witte*, 440.
64 Esthus, *Double Eagle and Rising Sun*, 164.
65 Trani, *Treaty of Portsmouth*, 156.
66 William Harbaugh, *Power and Responsibility: The Life and Times of Theodore Roosevelt* (New York: Farrar, Straus and Cudahy, 1961), 271.
67 Osaka *Mainichi Shimbun*, November 1905.
68 Arthur Brown, *The Mastery of the Far East: The Story of Korea's Transformation and Japan's Rise to Supremacy in the Orient* (New York: Charles Scribner's Sons, 1919), 191.
69 Pringle, *Theodore Roosevelt*, 387.
70 Edward Jewitt Wheeler, ed., *Index of Current Literature, 1906* (New York:

at Portsmouth in 1905 (Durham, NC: Duke University Press, 1988), 3.
19 Sterling Fishman, *Sergius Witte and His Part in the Portsmouth Peace Conference* (Madison: University of Wisconsin Press, 1953), 19.
20 Alfred Emanuel Smith, *New Outlook* (Outlook Publishing, 1915), 675.
21 Raymond Esthus, "Nicholas II and the Russo-Japanese War." *Russian Review*, vol. 40, no. 4 (Oct., 1981), 5.
22 *The Outlook*, July 22, 1905, 718.
23 Lancelot Lawton, *Empires of the Far East* (London: G. Richards, 1912), 247.
24 Roosevelt to Meyer, July 7, 1905, in Roosevelt, *Letters of Theodore Roosevelt*, vol. 4, 1262. The chief legal counsel to the Japanese delegation was an American, Henry Willard Denison, who although a foreigner had been a senior advisor to the Japanese Ministry of Foreign Affairs for many years, and served as a rusted expert on international law.
25 Tokyo *Asahi Shimbun*, July 9, 1905.
26 Esthus, *Double Eagle and Rising Sun*, 59.
27 Witte (Harcave), *Memoirs of Count Witte*, 431.
28 V. N. Kokovtsov, *Out of My Past* (Stanford, CA: Stanford University Press, 1935), 55; also Trani, *Treaty of Portsmouth*, 112; also Esthus, *Double Eagle and Rising Sun*, 61.
29 George Smalley, *Anglo-American Memories* (New York: G. P. Putnam's Sons, 1911), 362.
30 Chris Wallace, *Character: Profiles in Presidential Courage* (New York: Rugged Land, 2004), 183.
31 J. J. Korostovetz, *Diary of Korostovetz: Pre-War Diplomacy, the Russo-Japanese Problem* (London: British Periodicals, 1920), 44.
32 Witte (Harcave), *Memoirs of Count Witte*, 439.
33 Korostovetz, *Pre-War Diplomacy*, 51.
34 Kajima, *Diplomacy of Japan*, 242.
35 Ibid., 245.
36 Ibid.
37 Korostovetz, *Pre-War Diplomacy*, 67.
38 *New York Times*, August 12, 1905.
39 Kajima, *Diplomacy of Japan*, 276.
40 Ibid.
41 Harold William Vazeille Temperley and George Peabody Gooch, *British Documents on the Origins of the War, 1898-1914: The Anglo-Russian Rapprochement, 1903-07* (London: Foreign Office, 1938), 97; also Esthus, Double Eagle and Rising Sun, 108.
42 Howard Beale, *Theodore Roosevelt and the Rise of America to World Power* (Baltimore: Johns Hopkins University Press, 1956), 296.
43 Roosevelt to John St. Loe Strachey, July 17, 1905, in Bishop, *Theodore Roosevelt and His Time*, 401.

43 Ibid.
44 Cooper, *Talleyrand*, 255.
45 Alsop, *Congress Dances*, 172.
46 Declaration of the Powers, on the Abolition of the Slave Trade, February 8, 1815.
47 Zamoyski, *Rites of Peace*, 448.
48 Nicolson, *Congress of Vienna*, 226.
49 Johnson, *Birth of the Modern*, 79.

第４章　ポーツマス条約

1 William Roscoe Thayer, *John Hay* (Boston: Houghton, Mifflin, 1908), 401.
2 Eugene Trani, *The Treaty of Portsmouth: An Adventure in American Diplomacy* (Lexington: University of Kentucky Press, 1969), 41.
3 Theodore Roosevelt, *Theodore Roosevelt: An Autobiography* (New York: Charles Scribner's Sons, 1913), 555.
4 Ibid.
5 Ibid.
6 Joseph Bishop, *Theodore Roosevelt and His Time Shown in His Own Letters* (New York: Charles Scribner's Sons, 1920), 382.
7 Roosevelt to Lodge, May 15, 1905, in Theodore Roosevelt, *The Letters of Theodore Roosevelt*, vol. 4, *The Square Deal, 1903-1905*, ed. Elting Morison (Cambridge, MA: Harvard University Press, 1951), 1179.
8 U.S. Department of State, *Papers Relating to the Foreign Relations of the United States, 1905* (Washington, DC: U.S. Government Printing Office, 1906), 807.
9 Ibid.
10 Bishop, *Theodore Roosevelt and His Time*, 392.
11 Roosevelt to Meyer, December 26, 1904, in Bishop, *Theodore Roosevelt and His Time*, 356.
12 Edmund Morris, *Theodore Rex* (New York: Random House, 2001), 390; also Morinosuke Kajima, *The Diplomacy of Japan, 1844-1922: Anglo-Japanese Alliance and Russo-Japanese War* (Tokyo: Kajima Institute of International Peace, 1976), 222.
13 Kajima, *Diplomacy of Japan*, 222-223.
14 M. A. De Wolf Howe, *George Von Lengerke Meyer: His Life and Public Services* (New York: Dodd, Mead, 1920), 159.
15 Frederick W. Marks, *Velvet on Iron: The Diplomacy of Theodore Roosevelt* (Lincoln: University of Nebraska Press, 1981), 51.
16 Morris, *Theodore Rex*, 402.
17 Sergei Witte, *The Memoirs of Count Witte.*, ed. and trans. Sidney Harcave (Armonk, NY: M. E. Sharpe, 1990), xiv.
18 Raymond Esthus, *Double Eagle and Rising Sun: The Russians and Japanese*

12 Ibid., 389.
13 Talleyrand to King Louis XVIII, November 12, 1814, in Talleyrand, *Correspondence of Prince Talleyrand*, 67.
14 Ibid., 66.
15 Zamoyski, *Rites of Peace*, 295.
16 Talleyrand to King Louis XVIII, October 31, 1814, in Talleyrand, *Correspondence of Prince Talleyrand*, 56.
17 Talleyrand to King Louis XVIII, November 25, 1814, in Talleyrand, *Correspondence of Prince Talleyrand*, 87.
18 Guglielmo Ferrero, *The Reconstruction of Europe: Talleyrand and the Congress of Vienna 1814-1815* (New York: G. P. Putnam's Sons, 1941), 187.
19 Duff Cooper, *Talleyrand* (Stanford, CA: Stanford University Press, 1932), 240.
20 Talleyrand to King Louis XVIII, September 17, 1814, in Talleyrand, *Correspondence of Prince Talleyrand*, 77.
21 Golo Mann, *Secretary of Europe: The Life of Friedrich Gentz, Enemy of Napoleon*, tr. William H. Woglom (New Haven: Yale University Press, 1946), 213.
22 Zamoyski, *Rites of Peace*, 333-334.
23 Ibid., 369.
24 Alsop, *Congress Dances*, 167.
25 Ferrero, *Reconstruction of Europe*, 263.
26 Zamoyski, *Rites of Peace*, 361.
27 Ibid., 363-4.
28 Ibid.
29 Talleyrand to King Louis XVIII, December 15, 1814, in Talleyrand, *Correspondence of Prince Talleyrand*, 111.
30 Ferrero, *Reconstruction of Europe*, 268.
31 Paul Johnson, *The Birth of the Modern: World Society 1815-1830* (New York: HarperCollins, 1991), 94.
32 Ferrero, *Reconstruction of Europe*, 268-272.
33 Talleyrand to King Louis XVIII, December 20, 1814, in Talleyrand, *Correspondence of Prince Talleyrand*, 115-116.
34 Zamoyski, *Rites of Peace*, 377.
35 Ibid., 373.
36 Ibid., 380.
37 Talleyrand to King Louis XVIII, December 28, 1814, in Talleyrand, *Correspondence of Prince Talleyrand*, 120.
38 Ibid., 123.
39 Henry Kissinger, *A World Restored: Metternich, Castlereagh and the Problems of Peace 1812-22* (London: Weidenfeld and Nicolson, 1957), 167-8.
40 Zamoyski, *Rites of Peace*, 390.
41 Ibid., 391.
42 Ibid.

45 Ibid., 292.
46 Ibid., 238.
47 Charles Cerami, *Jefferson's Great Gamble: The Remarkable Story of Jefferson, Napoleon and the Men Behind the Louisiana Purchase* (Naperville, IL: Sourcebooks, 2003), 195.
48 Henry Adams, *History of the United States During the Administration of Thomas Jefferson* (New York: Library of America, 1986), 220.
49 Monroe's Journal, in *State Papers and Correspondence*, 165-172.
50 Ibid.
51 Barbé-Marbois, *History of Louisiana*, 300.
52 Ibid., 298.
53 Monroe's Journal, in *State Papers and Correspondence*, 165-172.
54 Barbé-Marbois, *History of Louisiana*, 310-311.
55 Jefferson to Williamson, April 30, 1803, in *State Papers and Correspondence*, 182.
56 Barbé-Marbois, *History of Louisiana*, 312.
57 Christopher Herold, *The Age of Napoleon* (New York: Harper & Row, 1963), 310.
58 Livingston to Madison, May 20, 1803, in *State Papers and Correspondence*, 200. 59 Curtis Manning Geer, *The Louisiana Purchase and the Westward Movement* (Philadelphia: G. Barrie, 1904), 211.

第３章　ウィーン会議

1 Treaty of Paris, May 30, 1814, Article 32.
2 Talleyrand to King Louis XVIII, October 9, 1814, in Charles Maurice Talleyrand, *The Correspondence of Prince Talleyrand and King Louis XVIII During the Congress of Vienna* (New York: Harper & Brothers, 1881), 15.
3 Circular to Ambassadors by M. Talleyrand, October 3, 1814, in Talleyrand, *Correspondence of Prince Talleyrand*, 15n.
4 Harold Nicolson, *The Congress of Vienna: A Study in Allied Unity, 1812-22* (New York: Viking Compass, 1946), 142.
5 Ibid.
6 Ibid., 170.
7 Charles Webster, *The Congress of Vienna* (London: Foreign Office, 1918), 120.
8 Talleyrand to King Louis XVIII, October 25, 1814, in Talleyrand, *Correspondence of Prince Talleyrand*, 45-46.
9 Ibid.
10 Susan Mark Alsop, *The Congress Dances* (New York: Harper & Row, 1984), 152.
11 Adam Zamoyski, *Rites of Peace: The Fall of Napoleon and the Congress of Vienna* (New York: HarperCollins, 2007), 299.

13 Barbé-Marbois, *History of Louisiana*, 276.
14 Ibid., 275.
15 Jon Kukla, *A Wilderness So Immense: The Louisiana Purchase* (New York: Knopf, 2003), 213.
16 Lewis Stewarton, *The Revolutionary Plutarch: Exhibiting the Most Distinguished Characters, Literary, Military, and Political, in the Recent Annals of the French Republic* (London: J. Murray, 1806), 344.
17 Morgan, *Life of James Monroe*, 232.
18 Ibid.
19 Joan Dayan, *Haiti, History, and the Gods* (Berkeley, CA: University of California Press, 1998), 162.
20 Barbé-Marbois, *History of Louisiana*, 242.
21 Ibid., 276.
22 Ibid., 278.
23 Livingston to Madison, April 11, 1803, in *State Papers and Correspondence*, 158.
24 Ibid.
25 Barbé-Marbois, *History of Louisiana*, 278.
26 Livingston to Madison, April 13, 1803, in *State Papers and Correspondence*, 159-163.
27 Barbé-Marbois, *History of Louisiana*, 302.
28 Livingston to Madison, April 13, 1803, in *State Papers and Correspondence*, 159-163.
29 Ibid.
30 Ibid.
31 Ibid.
32 Ibid.
33 Livingston to Madison, April 17, 1803, in *State Papers and Correspondence*, 172-175.
34 Ibid.
35 Ibid.
36 Ibid.
37 Barbé-Marbois to Talleyrand, April 21, 1803, Documents of the French Government Archives, Library of Congress Manuscript Division.
38 Ibid.
39 Livingston to Madison, April 17, 1803, in *State Papers and Correspondence*, 172-175.
40 Barbé-Marbois, *History of Louisiana*, 283.
41 Ibid., 285.
42 Ibid., 286.
43 Ibid.
44 Ibid., 282.

37 Ibid.
38 Washington to Governor George Clinton, Valley Forge, February 16, 1778, in George Washington and Jared Sparks, ed., *The Writings of George Washington: Being His Correspondence, Addresses, Messages, and Other Papers, Official and Private, Selected and Published from the Original Manuscripts* (Boston: G. W. Boynton, 1834), 239.
39 Ibid.
40 Brown, *Empire or Independence*, 186.
41 Schiff, *A Great Improvisation*, 132.
42 Lee, *Life of Arthur Lee*, 375-378; also Schiff, *A Great Improvisation*, 127.
43 Corwin, *French Policy and the American Alliance*, 154.
44 Brown, *Empire or Independence*, 194.
45 Treaty of Amity and Commerce, in Samuel Flagg Bemis, *The Diplomacy of the American Revolution* (Bloomington: Indiana University Press, 1965), 61- 65.
46 Walter Isaacson, *Benjamin Franklin: An American Life* (New York: Simon & Schuster, 2003), 347.

第２章　ルイジアナ買収

1 Peter Kastor, ed. *The Louisiana Purchase: Emergence of an American Nation* (Washington, DC: Congressional Quarterly Press, 2002), 168.
2 Francois Barbé-Marbois, *The History of Louisiana, Particularly of the Cessation of That Colony to the United States of America* (Philadelphia: Carey & Lea, 1830), 240-241.
3 Jefferson to de Nemours, April 25, 1802, in Thomas Jefferson and Pierre Samuel Du Pont de Nemours, *The Correspondence of Jefferson and Du Pont de Nemours*, ed. Gilbert Chinard (New York: Burt Franklin, 1972), 47.
4 Barbé-Marbois, *History of Louisiana*, 30.
5 Kastor, *Louisiana Purchase*, 168.
6 Barbé-Marbois, *History of Louisiana*, 230.
7 John Keats, *Eminent Domain: The Louisiana Purchase and the Making of America* (New York: Charterhouse, 1973), 288; also Emil Ludwig, Napoleon (New York: Boni & Liveright, 1926), 106.
8 Livingston to Jefferson, March 12, 1803, in *State Papers and Correspondence Bearing Upon the Purchase of the Territory of Louisiana* (Washington, DC: U.S. Department of State, 1903), 144.
9 Jefferson to Monroe, January 13, 1803, in *State Papers and Correspondence*, 69.
10 George Dangerfield, *Chancellor Robert R. Livingston of New York, 1746-1813* (New York: Harcourt, Brace, 1960), 361.
11 Barbé-Marbois, *History of Louisiana*, 275.
12 George Morgan, *Life of James Monroe* (New York: AMS Press, 1969), 245.

commissioners, December 21, 1776, in Wharton, *Revolutionary Diplomatic Correspondence*, vol. 2, 230. Personal pledge of commissioners, February 2, 1777, in Wharton, Revolutionary Diplomatic Correspondence, vol. 2, 260.
14 Benjamin Harrison et al., Committee of Secret Correspondence to the Commissioners at Paris, December 30, 1776, in Wharton, *Revolutionary Diplomatic Correspondence*, vol. 2, 240.
15 Commissioners to Vergennes, March 18, 1777, in *New York Historical Society Collections, 1887* (New York: New York Historical Society, 1887), 27.
16 Frank W. Brecher, *Securing American Independence: John Jay and the French Alliance* (Westport, CT: Praeger Publishers, 2003), 67.
17 Deane in Open letter to Joseph Reed, 1784, in Silas Deane and Charles Isham, *The Deane Papers, 1774-1799*, vol. 5 (New York: New York Historical Society, 1888), 438.
18 Perkins, *France in the American Revolution*, 229.
19 Schiff, *A Great Improvisation*, 99.
20 American Commissioners: Memorial for Comte de Vergennes and Conde d'Aranda, September 25, 1777, in Mary A. Giunta, ed., *Documents of the Emerging Nation: U.S. Foreign Relations, 1775-1789* (Wilmington, DE: Scholarly Resources, in cooperation with the National Historical Publications and Records Commission, 1998), 47.
21 Richard Henry Lee, *Life of Arthur Lee: Joint Commissioner of the U.S. to the Court of France, and Sole Commissioner to the Courts of Spain and Prussia, During the Revolutionary War* (Boston: Wells and Lilly, 1829), 335.
22 Ibid.
23 Aruga, "Revolutionary Diplomacy," 87.
24 Lee, *Life of Arthur Lee*, 357.
25 Franklin, Deane, and Lee to Vergennes, December 8, 1777, in Wharton, *Revolutionary Diplomatic Correspondence*, vol. 2, 444-445.
26 Lee, *Life of Arthur Lee*, 362.
27 Edward S. Corwin, *French Policy and the American Alliance of 1788* (Princeton, NJ: Princeton University Press, 1916), 156.
28 Ibid., 156-157.
29 Sheldon, *France and the American Revolution*, 61.
30 Ibid., 66.
31 Perkins, *France in the American Revolution*, 232.
32 Weldon A. Brown, *Empire or Independence: A Study in the Failure of Reconciliation, 1774-1783* (Port Washington, NY: Kennikat Press, 1966), 186.
33 Corwin, *French Policy and the American Alliance*, 150.
34 Perkins, *France in the American Revolution*, 125.
35 Ibid., 58.
36 Ron Avery, "The Story of Valley Forge," http://www.ushistory.org/valleyforge/history/vstory.html.

原 注

第1章 アメリカ独立の舞台裏

1 Franklin to Joseph Priestley, Jan. 27, 1777, in Benjamin Franklin, *The Writings of Benjamin Franklin*, vol. 7, ed. Albert Smyth (New York: MacMillan, 1907), 18-19.
2 Lord Chatham address to Parliament Nov. 18, 1777, in William Jennings Bryan and Francis Whiting Halsey, eds., *The World's Famous Orations*, vol. 3 (New York: Funk and Wagnalls, 1906), 219.
3 Stacy Schiff, *A Great Improvisation: Franklin, France, and the Birth of America* (New York: Holt, 2005), 14-15.
4 H. W. Brands, *The First American: The Life and Times of Benjamin Franklin* (New York: Random House, 2000), 527.
5 Alfred Owen Aldridge, *Franklin and His French Contemporaries* (New York: New York University Press, 1957), 268.
6 Franklin to Hancock, December 8, 1776, in Francis Wharton, ed., *The Revolutionary Diplomatic Correspondence of the United States*, vol. 2 (Washington, DC: Government Printing Office, 1889), 222. Tadashi Aruga, "Revolutionary Diplomacy and the Franco-American Treaties of 1778," *The Japanese Journal of American Studies*, no. 2 (1985), 81. Schiff, A Great Improvisation, 59.
7 David Schoenbrun, *Triumph in Paris: The Exploits of Benjamin Franklin* (New York: Harper & Row, 1976), 82-83. Gerald Stourzh, *Benjamin Franklin and American Foreign Policy* (Chicago: University of Chicago Press, 1969), 136-137. Benjamin Franklin, *Letters from France: The Private Diplomatic Correspondence of Benjamin Franklin 1776-1785*, ed. Brett Woods (New York: Algora Publishing, 2006), 10.
8 Commissioners to Vergennes, January 5, 1777, in Wharton, *Revolutionary Diplomatic Correspondence*, vol. 2, 246.
9 Ibid.
10 Ibid.
11 James Breck Perkins, *France in the American Revolution* (Boston: Houghton Mifflin, 1911), 228.
12 Laura Charlotte Sheldon, *France and the American Revolution: 1763-1788* (Ithaca, NY: Andrus & Church, 1900), 48.
13 Morris to commissioners, December 21, 1777, in Wharton, *Revolutionary Diplomatic Correspondence*, vol. 2, 236. Committee of Secret Correspondence to

［せ］

［そ］

［た］

［ち］

［て］

索　　引

【著者】フレドリック・スタントン　Fredrik Stanton
「コロンビア・デイリー・スペクテーター」紙の元経営責任者。同紙の前身はコロンビア大学の学生紙だが、現在ではニューヨーク7番目の英字新聞である。「ボストン・ヘラルド」紙、国連協会の報告資料 "A Global Agenda" などへ寄稿。アルメニア、グルジア共和国、ボスニア、コソボ、アゼルバイジャンで選挙監視活動に参加。コロンビア大学で政治学の学士号を取得。

【翻訳】佐藤友紀　さとう・ゆき
1970年宮城県生まれ。武蔵大学経済学部卒業。横浜税関で勤務後、翻訳家に。訳書にクレフェルト『戦争文化論』『戦争の変遷』(翻訳協力)、ローズ『終戦論』など。

歴史《れきし》を変《か》えた外交交渉《がいこうこうしょう》

●

2013年3月29日　第1刷

著者…………フレドリック・スタントン

訳者…………佐藤友紀《さとうゆき》

装幀…………スタジオ・ギブ（川島進）

発行者…………成瀬雅人

発行所…………株式会社原書房

〒160-0022 東京都新宿区新宿 1-25-13
電話・代表 03(3354)0685
http://www.harashobo.co.jp
振替・00150-6-151594

印刷…………新灯印刷株式会社
製本…………東京美術紙工協業組合

ISBN978-4-562-04905-9, Printed in Japan